彰義隊《しょうぎたい》、敗れて末のたいこもち

明治の名物幇間《ほうかん》、松廼家露八《まつのやろはち》の生涯

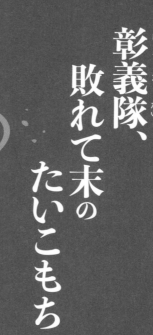

彰義隊、敗れて末のたいこもち

——明治の名物幇間、松廼家露八の生涯

目次

序　ふたつの魂

明治維新。それがクーデターにしろ革命にしろ、敗者となった徳川家の家臣、旗本、御家人たち、およそ三万人は多くのものを失った。主人をなくし、職をなくし、将軍家直参《じきさん》という特権身分の誇りを奪われた。住む家を召しあげられた者たちもあった。ある者は新しい支配者に逆らって戦いを挑んで戦死し、ある者は静岡藩に封じられた旧主を慕って無禄《むろく》移住して陋屋《ろうおく》で飢え死にした。江戸に残った者も、暮らしのために、筵《むしろ》を敷いて重代の宝物を路上でたたき売り、食うに窮して、かつての殿様が俥曳《くるまひ》きとなり、奥様は内職にはげんで、お嬢様は売られて遊女に、あるいは芸者になって左褄《ひだりづま》。

しかし、ただ零落した者ばかりでなく、新しい時代で意義ある人生を送り得た者たちもいた。新政府に仕えて能力を発揮した者も、栄達を果たした者もいる。市井にくだって、帰農に成功した者も、商売が軌道に乗って経済的に豊かになった者もいた。学問で成果をあげたり、新聞記者などになり言論畑で活躍した者もいる。宗教家となって人生に目的と安息を得た者もいる。

市井にくだる、というのはべつに没落することでも人生を捨てて隠遁者《いんとんじゃ》となることでもない。世の権力の座とは無縁の場で、世間にもまれながら、おのれの生をまっとうするということだ。そうした市井に生きた明治の群像のなかのひとり、松廼家露八《まつのやろはち》の生涯を語りたい。

松廼家露八、吉原遊廓の幇間《ほうかん》（次頁参照）である。もとは幕臣ともいえる武士。天保四（一八三三—四）年十二月生まれ。本名を土肥庄次郎頼富《どひしょうじろうよりとみ》という。彼が相続するはずであった土肥家は徳川御三卿《ごさんきょう》のひとつ、一橋家の家臣。家格も目見以上《めみえ》（殿様にお目見えする権利を有する家柄）のれっきとした武士であったが、若いころ放蕩《ほうとう》の末廃嫡《はいちゃく》された。その後、幇間になって愉快に暮らしていたが、三十六歳のとき、徳川幕府が瓦解した。そのとき、何を思ったか彰義《しょうぎ》隊に加わり、新政府軍と戦った。抵抗むなしく戦いに敗れてのちは、残りの人生の多くを幇間としてすごした。

かつて露八の名はよく知られていた、と思う。

昭和七（一九三二）年、岡本綺堂《おかもときどう》は露八をモデルに野井長次郎こと梅の家五八を主人公とした『東京の昔話』という芝居台本をものしている。昭和七年十月、歌舞伎座初演。主演は二代目市川左団次。昭和四十六（一九七一）年五月、国立劇場で再演され、このときは綺堂の弟子、岸井《きしい》良衛《よしえ》が演出をつとめている。

さらに、露八の数奇な人生に惹《ひ》かれた吉川英治は、彼の半生を小説にした『松のや露八』を書き、昭和九年『サンデー』に連載した。それは芝居にもなって、昭和三十四年に、矢田弥八脚色、前進座による公演で、明治座の舞台にのぼった。昭和四十一年九月には、中村勘三郎の主演でおなじく明治座で上演された。そして昭和四十九年には、森繁劇団により、名古屋の名鉄ホールで舞台になっている。このときは、平岩弓枝が脚本・演出を担当した。昭和五十六年には露八役・

三木のり平、お里役・水谷良重（八重子）の『露八恋ざんげ』が明治座で上演された。伊庭八郎《いばはちろう》や、新政府側の世良修造《せらしゅうぞう》、黒田了介《くろだりょうすけ》などが登場しているから吉川英治の原作とは離れたオリジナルの内容であろう。平成になってからも、平成二（一九九〇）年九月、東宝で『松のや露八』が舞台にかけられた。露八役は植木等が演じた（杉山義法脚本、津村健二演出）。いまからわずか三十数年前のこと。しかし、いまやその名を知る人はほとんどいない。

ああ、明治は遠くなりにけり。

幇間は、たいこもち、たぬき、女性の芸者に対して男芸者ともよばれる。ほかにもたくさんの別称があるが、明治のころ、ちまたにもちいられていたよび方はこれくらいだ。で何をするかといえば、つまるところ、遊廓に来た客をすこぶる楽しく遊ばせる職業だ。お座敷で場の空気をよんで盛りあげ、酒席にもつき合えば即興の芸も披露する。かつて、宴席になくてはならない芸人だった。

「たいこもちあげての末のたいこもち」という川柳がある。かつてたいこもちをあげて豪勢に遊んでいた金持ちが、遊興がすぎて零落し、遊びつくして唯一身についた芸、たいこもちになったという、古くは、遊びをつくした道楽者のなれの果てのなり手が多かったという幇間という商売。吉原最後の幇間、桜川忠七によると、で、そのたいこ持ちには、どういう人たちがなったかと申しますと、蔵前の札差しさん、深川木場《きば》の若旦那、新川《しんかわ》新堀あたりの酒問屋の御主人とか、横山町堀留あたりの旦那衆、それに御直参《ごじきさん》、旗本の二、三男坊といったところと存じます。

（桜川忠七『たいこもち』朱雀社、一九五九年）

富商やその身内のなれの果てだけでなく、旗本の二、三男坊も多かったという。してみると、武士から幇間に「なりさがった」者はけしてめずらしいわけではなかったようだ。

色里にいて、酒席にはべり、毎日お金持ちのお客のご相伴にあずかってわいわい騒いで金をもらえる。一見気楽そうだが、知れば知るほど大変な商売である。客を遊ばせる、ある意味客に遊ばれることが仕事の幇間に対し、客も遠慮や容赦がなく、落語や、浅草の幇間・悠玄亭玉介《ゆうげんていたますけ》の聞き書き『幇間の遺言』（集英社文庫、一九九九年）を読むと、座敷遊びの粋《いき》がわからぬ傍目からは、胸くその悪くなるような話ばかりで、ただの道楽者につとまるような生半可なものではなく、少しもお気楽な商売とは思えない。玉介が粋な座敷、客として紹介する話を読んで、「な、粋だろ」といわれてもどうも同意しがたい。

遊びつくした道楽者のなれの果てが幇間になっていたのは明治初年くらいまでだというから、時代が進んで客の雰囲気も変わったのかもしれない。

ともあれ、若いころには宴席の華やぎに酔って幇間を愉快な職業だと思ったかもしれないが、露八は、戦い敗れ、すべてを失ったのち、いったいなぜ、ふたたび幇間稼業にもどったのだろう。

吉川英治の露八は、意志薄弱で、みずからの意志というよりは、状況や、他人（とくに女）に流されている。その気張らないさまが主人公の魅力であり、読み手にとってもおもしろいところだろう。が、吉川英治の『松のや露八』を読んだ伊藤痴遊《いとうちゆう》はこんな感想をいだいた。

吉川英治君が荻江《おぎえ》露八を書いた。それは面白く読んだけれど、吉川君は、露八を知らなかつたに違ひない。何者か知らぬが、露八の事を話したので、書いて見たくなつて、那《あ》アした作物が生れたのであらう。

残念乍《なが》ら、那の作物には、本当の性格は、現はれて居なかつた。吉川君に、話したものも、真に露八を、知つて居るのではなく、幇間としての露八のみを知つて居て、露八の真骨頂は、解し得なかつたらしく、従て、露八の本態は、捉へ得なかつたのを、甚《はなは》だ遺憾に思ふ。

（「亡友の思ひ出　三」『痴遊雑誌』第一巻第六号、一九三五年十月）

伊藤痴遊は、自由民権運動に奔走していた若かりしころ、露八と交流をむすんだことがあった。後述するが、露八は、自由民権運動をしていた若者たちに手を貸していたことがあったのだ。では痴遊が見出した「露八の真骨頂」「露八の本態」というのは何かというと、幇間となっても変

序　ふたつの魂

松廼家露八
右：藤井宗哲『たいこもち（幇間）の生活』雄山閣、1982年
左：『文芸倶楽部』第13巻第6号、1906年4月

わらぬ武人の面影と心意気であった。
前頁にあげた露八の肖像写真をごらんいただきたい。この老人の、険しく、厳しい顔にはどこか心打たれるものがある。
べつに、幇間だからといって座敷を離れた日常も陽気であらねばならないわけではない。桜川忠七はいう。

人さまは、わたしどものことを、バカな奴だとお思いになっていられるでしょうが、そんなことは百も承知でございます。ハラの中では、人をさげすむようなお人のことは、こちらだって、人さまだと思っちゃおりません。
高座にあがって、漫才や、落語をやっている芸人の方だって、そうだろうと思いますよ。だから芸人の私生活は、わりあい厳しいようですな。お座敷の顔は、自分の顔ではないってことでございます。

（『たいこもち』）

嘘をついているのでもだましているのでもない。遊女は客と接しても自分が快感を得てはいけないという。客に酒をすすめる職業も、客は酔わせても自分が酔ってはいけない。人を笑わせる仕事も、人を笑わせるのであって自分が笑うのではない。客にそうみえるのはすべては芸なのである。だから、職業が幇間であったとしても、地の性格が陽気であらねばならないということではけしてない。露八がプライベートな時間、厳しい表情ですごしていたからといってとやかくいわれることではない。だいたいこの時代の人物がゆるい顔で写真に写っているのはごくごく稀《まれ》だ。それでも、写真の露八の顔をみていると考えたくなる。たまたま厳しい顔で写っただけかもしれないその表情に意味を求めたくなる。露八の表情の険しさは、芸に生きた人生の厳しさだけに刻まれたものではない。幇間として生きながら、戦死した戦友たちの追悼に生涯心をくばり、死後は戦友たちの墓のある円通寺に亡骸《なきがら》をうずめることを望んだ旧幕臣の内面を探ってみたくなる。だが、幕末・明治期の、一介の武士、いち幇間、いち市井の人の足跡をたどることはむずかしい。

彼の人生を知ることができる第一次資料は、まず、明治三十三（一九〇〇）年、六十八歳の露八が語ったとする「身の上ばなし」（『季刊　江戸っ子』四十七号・一九八五年七月、五十号・一九八六年四月、五十六号・一九八七年十月、アドファイブ出版局）である。幼年期から晩年までを事細かに本人が語ったことだから、これほど確かなことはあるまいと思われるだろうが、この資料にはひとつ問題がある。「資料発掘・編＝喜撰堂主人《きせんどう》」とあるが、その発掘されたもとの資料の出典が明かされていないのだ。めぼしい資料を探してみたが、出典をみつけることができなかった。『江戸っ子』には、おなじく喜撰堂主人の名でさまざまな聞き書きなどが提供されており、なかには露八などよりさらに無名の芸者の聞き書きも記されている。おなじ資料群と思われる。喜撰堂主人とは『幕末明治ばなし』（文芸社、二〇〇八年）の編者、神保侃司《じんぼかんじ》であるが、当時の記者か好事家《こうずか》かが廓内《かくない》の人々に人生を語らせて文字にしたが、公表の機会を逸した原稿でも入手されたものか。「身の上ばなし」は、連載一回目の冒頭は妙に噺家《はなしか》口調で、後半と文体が大きく変わっている点や、本人が語ったはずの内容が、資料からつかんだ事実とそぐわないことがままある。文体のちがいは速記をとった人間が変わったとか、話者の気分の問題、史実とのずれは、記憶ちがい、忘却、あるいは語りたくなかった、語るべきでないと判断した、など理由はいくらでも考えられる。原稿の「出自」は信用のできるものながら、それでも典拠のわからない再録資料を完全に信頼することはできないから、できうる限り別の資料で事実を裏づけながら話を進めたい。

この「身の上ばなし」が発表されるまでの露八の生涯の基本文献は「野武士」という筆名をもちいた誰かが『文芸倶楽部』（第十二巻第六号、一九〇六年四月）に書いた「松迺家露八」（迺の字については、まぎらわしいので以降、廼の字をもちいる）という評伝であった。露八歿後三年にして著者の野武士が得ることができた情報を聞いたままにまとめたものという。

さらにいうならば、この野武士の「松廼家露八」に書かれた内容は、露八が亡くなったとき、「都新聞」（一九〇三年十一月二十五日―二十六日付）の露八の伝記「故松廼家露八の経歴」と情報がほぼ重なる。誤った情報も共有している。野武士がこの記事を参考にしたのか、記者と同一人物なのか、もろもろ推測はできるが、記事は無記名で、野武士氏の正体はわからないから、両者の関係はあきらかにできない。

また、旧幕臣の戸川残花《とがわざんか》が『文学界』（第四十七号、一八九六年十一月）に発表した「露八」という作品がある。この作品は評伝というよりも評論、小説であり、評伝研究の資料としては信頼に足らないとされる。だが、「露八」に書かれた情報は、必ずしも正確とはいえないが固有名詞をともなう詳細な情報である。作品が書かれた明治二十九（一八九六）年時、露八の人生についてまとまって記されたものはない。残花はどのようにして露八の情報を得たのだろう。

明治二十九年といえば、残花が旧幕府時代の記憶や、戊辰《ぼしん》戦争の追想などを集めた『旧幕府』の刊行をはじめた前年である。残花は、雑誌に掲載する情報を集めるため、方々の旧幕の古老の生き残りを訪問していた。このとき、彰義隊の生き残りとして知られる露八に話を聞きにいったとしてもおかしくない。このインタビューのためとは断言できないが、残花が実際に露八の家を訪問した記述もある。

もし「露八」の内容を主観を廃して編集し、『旧幕府』に載せたなら、野武士の評伝とならぶ基本資料となったにちがいない。だが、残花はこれを小説にし、日本最初の浪漫主義小説雑誌に発表した。なぜそうしたのか。

露八の人生は小説に仕立てたくなる欲望を掻き立てるらしい。

吉川英治しかり。戸川残花しかり。主人公ではないが、露八は子母沢寛《しもざわかん》の「蝦夷《えぞ》物語」にも、山田風太郎の『幻燈辻馬車』にも登場する。また、短編小説だが、村松梢風《むらまつしょうふう》も書いている（「本朝奇人伝　松廼家露八」『随筆』三号、一九五二年三月）。実録や史実に基づいた時代小説を得意とした江崎惇の作品（「露八しぐれ」『小説倶楽部』二十巻八号、一九六七年六月）もある。遠藤幸威《えんどうゆきたか》も「露八供養」（『中央公論』第八十二巻第十号、一九六七年九月）をものしている。いちばん最近は土肥庄次郎が主人公の時代小説、阿井渉介による『慶喜暗殺――太鼓持ち刺客・松廼家露八』（徳間書店、二〇二二年）が出た。まだいくらもある。無視すべきでないと判断した小説もまた参考にした。

戸川残花はいう。「明白に半身は武士なりと雖《いえど》も半身は幇間なり」（「露八」『文学界』第四十七号）と。土肥庄次郎の魂の半分は、生涯変わらず父親ゆずりの物堅い「二本挿《りゃんこ》し」（刀の大小二本を差した者、転じて武士の意）であった。その半分の魂は、永遠に死んだ戦友を悼《いた》みつづけ、しかし、もう半分の魂の松廼家露八は飄逸《ひょういつ》で自由な芸人の世界にあこがれた。このどちらも彼の本質であった。このどちらの魂を否定するでもなく、露八は自由の巷《ちまた》を生きた。この魂の半身ずつは、どちらも彼の本質であった。

露八の生きざまには、たとえ敗者となっても、人間は誇りをもって自由に生きることができるのだという、したたかな力がある。それは、敗者の立場に追いやられても、敗北に沈んだみじめな生涯を送る必要も、ただ敗北を挽回するためだけの、劣等感に汚れた望まない労苦に人生を蕩《とう》尽《じん》する必要もないことを教えてくれるのだ。

前置きが長くなった。

事実は小説よりも奇なり。

彰義隊士・土肥庄次郎、転じて幇間・松廼家露八の波乱万丈な人生についてお話ししよう。

第一章

水道の水で産湯をつかい

武家屋敷が立ち並ぶ小石川小日向竹島町、神田上水の水路沿いに土肥庄次郎が生まれ育った屋敷はあった。天保四年十二月、一橋家に仕える名門の家の長男として生まれ、父半蔵の厳格な薫陶をうけて成長したが、ひょんとしたことから道をふみはずして道楽にふけり、勘当され、安政大地震のあと吉原をみに行ったのをきっかけに遊芸の深間に落ち、幇間・荻江正次となる。

なつかしの小石川小日向

土肥《どひ》庄次郎《しょうじろう》が生まれ、成人までをすごしたのは、江戸小石川小日向《こびなた》武島町《たけしまちょう》の土肥家の屋敷。現在の東京都文京区水道一丁目八番地から九番地のあたりとなる。嘉永五（一八五二）年の尾張屋版の地図には、「土肥新八郎」と庄次郎の祖父の名が記されている。

隣近所は旗本屋敷や組屋敷の武家地である。武島町という町名は、かつて武島家という旗本の家があったためついた俗称であったが、明治以降に正式名称として採用され、昭和四十一（一九六六）年までその名が残っていた。

いまはアパートや個人宅、会社の社屋が立ち並ぶ水道一丁目七番地から九番地の敷地を、かつてはたった五家（一か所は組屋敷）の屋敷で分かち合っていた。歩いてみての感覚だが、三百坪はあっただろう。江戸の面積の約六割を占めた武家地。圧倒的多数であった庶民の多くが、座敷四畳半、台所や土間を含めて六畳あまりの裏長屋に一家三、四人で暮らしていたなかで、武士の階級としては中くらい（人数比）であった土肥家がこれだけの広さの屋敷に住んでいたのだ。それだけでも、当時の武士の特権のほどがしのばれる。

もしその場所をおとずれようという奇特な方がおられたら、飯田橋駅方面から神田川をわたって印刷博物館の裏手へ向かうコースより、遠回りになるが水道橋駅から富坂をのぼって伝通院《でんづういん》に

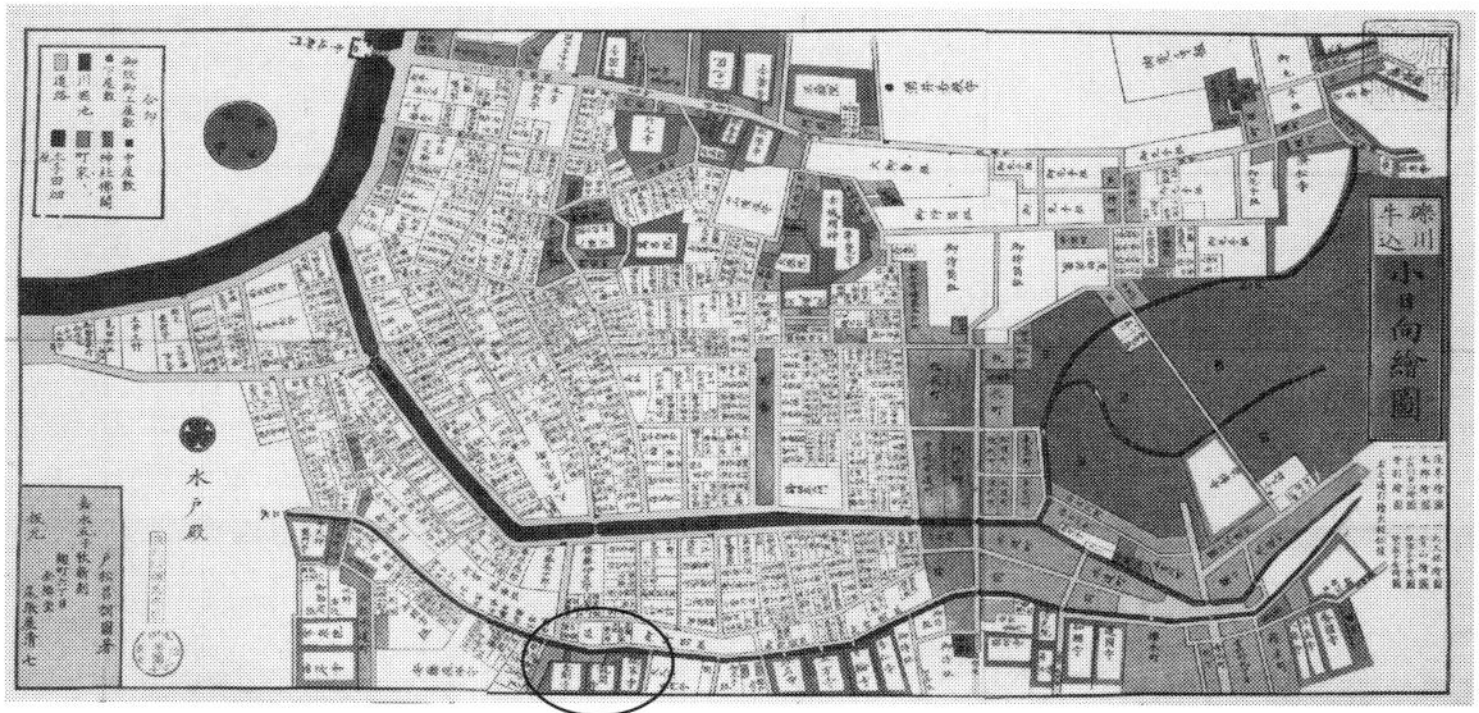

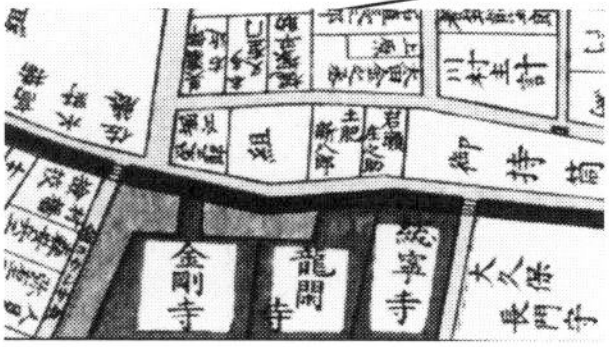

『小日向絵図』尾張屋清七版、1852 年
国立国会図書館所蔵

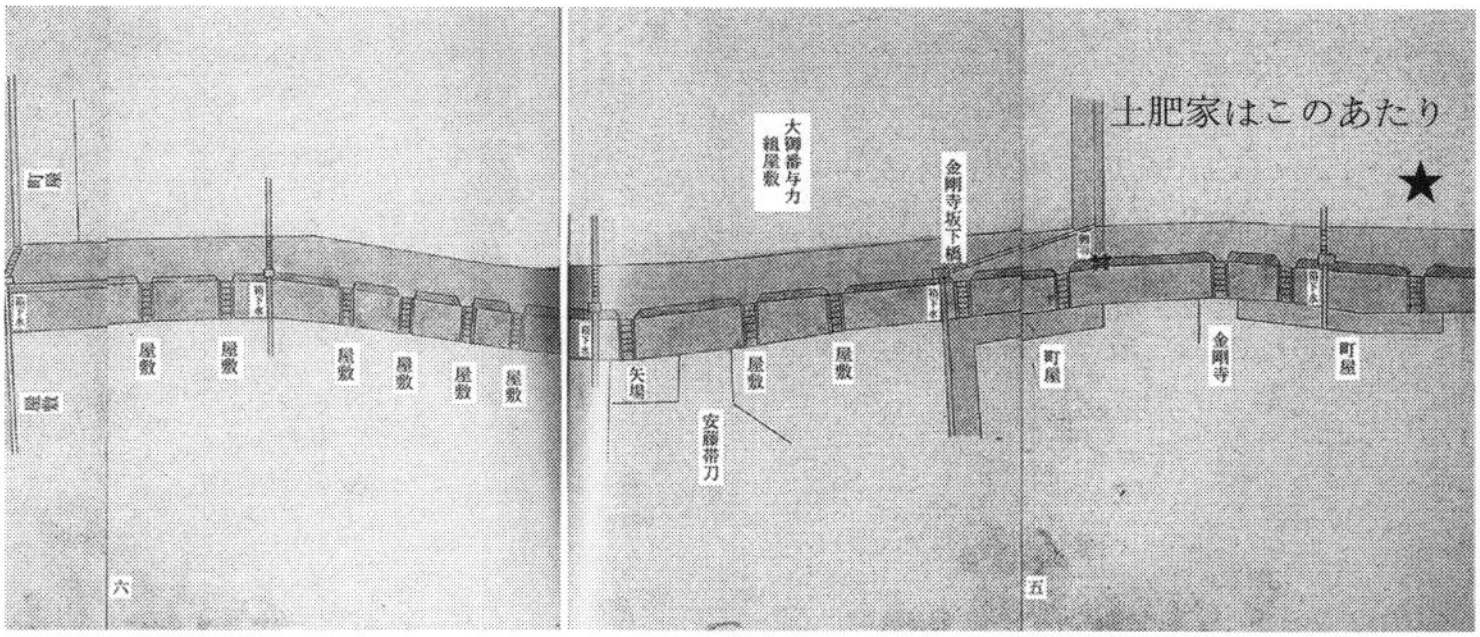

← 水戸藩邸（後楽園）　　関口大洗堰→

『上水記』東京都水道局、2006 年

いたり、そこから西に向かって坂をくだるルートをおすすめする。べつに江戸明治の情緒が残る道というわけではない。むしろ日本中どこにでもある面白味のない道路だが、伝通院は小石川台地の頂上にあたり、土肥屋敷は坂をくだりきったところにある。上り坂に息を切らせ、下り坂に足をつんのめらせると、東京の地形の起伏がよくわかる。関東平野とはいうが、けして平地ではない。

伝通院から下り坂に従ってしばらく行くと、永井荷風《ながいかふう》生誕の地の案内板がある。小石川区金富《かなとみ》町《ちょう》四十五番地（現在の東京都文京区春日二丁目）である。目的の土肥家の屋敷から徒歩数分の場所だ。

文豪でも偉人でもない庄次郎が生まれた場所には碑などないが、生誕の地に碑を残した永井荷風は、明治十二（一八七九）年、ここ小石川の邸宅で生まれた。一時、母の実家の鷲津《わしづ》家にあずけられたり、政府の役人をしていた父の仕事の都合で官舎に引き移ったりしたが、明治二十六（一八九三）年、ついに屋敷を売却して麴町《こうじまち》区に引っ越すまでの幼年期の大半をすごした。

その幼年期を回想した小説「狐」（『歓楽』易風社、一九〇九年）には、ツルゲーネフを読みながら、ふと「私は何時《いつ》となく理由《いわれ》なく、私の生れた小石川金富町の父が屋敷の、おそろしい古庭のさまを思ひ浮べた。もう三十年の昔、小日向水道町に水道の水が、露草の間を野川の如くに流れてゐた時分の事である」とある。「狐」の主人公の父親は明治になってほどなく、空き家になった武家屋敷を三軒まとめて買い、古い庭園や樹木はそのまま残して住居だけを新築した。その広大な屋敷のはずれの庭に、ある日、狐が出るのである。小説のもとになった荷風の記憶はおそらく明治二十年前後のことと思われる。小石川が狐狸のすまう場所であり、まだ、人を化かすものとして恐れる精神性があったころのことだ。このあと、狐は主人公の家の鶏を襲い、雪の日に父と使用人たちの討伐隊に巣穴をあばかれて殺される。ところが、父たちは、鶏を殺した罰として狐を殺したのに、鶏を絞めて狐の討伐成功を祝す宴席に供する。少年に神の罪罰の軽重の不平等を考えはじめさせたできごとだ。明治なかごろの小石川のうら寂しい情景が髣髴《ほうふつ》とする。

前田愛はこの作品を、「荷風自身の生の遠いみなもとへ回帰する試み」（「廃園の精霊――「狐」」『都市空間のなかの文学』筑摩書房、一九八二年）といっている。文人ではない庄次郎は、生まれ育った小石川の地についてとりわけ象徴的な読み取りができるような文章を残してはいない。だが、この下町に近い山の手の一隅は、庄次郎の人生をたどると、彼の魂の根源、遠いみなもとに属する場ではないかと感じるのである。

荷風生誕の地を通り過ぎ、さらに西に進むと、金剛寺《こんごうじ》坂に行きあたる。かつてその界隈には、総寧《そうねい》寺、龍閑《りゅうかん》寺、金剛寺の三つの寺が並んでいた。現在は総寧寺（本寺は千葉県市川市国府台にある。尾張屋版の地図に記されたのは小石川の拝領屋敷か）のあった場所は金富小学校の隣、龍閑寺は現存、金剛寺は戦後中野区に移転してこの場所から消えたが、金剛寺坂という急坂にその名を残した。

その金剛寺坂をくだりきったところに、かつて神田上水が流れていた。このあたりはまだ水道というより水路で、水は陽の光を水面にうけて、きらめきながら瀬音をたて、細い小川のように流れていた。金剛寺坂のたもとにある橋をわたって、水道の流れをさかのぼって北へ、三軒目が土肥屋敷の裏口だ。現在の石巻通りにあたる場所。いまや昔日の面影はない。

かつて「水道の水で産湯をつかった」ことを江戸っ子は誇りにした。

この水道には神田上水だけでなく玉川上水も含まれるが、ともかく水道は都市文明の象徴であり、それで産湯をつかったということは、生まれ落ちた瞬間から、天下の将軍様がしろしめす大都市、江戸の人間だったということのあかしである。水道の水で産湯をつかうということは、この世に生まれ落ちて、江戸っ子となる洗礼であったのだ。

江戸という都市は、徳川家康が入府した天正十八（一五九〇）年には、延々とした沼地に茅原が広がり、浅瀬の入り江がせまる小さな漁村が点在していた。それから長い年月と人力を費やして、台地を切り崩して海を埋め立てて土地を広げ、さまざまな地域からさまざまな人が流入して大都市・江戸となった。

しかし、江戸の地は急激な人口増加に対応できるような水源に恵まれていなかった。あらたな井戸を掘っても、塩分を含んだ水しか出てこず、飲用に適さなかった。都市の肥大化につれて生活用水の確保は喫緊の課題であった。そこで江戸幕府は、水源を確保するのに、水があるところから水路を掘って江戸まで水を取り入れることにした。そして最初にできたのが、小石川上水であり、都市の発展に合わせて拡張され、神田上水として完成したのは寛永六（一六二九）年ごろとされている。さらに、その四半世紀後の承応二（一六五三）年、玉川から水路を掘削して玉川上水を完成させた。

神田川は、自然の川か、掘削したのか不明というから、完全な人工の流れではないのだろうが、井ノ頭池（現在の井の頭公園）を水源とする水を、はるばる江戸市中まで導き、いまの文京区にあった関口大洗堰《せきぐちだいせんせき》でせきあげて神田川の水位をあげ、上水路に流した。このときあまった水は江戸川に放水された。石巻通りをさらに南に、かつての土肥家の屋敷の正門にあたるあたりから、現在の凸版印刷の印刷博物館に沿って数分歩くと、神田川につきあたる。この、首都高速にフタをされ、緑青《ろくしょう》に覆われた銅の鏡のようなよどんだ流れをかつて江戸川といった。江戸川は、江戸の水運や開墾のための水源として、家康の代から約六十年の歳月をかけて利根川の支流を人工的につくった流れだ。当時は、紙漉《す》きが盛んなほどの清流だった。

関口大洗堰から上水路を通して導かれた水は、茗荷谷《みょうがだに》を越え、土肥家の屋敷の裏を流れ過ぎ、水戸藩邸（現在の後楽園）にいたり、水戸藩邸を出ると水道は石樋の暗渠《あんきょ》に沈む。そのあと、水道橋の名を残す懸樋《かけひ》で神田川をわたり、ふたたび石樋を通って御茶水界隈の武家屋敷を通り、敷地の細かい町人地では、木樋で地下に毛細血管のように張りめぐらされて、神田・日本橋地域の人々の生活を潤し、最後は隅田川に流れた。

水道の水は、各個人が樋から直接もちいたのではなく、居住地ごとの共同利用の井戸にためられた。各家の炊事や飲用にもちいる水はいちいち共同井戸からくんで運ばねばならなかった。江戸時代の裏長屋の日常風景のひとつといえば、井戸端に女房連中がたむろしてにぎやかに世間話をしながら洗濯などする様子が思い浮かぶが、その井戸の水は、湧き水ではなく、水道の水を井戸にためたものだ。鉄管に圧力をかけるのではなく緻密に計算された勾配によって流れてくる水は無尽蔵ではなく、共同体で等しく分かち合わねばならない貴重品だった。水をむやみにつかえば、昔の姑の「うちの嫁は」の愚痴に、現代ではすっかり聞かれなくなった「水遣《づか》いが荒い」が加わった。

幕府による水質管理は厳格であったが、その水は清水ではなかった。浄水システムは完全ではなく、流れてくるうちに不純物が多く混じった。とくに雨天のときは木樋の継ぎ目から汚泥が混じり、別の器に入れて泥を沈殿させねば飲むことができなかった。

加えて腐りやすい木樋は定期的なメンテナンスが必須であった。時期によって管轄部署が変わるが、江戸末期には町奉行所が木樋の管理を担当していた。ところが、明治維新後、幕府の崩壊により、給水路の保全・管理が行き届かなくなり、神田上水の水質は悪化の一路をたどった。

明治十八（一八八五）年にはコレラの大流行もあって、明治政府にとって安全な水道の管理は緊急の要件となった。そこで玉川上水の水を浄水して利用することになり、近代浄水場の建設が決まった。近代浄水場は、東京の入口である淀橋《よどばし》につくられることになった。淀橋という地名は、いまは家電量販店のヨドバシカメラくらいにしかその名を残さないが、かつては新宿駅西口の一帯を指した。明治三十一（一八九八）年十二月、淀橋浄水場が竣工。浄化された水が、密閉された鉄管を通して東京府中の各給水場へ送られた。

そして明治三十四年、神田上水の給水は永久に停止した。

江戸は移民の都市である。いつからとも把握もできない昔からの江戸の住民といえば佃島の漁師くらいだろう。江戸に定府することになった徳川の家臣団である御家人、旗本たちも、もとをただせば三河から家康に従ってきたり、関ヶ原の戦いで徳川について旗本に取り立てられた者たちなどで構成されている。江戸の武士たちも、もともとは江戸に関係ない他国の人間であったわけだ。

商人にしても、遠い先祖から江戸の人間というのは皆無に等しい。江戸の商家には「伊勢屋」とか「越後屋」などという地名を冠した屋号が多い。これらの屋号はその商人の出身地を指す。その商家の当代か、親か、それ以前かに商売をするために伊勢や越後から江戸に移り住んだのである。江戸に暮らす職人たちも、当人か、何代かまえに職を求めて地方の農村から大都市・江戸に流入した人々だ。

移民の都市だからこそ、土地や集団への帰属意識を高める強いアイデンティティが必要となる。それが、江戸の場合「江戸っ子」という意識と誇りであった。まず巻き舌で早口な江戸言葉ともいえる言語をつくり出した。江戸の落語には、頭の回転がはやくて気転の利く人間が、少々愚直だがまじめな人間を、相手に考える隙を与えない巧《たく》みな話術でだまし、そのだまし方が痛快なほど客が笑う。という考えてみれば少しも笑えない噺《はなし》がいくつもある。江戸っ子にとっては、頭と舌の根の回転が速いことが江戸前の粋であったのだろう。野暮、田舎者、田舎くさいことを敵視し、なにごともスピーディーかつスマートにおこなうこと。これが江戸で暮らすものがつくりあげた「都会的」な生き方だった。彼らは誇れるアイデンティティとして、「都会的」であるということを選んだのだ。

人格の特徴としては、いじっぱり（つまり自分の価値観を曲げない）で、気が短い。人にものを頼まれるとことわれない。宵越《よいご》しの金を残さない。「江戸っ子は五月《さつき》の鯉の吹き流し」という言葉のように、言葉づかいは荒いが、腹には含むものは何もない、さっぱりしていてものごとに拘泥《こうでい》しない。これにはよい意味だけではなくて、江戸っ子は口先ばかりで、本当の胆力はない。という裏の意味もある。

元来、こうした江戸っ子という個性は、江戸で生まれ育った町人にみられるものとする。しかし、親代々江戸に生まれ、江戸で育ち、江戸で生きてきた武士、御家人、旗本が江戸っ子の気質をもっていなかったと考える方が難しい。

戸川残花《とがわざんか》は、雑誌『太陽』（第三巻二十四号、一八九七年十二月五日）に「戊辰《ぼしん》の榎本釜次郎《えのもとかまじろう》」と題する一文をものしたとき、「想起するは旧時の江戸なり、江戸ツ子なり」といって、江戸っ子の特徴を、

○流暢《りゅうちょう》の弁　○円滑の交際　○洒落の気風　○侠客風の性　○端的の方法　○個人的にて

党派心なき　○小利口にて器用なる

といっている。この「江戸ッ子」とは町人ではなく、榎本武揚《たけあき》（釜次郎）とともに戊辰《ぼしん》戦争を戦った江戸の武士のことをいっている。けっきょくのところ、気分屋で、単純、短絡的、深謀遠慮をめぐらすことができず、どっしりした野心がないということで、残花にいわせればこんなふうだから「中間《ちゅうげん》の鹿」（天下）を薩長にとられたということになる。

こうした江戸の武士たちの特徴は、町人の江戸っ子のそれと共通するように思える。江戸の武士たちがこのような特徴になったのは、徳川による家臣支配の制度の性質の影響によるのだろうが、多くは江戸で町人たちと境界をあいまいにしながら暮らし、たがいに影響し合ってきたということもあろう。

だいたい大名に近い生活形態の高禄《こうろく》の旗本少数をのぞき、たいがいは微禄で、名前ばかりの殿様。プライドばかり高いが、家族を養うために札差《ふださし》にあたまを下げることもあり、庶民と娯楽の場をともにして、芝居も観れば、寄席で気晴らしもし、吉原の遊廓や品川の岡場所にも行く。日常会話はもちろん江戸言葉のべらんめい調。かりに町人の江戸っ子的性格とは深い部分で性質がちがっていたとしても、たがいがたがいを同朋と認めるほどの類似性はあったわけだ。

なぜ、長々とこんな話をしたかといえば、この江戸っ子という気質、誇りが庄次郎の人格を形成し、生涯の選択を大きく支配したと思えるからだ。それはまた、折りに触れて述べる。

一橋家臣下の家

庄次郎は、晩年、幼年時代を振りかえりこういっている。

徳川家《とくせんけ》の御代《ごだい》には所謂《いわゆる》旗本八万騎の一に数へられた身の上が、唯今はかような賤業《せんぎょう》を営なんで居るので厶《ござ》いますから、他《ひと》さまから御覧に成《なっ》たら、余程をかしな履歴で厶いませうが、手前に於ては甚《はな》はだ不感服な身の上で、併《しか》し是《こ》れも何かの因縁で厶いませうと自ら諦《あきら》めますれば、いツそのん気なもので厶います。どうせ幇間《ほうかん》などに為るくらゐの変りもので厶いますから、幼少の時からの事を考がへて見ますと、われ乍《なが》ら可笑《おかし》う厶います。

（「身の上ばなし」）

土肥家は、徳川御三卿《ごさんきょう》、一橋《ひとつばし》、清水《しみず》、田安《たやす》の三家のうち、一橋家に仕えていた。

一橋家は、元文五（一七四〇）年、八代将軍徳川吉宗《よしむね》の四男、徳川宗尹《むねただ》が興した家で、庄次郎が生まれた天保四（一八三三－四）年には、各地に点在する領地をもつ十万石の大名であった。しかも、ただの大名ではない。この家の主は、将軍になる資格があった。御三卿というのは、徳川の血が絶えないよう血脈をつなぎ、徳川宗家に後継者ができなかった場合は、宗家に入って将軍家を継承するためにつくられた家なのだ。将軍家の家族であり、一橋邸は江戸城平川門付近、城のほんの近く、お濠《ほり》に隣接したところにあった（現在の丸紅本社ビルの位置）。徳川の子孫を残すことを役目とした幕府の機関といえばそういえなくもない。

だから、一橋家を含む清水家、田安家の御三卿は独特の家臣団をもっていた。幕府の出先機関として出向してくる者たちと、通常の大名のような直属の家臣、そして、その中間のような立場の者たちの三種の立場のちがう者たちによって編成されていた。

まず、附人《つけびと》といって、徳川宗家の直臣である旗本が、一時の役目として出向したもの。彼らは、役目替えになれば出向していた御三卿の家を離れ、幕府の別の役目につく。次に、附切《つけぎり》といって、幕府が御三卿の家に仕えさせるため新規に雇い入れたもの。禄も幕府から支給され旗本にはちがいないのだが、ほかの役目にはつかず、派遣された御三卿の家に親子代々仕えつづける。最後に、抱入《かかえいり》とよばれる御三卿の家が独自に雇い入れたもので、これは、徳川宗家の旗本である附人とも附切ともちがって、御三卿のそれぞれの家が直接に雇用した家臣で、禄もそれぞれの家から支払われた。

では、土肥家はどの立場にあったかといえば。

天保八（一八三七）年に作成された『橋府分限帳《きょうふぶげんちょう》』（茨城県立歴史館所蔵）という一橋家の家臣の禄高や役目が記された帳面が残されている。これには、名前のうえに、附人、附切など、それぞれの家臣の立場が記されており、空白のものは抱入である。『橋府分限帳』当時の土肥家の家督

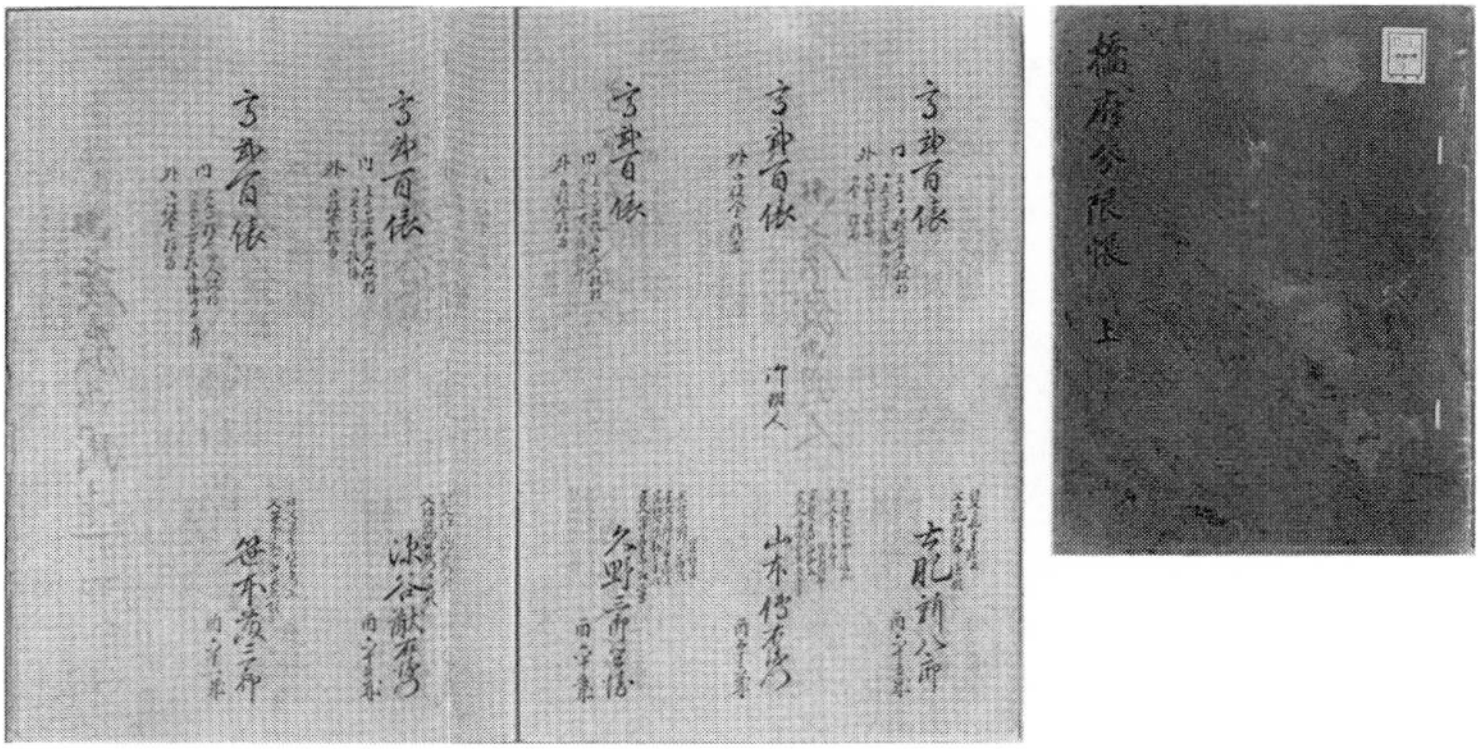

『橋府分限帳』（茨城県立歴史館所蔵）表紙と御広敷御用人の頁
右頁右端に土肥新八郎の記載がある。その左隣の山本伝右衛門は「附人」

者である庄次郎の父、土肥半蔵《はんぞう》、そして、息子が出仕してもまだ御役にあった庄次郎の祖父、土肥新八郎の名もある。その両者の名の上部は空白であるから、土肥家が抱入であったことがわかる。

　庄次郎の父、土肥半蔵は、一橋家御近習番《ごきんじゅうばん》頭取をつとめていたと「身の上ばなし」にはある。『橋府分限帳』に記された三十三歳の半蔵の地位は近習で、禄高は二十五石。その後、努力して出世したのだろう。明治二（一八六九）年に一橋家が新政府に提出した旧家臣の禄高調査によると土肥家の家禄は二石増えて二十七石である。それほど高禄の家とも名門とも思えない石高かもしれない。しかし、土肥家は目見《めみえ》以上の家格にあり、家禄の二十五石、ないし二十七石は、一橋家の家臣のなかでは中の上くらいの禄高で、重用されていたといえる。

　半蔵は生涯に五男六女、十一人のこどもに恵まれた。十一人の子ということは、全員正妻の腹ならばだが、最初に生まれた者と、最後に生まれた者は、最低でも十歳程度の歳の差がある。庄次郎（人数は不明だが姉がいた）と、末子と思われる鑑吉《かんきち》のあいだには、鑑吉の歿年と享年（昭和十三［一九三八］年、八十八で死去）から計算すると、十八歳の差がある。庄次郎の母は嫁いでから二十年近く、絶え間なく子を生み育てつづけていたわけだ。

このたくさんのこどもをこしらえた父・半蔵は頭の堅い、じつにきまじめな人物だった。武士とはどうあるべきかという物堅いイメージから少しも逸脱することがない人だった。一面では、融通の利かない頑固者ともいえ、一方では、信念のゆらぐことのない立派な人間であったともいえる。当然その物堅さはこどもたちに接する際にも発揮された。

なかでも天保四年十二月に生まれたはじめての男子、家を継承する嫡男《ちゃくなん》である庄次郎は、当然、兄弟のなかでもいちばん目をかけられ、手をかけられ、そのぶん厳しくしつけられた。

半蔵は跡継ぎである庄次郎に、礼節正しく、文武ともにきちんと身に付いた人間になることを望んだ。しかし、庄次郎は、腕白で、力が強く、気性の荒い、餓鬼大将タイプのこどもだった。方々で暴れ回り、朋輩《ほうばい》のこどもと喧嘩しては殴り倒し、ずいぶんと親の手を焼かせた。こんなふうだから、学問はあまり好かなかったというが、武芸にはやくから熱を入れるようになった。

幼年期の大事件といえば、四歳のとき、疱瘡《ほうそう》にかかって死にかけたことだ。疱瘡、つまり天然痘である。天然痘は、昭和五十五（一九八〇）年に人類が地球上から根絶に成功した感染症であるが、種痘（天然痘のワクチン）がゆきわたるまでは、罹患《りかん》、発病すれば、死亡率の高い危険な病いであった。まず高熱が出て、顔、手足に発疹ができる。発疹は膿《うみ》をもち、やがて、かさぶたとなってはがれ落ち治癒する。庄次郎は高熱がつづき、なかなか発疹に膿を生じず、一度は死を覚悟せねばならない状態におちいった。治療の方法もなく、両親は行者《ぎょうじゃ》に頼った。行者は、祈禱《きとう》するのではなく、死にかけたこどもに、山鯨《やまくじら》（いのししのこと）の脂身を煮たものを喰わせた。『日本疾病史』（富士川游、吐鳳堂、一九一二年）によると、疱瘡の治療に、羊の脂身を痘に塗布するとか、牛の蹄《ひづめ》や肉からつくった薬をもちいたという記録があるから、獣脂や獣肉に何かしらの効きめがあると考えられていたのか。ともかく、その日から快方に向かい、危険を脱した。

江戸期、こどもが罹患しやすく、生命や見た目の器量をおびやかすものとして「痘瘡は見目定《みめさだ》め、麻疹《はしか》は命定《いのちさだ》め」といわれた。疱瘡は重篤になると、病気が治癒しても顔に凹凸となって発疹のあとが残る。「見目定め」に敗れた庄次郎の顔には容赦のないあばたが残った。しかし顔の美醜で運命が決まるのではない武士階級の男子である。身体が壮健であれば人生になんら障《さわ》りはない。

庄次郎は、体格に恵まれていて武芸の上達がはやかった。子母沢寛《しもざわかん》は庄次郎の槍の腕前を、「鎗《やり》は大坪新十郎という当時名人扱いだった人の秘蔵ッ子」（「蝦夷物語」『雨の音　子母澤寛幕末維新小説集』中公文庫、二〇〇六年）だったという。庄次郎は、ことに、槍術、馬術、砲術には熱心で、身を入れて学び、十五歳にもなるともういっぱしの腕前となった。

野武士の評伝には「半蔵の父新十郎即《すなわ》ち露八の祖父は御旗奉《おはたぶ》行格大坪《ぎょうかくおおつぼ》流槍術の指南番であっ

た為め、露八も其《その》教導で槍術の免許を取り」とある。吉川英治の『松のや露八』では、「先代の新十郎――つまり土肥庄次郎には祖父にあたる――槍の新十郎といわれた人は、大坪流の槍法の達人で、大酒家の上に豪放不羈《ごうほうふき》な性格だった」（吉川英治文庫、講談社、一九七六年）と書かれている。おそらく野武士の記述、あるいは誰かから聞いた証言を検証なしに採用したのだろう。庄次郎の祖父の名は新十郎でなく新八郎であるし、だいたい、大坪流とは槍術ではなく馬術の流派ではないだろうか。大坪新十郎なる人物と、大坪流と、庄次郎の祖父の名をどこかで混同したのだろう。「身の上ばなし」によると、祖父・新八郎は御旗奉行をつとめ、食禄三百石、御役料二百俵。文武に優れ、ことに能書家であり、土肥南海という書号をもっていた。主君に気に入られ、御役についたまま八十九歳で卒去したとある。『橋府分限帳』（三〇頁参照）には、
高弐百俵
　内　元高弐拾五石五人扶持《ぶち》
　　御足高百三俵弐斗
　外　御役金拾両
　　御金　拾両
祖父土肥半蔵死
父土肥新八郎惣領
　土肥新八郎
酉《とり》六十五歳
とある。八十九歳まで存命であったとすると、天保八年の時点で六十五歳だから、亡くなった

のはその二十四年後の文久元（一八六一）年ということになる。御役は御広敷御用人《おひろしきごようにん》。御広敷とは、藩主の後宮たる「奥」の警護や用務を果たすため、男性の家臣が働く役所であり、御用人は藩主夫人や姫君の用を果たす役目である。後宮の女性にかかわる役職であるため、年輩の男性が就いたが、功績があった老齢の家臣の名誉職の意味もあっただろう。なにしろ『橋府分限帳』に記される新八郎の上役、川上伝左衛門は八十九歳の高齢であり、同役もほとんど全員が六十代である。しかし、庄次郎の記憶に対し、このときの新八郎の禄は百石（ざっと百俵を四十石、一両を一石と計算）に足りない。これに息子の半蔵の禄二十五石を足しても三百石にはおよばない。ちなみに『橋府分限帳』にある天保八年当時の一橋家の御旗奉行の禄高は三百俵、御役料百俵である。おそらく三百石と三百俵の庄次郎の記憶ちがい、あるいは速記者の記録間違いだろう。

祖父の禄は祖父一代のものだろうが、一橋家のなかで土肥家が殿様のお覚えめでたいそれなりの名門の家であったことがわかる。庄次郎は、そうした家の後継者としてひととおりのきちんとした素養を身につけることを要求された。武士の素養のなかには、教養だけでなくもちろん武芸も含まれる。

「身の上ばなし」には武術の師について、剣術と柔術を一貫《いっかん》流の小櫛荒次郎《おぐしあらじろう》、槍術を大島当《おおしまとう》流の北番《きたばん》五郎《ごろう》、馬術を大坪本《おおつぼほん》流の山口仲次《やまぐちちゅうじ》、弓術を尾州《びしゅう》竹村派日置《へき》流の麻生亀三郎《あそうかめさぶろう》に教わったとある。一橋家の家臣の子弟を教育するために仕官していた人たちだろうが、寡聞《かぶん》にして、一度聞いてぴんとくる有名どころの武芸家はいない。野武士によると、槍術は祖父に、剣術は入江達三郎に、砲術を伊東一郎次に、水泳術を、本人の記憶では馬術の師である山口仲次に教わったとある。

庄次郎は、家中ではそこそこの槍つかいであったかもしれないが、別段、伝説化されるような剣豪ではない。だからこどものとき武芸において誰と師弟関係にあったかは、庄次郎のそののちの人生においてさほど重要なことではない。庄次郎がただ武士としてひととおり、申しぶんのない体術の教育をうけて育った、ということだけを念頭において話を進める。もちろん、本人は関心をもてなかったというが、ひととおりの学問もしつけられたにちがいない。

順調に武芸の訓練にはげんでいた庄次郎だが、十七、八のときに酒と女の味を覚えた。悪友とつるんで夜な夜な遊び歩いて、嫌いな学問も、好きであった武術も、心配する母の意見もそっちのけで女色、酒色にふけった。この遊興にあてたと思われる庄次郎の月のこづかいは金一朱であったという。一朱金は天保十一（一八四〇）年に流通が停止されていたから一朱銀かもしれないが、金にしても一両の十六分の一の価値でせいぜい五千円といったところ。それでは足りないから母にせがんで、へそくりからいくらかの金を工面してもらったというが、へそくりにもきりがあり、女色、酒色に「ふける」ことができるほどのふところ事情ではなかった。もちろん、割高な吉原の妓楼《ぎろう》にあがれるはずもなく、吉原は眺めるだけ。実際の性欲の処理は、岡場所や宿場の飯盛り女で我慢したとしても、放蕩できるほどの金ではない。おそらく悪友とかわりばんこでおのおのの家の重代の品などをもち出しては質に入れ、遊興の軍資金にしていたのだろう。

嘉永四（一八五一）年、庄次郎が十九歳のとき、母が亡くなった。庄次郎は母の早世を自分の素行のことで心労をかけたせいだと考え、悔悟し、おこないを改め、父とともに神妙に法要をとりおこなった。

そして、おこないを正して冥福を祈るうちに四十九日が過ぎた。

亡くしてはじめてわかるありがたみとはよくいったもので、土肥家は子だくさん。まだ他人の世話を必要とする幼な子もいた。なかでも母が亡くなった年に生まれた末弟の鑑吉は、まだ乳飲み子だった。下女や子守りは雇っていたにちがいないが、要《かなめ》になる主婦がいなければどうにも家事が立ちゆかなくなった。なにより、こどもたちの面倒をきちんとみてくれる人の必要を思った父・半蔵は、同僚のすすめもあって後妻を迎えることにした。

この継母が庄次郎の人生のつまづきの原因となった。

そりが合わなかったのだ。「三十面を下げて、子供の世話をする為にと迎へられて来ました身でありますから、誠に家事向にも届かぬ勝《がち》で……朝から化粧三昧でブラ〳〵して居るのを見ると、どうも癪《しゃく》に障《さわっ》て堪《たま》りません」（「身の上ばなし」）。この時代、よほどの理由がなければ三十まで未婚でいる女性はいないから、前夫と死別したか離縁されたか、この継母も初婚ではないだろうが、先妻とのこどもが、成人した者から乳飲み子まで、十一人もいる家に入るというのは、鬼千匹が待ちうけるるつぼに身を投げるようなものだ。継母も大変だっただろうが、亡き母への敬慕が去らない息子からしてみれば、よくわからない女に母のいた場所に居すわられること自体が気に入らなかっただろう。

ともかく継母の一挙手一投足が気に入らない。化粧も身だしなみ以上のことはせず、朝から夫やこどもたちのために立ち働いていた実母に対し、家事もせず一日じゅうだらだらと化粧に余念がない継母。庄次郎は、土肥家の家風になじまない継母の行動のひとつひとつが怠惰にみえて腹が立った。それで、父の留守をみはからってはたびたび口論していたが、ある日、些細《ささい》なことでいいあらそって、我慢ができず、ついに家を出た。

家を出てどこへ行ったのか。金も職もない二十歳ばかりの若造である。おいてくれる恋人でもいなければ悪友の家にでもころがり込むほかないだろう。

家出してどんな暮らしをしていたかわからないが、放蕩息子を気取りながらも、庄次郎にはひどく気がかりなことがあった。それは、父が一橋の殿様から拝領した小刀を、遊ぶ金欲しさにこっそり質に入れていたが、それがうっかり流れてしまったことである。こんなことが明るみに出たら、父にとんでもない不利益があるだろう。自分の将来を案じてくれていた母にも申し訳が立たない。

庄次郎は、悩み、悩みぬいて、なんと死ぬことにした。土肥家の菩提寺《ぼだいじ》、牛込弁天（現在の東京都新宿区弁天町）の浄輪寺《じょうりんじ》の母の墓前で切腹することに決めたのだ。

死ぬとなると最後に会って別れを告げておきたい人がいた。懇意にしていた旭堂南麟《きょくどうなんりん》という講談師だ。

関根黙庵《せきねもくあん》『講談落語今昔譚』（東洋文庫、一九九九年）に、この人物のじゃっかんの履歴と逸話がある。「この南麟《なんりん》は後に大《おお》南麟と自称した人で、以前は旧幕の旗本にて朝比奈安兵衛《あさひなやすべえ》といい、古戦物語を善く弁じ、風流の才もあった」。慶応二（一八六六）年のある日、高座の最中に、これも講談師をしていた息子の明麟《めいりん》が、横浜で人妻と不貞を働き、その夫に殺害されたという知らせが入った。南麟は少しもとり乱さず、高座を終え、そののちに、一同に凶事を打ち明けたという。

「身の上ばなし」によると、南麟は一橋家とおなじ御三卿の一家、田安家の御用人の次男であったという。文化元（一八〇四）年の生まれというから、庄次郎より三十近い年長者で、親子ほどの年の差があり、よく面倒をみてくれた。道楽の師匠ともいえる人だった。

死ぬまえにこの人だけには挨拶しておきたいと思い、南麟の家をたずねた。明治八（一八七五）年十月刊行の『諸芸人名録』（西村隼太郎編、丸家善七）に記された南麟の住まいは、「市ケ谷冨《とみ》久丁《ひさちょう》」で牛込弁天の浄輪寺に行くついでに寄るにはちょうどよい場所だが、当時もおなじ住居だったかはわからない。南麟に対面すると、

「誠に今までは種々《いろいろ》お世話になつたが、私《わし》も思ふ事があつて他所《わき》へ行つて来る心算《つもり》で、今日は暇《いとま》乞《ごい》に来た、是《これ》ツきり遇《あ》はないかも知れない」（「身の上ばなし」）

などと、悲壮な調子で述べる様子を不審に思ったが、南麟は、あえて問い詰めず、

「詰《つま》らない事をいひなさんな、何処《どこ》へ行くか知らないが、旅立をするといふなら兎《と》に角《かく》、一杯飲んで行くが宜《い》い」（「身の上ばなし」）

と酒をすすめた。庄次郎はもう死ぬ気になっているから、酒を口にする気にもなれず、早々にいとまごいして、浄輪寺に向かった。

庄次郎が行ってしまうと、南鱗は、弟子の鱗長《りんちょう》をよんで、

「何《ど》うも土肥庄さんの挙動《ようす》が訝《おか》しいから何をするか知れない、後から見え隠れに尾行《つい》てゆき見届けてくれ」（「身の上ばなし」）

といいつけてこっそりあとを追わせた。

師に命じられた鱗長は、庄次郎のあとをつけていくと、浄輪寺の土肥家の墓前でまさに腹を切ろうとしている。刃を突き立てる瞬間に声をかけ、すんでで自害を思い留まらせた。そして、その日はひきずるようにして新宿の女郎屋に連れていった。

酒を呑んで騒いで、ひと晩女を抱いて寝ると死ぬ気はまったく失せていた。それで、けっきょく南鱗の家に世話になることにした。

しばらくして、南鱗に講釈をやってみてはとすすめられ、その気になった。ちなみに南鱗の兄弟子の田辺南窓《たなべなんそう》が同門の南鶯《なんおう》に語ったところによると、「講釈師になるには三つ備わらねばならぬものがある。それは第一に音声、第二に胆才、第三に記憶だ」（『講談落語今昔譚』）ということであるが、庄次郎には向いていたとみえ、瞬《また》く間に上達して、南鱗の前座を任せてもらえるようになった。山の手あたりの寄席は、素人でも高座にあがることができたから、庄次郎が南鱗の前座をさせてもらっていたのも山の手あたりの寄席であろう。

しかし、世間は狭いもので、庄次郎が講談師になって高座で張扇《はりおうぎ》を打っていることが父にばれた。この時代、身分制度上の芸人の地位は低く、武士が芸人になるなど、恥ずべきこととされた。「物堅い二本挿《りゃんこ》」（「身の上ばなし」）であった父にとって、息子が、しかも跡取りの長男が芸人をやっているなど、けして許せることではなかった。庄次郎は廃嫡《はいちゃく》され、次男の八十三郎《やそさぶろう》が家を継ぐことになった。

さらに父は、勘当したのだから、今後家に出入りしたり、道で会ったりすることがあれば斬り捨てると宣言した。

それで、はじめは南鱗の家にかくまってもらっていたが、父を恐れていつまでも家にとじこもっていてもおもしろくないと思い、いっそ江戸を出ようと南鱗にいとまごいし、旅に出た。

一足飛びに武士を捨てて芸人になったのではない。武者修行と称して、竹刀を担いで上州（現在の群馬県）あたりをさまよった。道場があれば、指南を乞うて、勝負を挑み、勝つ日も負ける日もあった。気楽な旅ではなかった。心細くつらい日々がつづくと、里心がうずいた。やがて親の慈愛がいよいよ胸にせまり、もう恥も外聞もなく、江戸へ帰ることにした。

そして、なつかしの我が家のまえに立ったのは、安政二（一八五五）年十月二日のこと。だが、勘当の身。なにごともなかったように玄関をくぐる度胸はさすがになかった。

そこで、みつけた姉を勝手口によんで、

「是《これ》までは誠に了簡《りょうけん》違ひをして父親《おとっさん》や皆さんに御心配を掛て相澄《あいすみ》ません。これからは屹度《きっと》心を入替へて孝行をつくします、何《ど》うか姉様《ねえさん》からよろしくお詫《わび》をなすつて下さいまし」（「身の上ばなし」）とわびて何度も頭を下げた。姉は、弟が出奔《しゅっぽん》したことに腹を立てるよりも、ずっとその身の上を案じていて、父も心配している、心労のあまり最近はすっかり老け込んでしまったという。

庄次郎は姉の様子からこれはまず大丈夫だと思ったが、なによりも気詰まりであったのはなさぬ仲の継母のことだ。「母様《おっかさん》は」と、おそるおそるたずねると、姉は、継母は庄次郎が家出してすぐ不縁になったという。おそらく総領息子であった庄次郎を追い出し、身を誤るきっかけになったとされて土肥家に居づらくなったのだろう。庄次郎の弟姉妹たちにしても、やってきたばかりの継母より、実の兄弟に味方しただろうことは想像に難くない。

庄次郎は、嫌いな継母はもういないというので、心置きなく我が家にあがり、楽な格好に着替え、食事を済ませ、久々に気がゆるんで、姉が出してくれた一合酒に酔ってうつらうつらしていた。

まさにその夜のことだ。突然、ガタガタすさまじい音がする。さては、帰宅した親父が自分がいるのを知り、怒り狂って暴れているのだと思い、飛び起きた。が、その瞬間、表にふっとばされた。世に安政江戸大地震とよばれる、マグニチュード七クラス、江戸市中で死者一万人あまりを出した大地震であった。

幸い土肥家の屋敷は倒壊を免《まぬか》れた。揺れがおさまると、庄次郎は、率先して家のかたづけをした。そのとき、御殿にあがっていた父が自邸の様子をみに一時帰宅した。庄次郎は父と顔を合わせた。が、叱られるどころか「なぜお前がいる」と問われもしなかった。それどころではなかったのだ。このまま神妙にふるまっていれば、なしくずしに帰参が許されたにちがいない。だが、自邸が落ちつくと、悪い虫がふたたび頭をもたげた。吉原が気になりはじめたのである。

庄次郎は家も家族も打ち捨てて、いまだ炎燃え立つ町へ、吉原に向かって駆け出した。

いちばんむずかしい夢の稼業につく

吉原、正式には新吉原は江戸で唯一の幕府公認の遊郭である。現在の吉原は、かつての遊郭時代の面影は片鱗もないが、地名と地形はそのまま残っているので、いまでも町の構造と規模はわかる。大門《おおもん》から水道尻《すいどじり》まで歩いて五分程度。中央の仲之町《なかのちょう》から左右の通りの端までは片側三、四分ばかりで行きつく小さな町だ。その小さな町に、安政年間、遊女六、七千人がいた。「なか」「さと」などとよばれる、お歯黒どぶという堀に囲まれた、現在の東京都台東区千束三丁目から四丁目にまたがる二万七百六十七坪、「五丁町」は、男たちを魅了してやまない場所。その焦《こ》がすような魔力は、ただ女を抱けるからというだけで生じているのではない。当時、性欲を満たしたいならば、岡場所でも、宿場の飯盛り女でも、夜鷹でも、吉原よりもずっと安価な場がいくらでもあった。

吉原は特別だったのだ。吉原は夢の世界から切りとってきたかのような、完全完璧にしつらえられた世界、別世界だった。その証拠に、そこの住人たる遊女たちは、廓《くるわ》言葉といわれる独自の言葉を話した。町の女たちとはその風態もちがった。髪のかたちから着物、化粧まで独特だった。たとえば、彼女たちは、眉は残してお歯黒をしていた。未婚女性の初々しさと既婚女性の色香をあわせもった独特の神秘的な美しさがあっただろう。とくに高位の花魁《おいらん》となると、みたことがないほど美しく、作法、諸芸万端は大家の令嬢、姫君に勝るとも劣らない。さらに気をそらさぬ会話、態度、しぐさ、しかも床の技術にも長《た》けていた。まさに夢の女。

さらに吉原は性欲や疑似恋愛といった女性に対する欲望を満たすだけでなく、江戸文化の粋が集まる社交場であり、流行の発信源でもあった。吉原だけの「法律」ともいえる特別のさまざまなしきたりもあって、独自の文化をつくり出していた。

吉原については、手ごろでわかりやすい本がいくらも出ているから詳しくは述べないが、町の構造についてざっと述べておく。

吉原は、大門をくぐると、裏門までつづく仲之町というまっすぐな大通りがある。この吉原の中心をつらぬく大通り、仲之町には遊女屋はない。そのかわりに、引手茶屋《ひきてぢゃや》がずらりと軒を連ねている。

引手茶屋というのは、客が目当ての花魁を指名し、妓楼《ぎろう》にあがって床を交わすまえに、酒食を楽しみ、芸者や幇間をよんで遊ぶところである。引手茶屋は、一流の妓楼（大見世《おおみせ》）の客しか扱わない。しかも金があっても常連の紹介がないと客として迎えられない。台屋《だいや》（吉原の仕出し屋をこうよんだ。喜の字屋《きのじや》とも）や芸人に支払う酒食遊興の金も、妓楼に払う花代もすべて茶屋が先に支払い、あとで、まとめて客に請求する仕組みになっていたから身元のはっきりしない信頼のおけない人に来られては困るのである。そこで遊びながら待っていると、花魁が客を迎えにくる仕組み。ちなみに、迎えにきた花魁と客が、御茶屋から妓楼にあがる道行きを演出したのが花魁道

庄次郎が幇間になる際に引き立てを得た玉屋山三郎の見世、大妓楼玉屋は江戸町一丁目の入口にあった

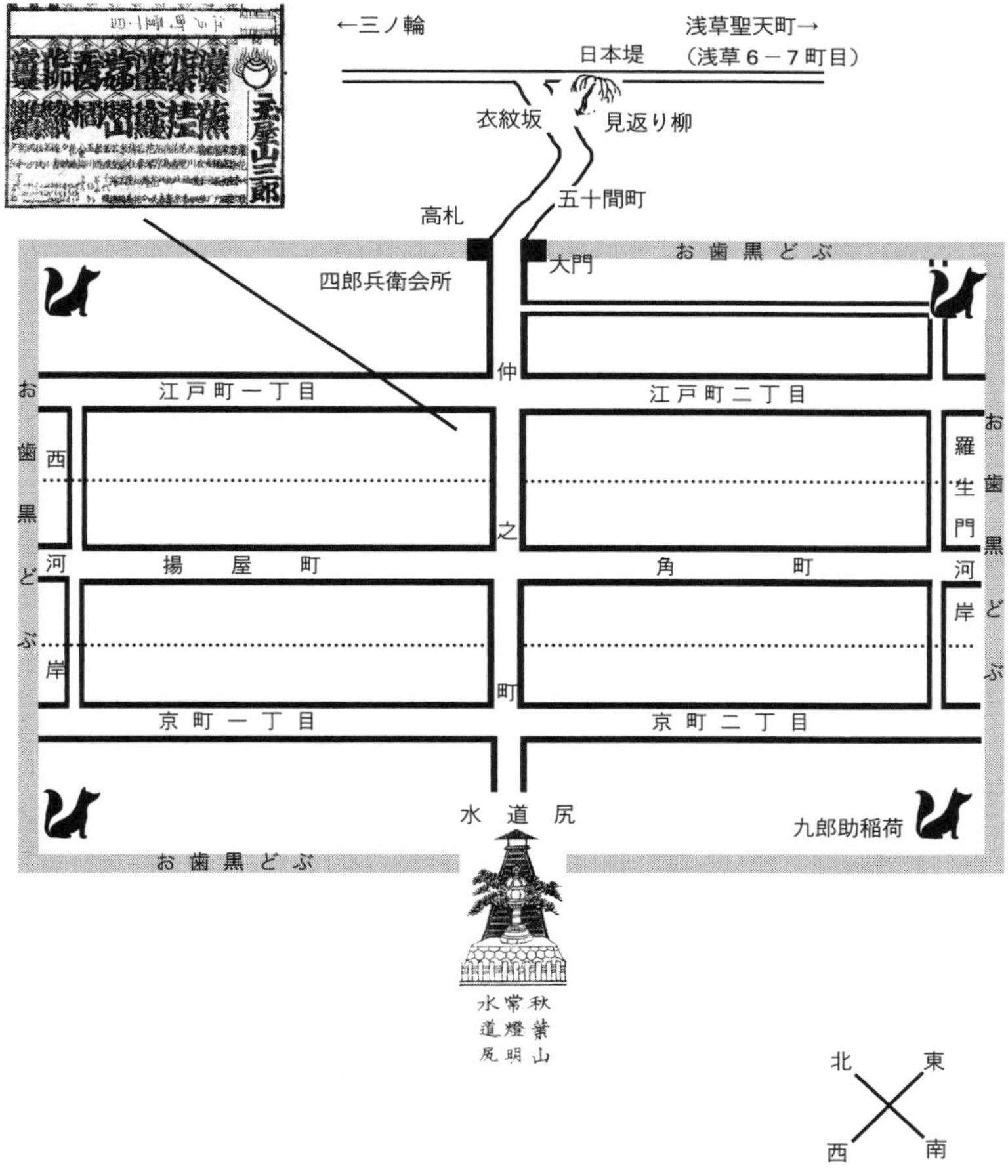

客が北枕にならないように方位に対して斜めに町をつくった

中である。

　仲之町をまっすぐに進むと、いちばん果ての裏門の手前に火伏せの秋葉権現《あきばごんげん》を祀る秋葉常灯《じょうとう》明《みょう》につきあたる。ここを水道尻という。ちなみに裏門というのは存在はするが、開けるのは火事のときだけで、普段は存在しないのに等しい開かずの門であった。客が出入りできるのは表の大門に限られていた。

　妓楼があるのは、仲之町と直角に交わるようにある横道で、大門から入って一本目の横道、右側が江戸町《えどちょう》一丁目、左側が江戸町二丁目。次の横道、右が揚屋町《あげやまち》、左が角町《すみちょう》、で、三本目の右側が京町《きょうまち》一丁目で、左側が京町二丁目。それぞれの道の入口には木戸があり、大引《おおび》け（営業終了時刻、午前二時）になると保安のため閉められた。一流の大見世は横道の表通りに面したところに立派なつくりの店をかまえ、中見世以下は裏通りに店を出した。

　御茶屋を通じて大見世にあがるよりも、もう少し手頃に遊びたい客は、引手茶屋をつかわずに、格子のなかに美しく着飾った遊女たちが「陳列」されて、客を引いている張見世《はりみせ》を覗《のぞ》いて、気に入った娼妓がいれば若い衆や妓夫《ぎゅう》といわれる男の客引き（いわゆるポン引き）と値段を交渉し、折り合えば登楼した。吉原も高級な見世ばかりでなく、外郭へいくにつれて見世の格は落ちて、長屋式の遊女屋の切《きり》見世、河岸《かし》見世という最下級の遊女屋が並ぶ羅生門河岸《らしょうもんがし》、西河岸があった。財布の中身に応じてどの階級の男でも楽しめるようになっていたのだ。もちろん、見世へはあがらず、華麗に着飾った女たちや町の様子を眺めて歩くだけの素見《ひやかし》もいた。行燈《あんどん》の茫洋とした明かりのなかで、粉黛《ふんたい》をこらし着飾った女たちは、まるでひな人形のように繊細かつ豪奢で華麗にみえた。

そんな美しい夢の国がこの地震でどうなったのか、庄次郎は気がかりでならなかった。吉原に向かう道すがら、庄次郎は、焼け落ちた町のすさまじさに、これは何か差し入れが必要かと思い、見当ちがいにも、苦労して容れ物つきの房楊枝（つまりケースつき歯ブラシ）を買った。

着いてみると、吉原は房楊枝どころではないひどいありさまで、焼け残っている建物はほとんどなく、いくつかの蔵だけが寂しく立ち残っていた。建築に鉄筋もコンクリートももちいていない時代である。木と紙の家はきれいに燃えて、焼け跡は野原のごとく何もない。

『藤岡屋日記』（第十五巻　慶応三年四月〜慶応四年三月・安政二年江戸大地震　近世庶民生活史料、藤岡屋由蔵、鈴木棠三・小池章太郎編、三一書房、一九九五年）によると、吉原廓内での死者は町方への届けでは六百三十一人、うち女は五百二十七人である。死亡者数には諸説があって、遊女八百三十一人、客や見物など四百五十四人、廓内で働く者たち千四百五十五人の計二千七百四十人とか、死者六千人とか七千人などともいわれた。遊女だけでなく、客や素見客、妓楼のあるじも奉公人も亡くなった。歴代の名妓高尾太夫《たかおだゆう》を抱えていた有名な妓楼、三浦屋では火事がせまったとき、あるじ夫婦はよりぬきの遊女たちを連れて穴蔵に隠れ、結果、全員死亡した悲劇が噂になった。

庄次郎が駆けつけたころには、まだ運びきれない焼死体がころがっていただろう。その焼け跡で、生き延びた芸者衆が炊き出しをして焼け出された人たちに食べ物を配っていた。庄次郎はその哀れな様子に心打たれ、ふところからいくらかの金を寄付した。

しかし、世間に心からの同情などあっただろうか。地震のあと、罹災した遊女たちを笑う鯰絵《なまずえ》などの落書《らくしょ》が巷《ちまた》にあふれた。若水俊の『安政吉原繁盛記──大地震と遊郭』（角川学芸出版、二〇一〇年）には、逃げる際にお歯黒どぶに落ちた遊女の話や、梁《はり》につぶされた禿《かむろ》（花魁の雑用をしながら未来の遊女として教育されている童女）と逃げようとする格子女郎を揶揄する落書などが紹介されている。燃えさかる吉原から逃げ出すことができた遊女もいるが、幼いころ遊廓に売られてきた彼女たちは廓の外の世界の常識を知らないでめちゃくちゃなことをいう。それは、籠《かご》の鳥という立場から生じた悲劇なのであるが、落書では彼女たちの世間知らずぶり、感覚のずれを笑いものにする。

彼女らのその不恰好《ぶかっこう》な姿を、ただ単に人々が傍観し、無慈悲にも一方的な冷笑に終始しているかといえば必ずしもそうではなく、そこには「かわいそうに」という温かい同情心に起因する穏やかな哀感が同時に作用していることに注意しなければならない。これが落書の本質である。

と著者は解説するが、例示された落書などを一読しただけでは、その同情心をみつけることは難しい。だいたい男たちも本当は、吉原の女たちが貧困ゆえに売られて、家族がした借金のため客をとらされている悲惨な境遇であることを知っている。知ってはいるが、そのことを真剣に考え、心底から女たちを哀れと思ってしまっては、もはや吉原を美しい夢の国として享受することはできなくなる。夢を維持するためには、夢の国の女たちは、世間の貧しさも苦労も知らない。酒以外の飲食物を口にせず、地女（素人女性）のように飯をむさぼり食うようなこともない（遊女たちは宴席で食事をすることを禁じられていた）。おおよそ、巷の労苦からかけ離れた存在にしておきたかった。だから焼死したたくさんの遊女たちの悲劇に同情するまえに、彼女らの世間知らずぶりを笑うのだ。

庄次郎が吉原を愛していたならば、なじんだ女も、顔なじみの芸者、芸人、茶屋の人間など知人も大勢いただろうに「身の上ばなし」に語られる庄次郎の態度は、知人の安否を案じて、とか、崩壊した吉原の女たちを哀れんでという切実さより、破壊された夢の国をみる好奇心のほうが大きいように感じられる。とはいえ、江戸っ子というのはいじっぱりで、感情をストレートに語ることはしない。よろこびもかなしみも同様に皮肉や毒舌で覆い隠す。

庄次郎は、このあと、混乱の吉原に居すわって立ち去らず、仮宅《かりたく》にまでついていった。もしかしたら災難にあった人々が心配だったのかもしれず、あるいは、ただたんに、遊廓の非日常がおもしろかっただけなのかもしれない。

吉原は、全焼すると再建がなるまでの一定期間、仮宅といって、廓の外の家屋を借りて商売することを許可される。仮宅は浅草、深川、本所などの近隣の繁華街におかれた。女たちは、命が助かったことをよろこぶ間もなく仕事をさせられたわけである。

仮宅は、街の料理屋や、茶屋、民家、商家を借りて開かれたため、吉原の妓楼よりも狭く、座敷持ちの遊女（自分の居室と客をとる部屋をべつに与えられた高位の遊女）でも、仕切りをおいただけの長屋式の切見世で客をとらねばならなかった。仮営業であることから、常より揚代《あげだい》も安かった。しかも、江戸の北廓《ほっかく》、北のはずれにある吉原よりも仮宅は繁華街に近いことで気安く、普段吉原まで足を運ぶことのない客までも押しかけた。はじめは気軽に町に出歩くことができる自由をよろこんでいた遊女たちだが、住環境の質が著しく低下し、また、さばかねばならない客の数が増加することから、とかく吉原に帰りたがった。だが、庄次郎は、仮宅のごちゃごちゃとしてにぎやかな環境が楽しくて、自分の身を案じているだろう家族のことなどすっかり忘れてしまった。

そうして仮宅で遊んでいるうち、庄次郎は「天下泰平の今日《こんにち》、徒《いたず》らに両刀を腰に差して威張るよりは、寧《むし》ろ幇間となつて、遊芸を習つた方が結句気散じになる」と考えて、吉原の幇間、荻江《おぎえ》清太《せいた》に相談した。清太は元幕府抱組与力で本名を佐藤清兵衛といったらしい（「都新聞」一九〇三年六月二十四日付）。彼は、吉原の大妓楼、玉屋《たまや》の主人、玉屋山三郎《さんざぶろう》の引き立てをうけて幇間となった。と、野武士の「松廼家露八」にはある。しかし、その前後の『新吉原細見』をみても荻江清太という幇間は存在しない。野幇間《のだいこ》（御茶屋に登録していない素人幇間）だったのかもしれない。

荻江清太の紹介を得てかどうかは知らないが、いずれにせよ庄次郎はしばらく、当時、吉原の遊女屋の取締りをしていた玉屋山三郎の家に食客として世話になった。玉屋は江戸町一丁目の入口にあった大見世で、見世の位置から角《すみ》玉屋、また、定紋が火の玉のかたちをしているので火焔《かえん》玉屋とよばれた。そのあるじは代々山三郎の名を継承した。

庄次郎が世話になった玉屋山三郎は妓楼経営だけでなく、安永四（一七七五）年から蔦屋重三郎《つたやじゅうさぶろう》が版元となっていた『吉原細見《よしわらさいけん》』（吉原の妓楼から遊女の名、格や揚代まで記された吉原で遊ぶ者必携のガイドブック。妓楼や御茶屋、吉原の路上のほか、廓外の市中の絵双紙屋などでも売られた）の版権をとってみずからが独占した。大妓楼のあるじらしく、鷹揚な文化人で、花柳園《かりゅうえん》の雅号をもっていた。長唄に、京唄や地唄を加えた新しい曲を作って流行させ、三世荻江露友《ろゆう》を継承したという伝説があるが、実際は荻江嗣流と称し荻江節の家元は名乗らなかった。玉屋山三郎は、荻江の流派を守り、飯島喜左衛門《いいじまきさえもん》に四代目荻江露友となるようにすすめたといわれる。

四世荻江露友となった飯島喜左衛門は、江戸深川北川町の米問屋、近江屋《おうみや》の主人で、今紀文《いまきぶん》といわれたほどの豪商であったから、他人に金をやることはあっても、支援をうける必要はなかっただろうが、山三郎は芸能にかかわる者として、苦難の状況にある才能ある芸人のパトロン的な役割を果たしたようである。西川流を破門になった西川芳次郎《よしじろう》こと初代花柳壽輔《はなやぎじゅすけ》は山三郎のすすめで花柳を名乗るにいたったいわれについて語っている。

花柳の由来は少《すこ》しく妙ですが、其頃《そのころ》私を贔屓《ひいき》にして呉《く》れた吉原の角玉屋といふ家の主人《あるじ》に花《か》柳園清喜《りゅうえんせいき》といふ雅名を持つて居る人がありました、其人へ相談をするとお前も住居もこの廓内のことだから廓に縁のある名が宜からう、花柳の街《ちまた》といふ文句もあるから私の號《ごう》の花柳を用ひては何《ど》うかと云はれまして、当時のことですから何心なく花柳芳次郎と申しました

（「花柳壽輔踊の話」「時事新報」一九〇〇年二月二十四日付）

花柳壽輔と吉原は縁が残って、吉原にわかの振付は毎年必ず、代替わりののちも花柳がおこなう習慣となった。

庄次郎は、この玉屋山三郎に幇間をやりたいと相談したところ、大説教をくらった。

「夫《そ》れは庄次郎さん意外《とん》だ心得違ひだ。武士《さむらい》といへば農工商の上に立ち是《こ》れほど結構な身分はなく、到底《とて》も町人百姓がなりたいと云つて成れるものでない。それをマア考へて御覧なさい、一口にも花は桜木人は武士ともいはるゝお武士《さむらい》を捨て、町人も町人、極《ごく》人に卑《いや》しめられる遊街《いろざと》へ這入《はい》り幇間《たいこもち》にならうなどといふ了簡がおこるも、全くお前さんの身体に悪魔が魅入てゐるのだから、能《よ》く胸に手をおいて悪魔を払ひ改心してお家へお帰りになり父様《おとっさん》に孝行をつくし、立派なお武士《さむらい》におなんなさるが御為でございます（中略）外《ほか》の家業とは違ひ人の弄物《おもちゃ》となつて金の為めに客の機嫌をとらねばならず、中々武士《さむらい》でゐたものが此業《このわざ》は出来ない。幇間になるだけの苦心を成されたら立派なお武家に成られます」（「身の上ばなし」）

大人がこどもにいい聞かせているようだ。

ここに引用しただけで、「身の上ばなし」に記された山三郎の説諭の三分の一である。三十数年を閲《けみ》したのちでも、これだけの言葉数を記憶していたのだから、山三郎はよぼど懇切をつくして庄次郎を説得しようとしたのだろう。だが、幇間になると固く決意していた庄次郎の気持ちは微動だにしなかった。

ついに山三郎も折れた。

そして、地震翌年、安政三（一八五六）年の五月、二十三歳の土肥庄次郎は荻江正二という名で、晴れて吉原の幇間デビューを果たした。庄次郎は武士の世界を捨てて、夢の世界の成員となった。夢をみる人ではなく、夢をつくる側になったのである。

荻江の名は、おそらく玉屋山三郎からもらったのだろう。「都新聞」（一九〇三年十一月二十四日付）には、正二ではなく清二と名乗ったとある。安政三年五月ならば、吉原はまだ仮宅営業のころである。しかし、安政三年（安政四年版の『新吉原細見』の存在は確認できない）の『新吉原細見』には庄次郎らしき名はみつからない。遊ぶのと遊ばせるのではまったく事情がちがうから、幇間になる、と本人が決めても、すぐに一本立ちできるわけではなく、短いあいだながら、誰か師についで修業したのであろう。庄次郎が『新吉原細見』に登場するのは安政五年の春版の荻江正次からである。

固有名詞などは音で聞いて書き、表記を統一するという発想が薄い時代であるから、正二でも清二でも正次でも大したちがいはないだろう。

さて、その幇間という商売である。
数ある芸人の稼業のなかでもいちばんむずかしい商売だという。

なに商売でも一つの営業となりますと、これがやさしいという商売はございません。とりわけてこの芸人仲間で、なにが一番むずかしいてえと幇間だそうですな。ああ、どうもあのくらいむずかしい商売はないてえます。第一この、気転がきかなきゃあつとまらん商売だそうで……

（八代目桂文楽「鰻の幇間」落語協会編『古典落語⑥　幇間・若旦那ばなし』時代小説文庫、二〇一一年）

八代目桂文楽による落語「鰻《うなぎ》の幇間《たいこ》」のまくらである。「鰻の幇間」に登場する野幇間《のだいこ》は、「客とおぼしき人」に鰻をごちそうになろうとついていって、けっきょく彼よりもずるがしこかった「客とおぼしき人」に鰻をおごらされ、新品の下駄までとられてしまう。客と幇間の化《きつね》かし合い《たぬき》である。

幇間というのは、文字どおり、間《あいだ》を幇《たす》ける役回りであり、客と、茶屋、芸者、遊女などとのあいだをとりもち、客が楽しく遊べるように万端ととのえるのが仕事だ。が、ただの周旋屋《しゅうせん》ではない。巷とは別世界、「ありんす国」の案内人、つまり廓内でのツアーコンダクターである。客が女の芸者だけでなく、幇間をよんだほうが楽しいと、酒席に幇間はなくてはならないと、女芸者と変わらぬ安くはない玉代を支払ってわざわざ男を座敷によぶのである。

幇間は酒席を「修羅場」とよんだらしい。酒をつぐタイミング、会話の運び、女性の好み、芸をするタイミング、すべて客の顔色と呼吸と気分をよんで、客の気をそらさないようにしなければならない。緊張を要する仕事である。かといって酒の席だ。まったくのしらふでは客をしらけさせ、かといって酔ってもいけない。自分も楽しくすごしているようにみせて、常に気を張っていなければならない。

知っていてか知らずにか、庄次郎はこのむずかしい商売に足を踏み入れたのだった。

安政三（一八五六）年七月、それぞれの見世は遊女たちを着飾らせて思い思いの派手な行列を仕立て、仮宅から再建された吉原へ帰還した。庄次郎も新築の吉原でいよいよ幇間の営業開始である。

営業再開に対する廓内の期待は高く、庄次郎のような駆け出しの芸人にも、着きれないほどの着物がご祝儀として配られた。しかし、時勢が悪かった。金持ちはみな地震の復興に忙しく、また黒船来襲以来の政情不安で、期待に反して客が来ない。客集めになにかせねばと衆議して、にわかをすることになった。

ちなみに、にわかの表記は定まっていない。俄とも書くし、博多などの本場では仁和加と記される。明治期の新聞では吉原のにわかを仁和賀と綴《つづ》っているものも多い。そのほかたくさんの表記があるが、これについて検証するのが目的ではないから、にわかと仮名書きする。

三田村鳶魚《みたむらえんぎょ》の『江戸年中行事』によると、にわかは「八月朔日《ついたち》より黒助稲荷《くろすけいなり》の祭式行れて、晴天三十日の間俄《にわか》を出す」（春陽堂、一九二七年）とある。宮尾しげをによると「江戸では享保年代（一七一六―三五）に、吉原遊廓にあった九郎助稲荷の祭礼に「吉原俄」といって、幇間達が行った。明和から天明（一七六四―八八）にかけては、定期的に毎年八朔紋日《はっさくもんび》に行なっている」（『民俗芸能』三十九号、一九七〇年一月）とある。吉原の京町二丁目の隅、最下級の女郎がいる羅生門河岸の稲荷長屋の隣にあった九郎助稲荷（黒助稲荷とも）の祭礼に事寄せて、男女芸者によっておこなわれる。車付きの舞台にのって、女芸者は、踊りのほか、手古舞《てこまい》姿で木遣《きや》りや獅子舞をおこなう。男芸者（女性の芸者に対して、幇間を男芸者とよぶ）は滑稽《こっけい》芝居をして、吉原の大路、仲之町をまわる。

客集めをするために盛夏の夜、にわかをやるという企画はあたって、世の中のうさをはらすためか、仲之町は見物客に満ちて、人混みをかきわけて歩く力のない老人やこどもは先へ進めないほどにぎわった。しかし、舞台の正面はもちろん茶屋のある側である。通りを歩きながら見物する者は、演者の尻をながめることになる。金のある連中は茶屋で呑みながら、正面から見物した。連日茶屋ににわか目当ての客がつめかけ、金が落ちた。

にわかの幇間（男芸者）の滑稽芝居では、しばしば誰もが知る芝居の見せ場を演じるが、芝居そのままを演ずるのではなく、どこかで必ず笑い話に落とす。

庄次郎は、桜川善行《さくらがわぜんこう》の息子、由次郎《よしじろう》とともに、「幡随院長兵衛《ばんずいいんちょうべえ》」を演じた。由次郎が長兵衛で、庄次郎は寺西閑心《てらにしかんしん》である。「「扨《さて》は料理に掛らうか」といふ処をもぢつて、閑心の手前が早変りで按摩《あんま》になり「扨は療治にかゝらうか」と言《いっ》て長兵衛の肩を揉むといふが落《おち》」（「身の上ばなし」）というが、こんなことが意外なほどウケた。

　客の評判がいいことに気をよくして、楽しく出演していたが、世の中は狭いもので、にわか見物に吉原に繰り出していた一橋家の朋輩《ほうばい》の目にとまってしまった。庄次郎に恨みがあったのか、その父親のほうに意趣があったのか。その御仁は、ごていねいにも、行方知れずになった土肥家の長男が、にわかに出演していると半蔵に注進した。

「寺西閑心の役になつてゐる幇間《たいこもち》は紛《まご》ふ方なき御子息の庄次郎殿、何《ど》うして彼様《あんな》に技芸に御上達なされたかと驚きました。中々あの社会《なかま》のもので永く熟練をつんだとてア、御器用には参らぬもので……」（「身の上ばなし」）

　半蔵の職場での良好な人間関係がよくよく伝わる朋輩の話しぶりだが、その朋輩の「善意」で息子が幇間をしていると知った父は激怒を超えて絶望した。勘当したとはいえ、地震の日、前触れもなく家に帰ってきたかと思ったら、ふたたび炎のなかへ飛び出して、その後消息を絶った息子の身を案じていないはずがない。口にせずとも、胸のうちでいつもその無事を祈っていたはずだ。それが、よりにもよってまさか幇間とは。

　家名の汚れだ、と思った。生かしておけばこの先なお、どのようなことを仕出かすかわからない。親の責任として殺さねばならない。父は黒頭巾で顔を隠し、吉原にやってきては、刀の鯉口《こいぐち》をくつろげたまま、にわかをする息子をにらみつけて斬りかかる機会を狙った。

その鬼気せまる土肥半蔵の姿をみたものが、「親爺殿がお前を斬るといって、毎晩吉原に来ている」と教えてくれた。庄次郎は驚き、にわかの出演もやめて、室内に身を隠してすごした。

しかし、これにかけても父はまじめであった。時しも十三代将軍徳川家定《いえさだ》が逝去し、鳴物御《なりものご》停止《ちょうじ》となり、にわかはもちろん、吉原から太鼓や三味線の音が絶え、人気もまばらになった。それでも毎日欠かさず、父は息子を斬るため、その寂しい廓にやってきた。斬る機会はあったはずだ。だが、斬らなかった。斬れなかったのだろう。それでも、斬ることが親の責任と考え、毎晩、毎晩、やってくる。

親が放蕩者のせがれを斬るというのは武家社会ではさほどめずらしいことではない。長谷川《はせがわ》時雨《しぐれ》の『旧聞日本橋』に登場する、朝散大夫《ちょうさんたいふ》の位をもつ高禄の旗本であった藤木氏「ちんこっきりのおじさん」（煙草を刻む仕事）のふたりの兄は、放蕩のあまり、ひとりは親に詰め腹を切らされ、もうひとりは、家へ帰ってきたところを部屋の陰に隠れていた父に斬られて死んだ。

つまり親が放蕩息子を斬るといえば本当に斬られるのだ。庄次郎も父の決意が単なる脅《おど》しでないことはもちろん察していた。「万一出会《でっくわ》してコラ庄次郎待てとズバリ引こ抜れた日にやア、懸《かけ》替《がえ》のない只《たっ》た一つの命に拘《かかわ》ります。こりや斯《こ》うしてゐるは意外《とんだ》不覚を招くのだと思ひ、寧《いっ》そ上方へでも行き余炎《ほとぼり》の冷めるまで当分気を抜こう」（「身の上ばなし」）と、ついに、尻に帆かけて逐電《ちくでん》することにした。いかにも放蕩息子らしく述べているが、実際は、斬りたくない息子を斬るために、毎晩吉原にやってくる父の姿をみるのが切なかったのかもしれない。

父親が刀を撫《ぶ》して吉原にかようにいたった心情を、「身の上ばなし」で「一橋家の家臣が幇間《たいこもち》になつたとパツト世間に知れては家名に拘《かかわ》る一大事。それも人の目に立《たた》ぬところであれば知らぬ顔も出来るが、吉原といへば江戸中の武士《さむらい》町人の差別なく入込むところ、殊《こと》に仁輪賀《にわか》などに出で顔を晒《さら》すといふをきゝてはこの儘《まま》に打捨《うっちょう》てはおかれん、不孝者を成敗するは親の役だ、此度《このたび》こそ刀にかけて息の音を止めてくれん、左様《そう》しないときは何時《いつ》までも安心が出来ぬ。親が子を手に懸るといふは忍ばれぬことながら之も因縁づくだ、是非がない……」と、こう語る半蔵は息子を許したくて仕方がない自分を鼓舞しているようである。息子を斬ると決意するには、これくらい理由を積み重ねることが必要だった。それでも「人の目に立ぬところであれば知らぬ顔も出来るが」や「親が子を手に懸る」云々のくだりは、常套句《じょうとうく》といえばそういえないこともないが、息子を見逃してやりたいという心情が透けてみえる。

饒舌《じょうぜつ》であったとは思えない半蔵の多弁は、半蔵の本物の言葉ではなく、庄次郎が父ならばこう考えるだろうと想像した親心である。父の本当の胸のうちはわかろうはずもない。こののち、庄次郎が父と打ち解けて語る機会は二度とおとずれなかったのだから。

しかし、庄次郎にとって父は息子を簡単に斬り殺せるような酷薄な人ではなかった。庄次郎にとって父は、厳しく、きまじめすぎるきらいがあったが、それでもとても情愛深い人だったのだ。

野武士の「松廼家露八」では、この親別れ子別れの愁嘆場《しゅうたんば》はもう少し波乱にみちている。庄次郎が幇間をやっていることを知った半蔵は、祖父の新十郎《ママ》と話し合って、庄次郎を屋敷によびつけた。庄次郎が行くと、父が「武士の面汚し」「速《すみや》かに我《わが》眼前に於《おい》て切腹しろ」といって九寸五分（約二十九センチ、切腹にもちいる短刀の定寸）の短刀を握らせ、祖父とともに悲痛な顔をして腹を切れとせまった。屋敷によばれたときからこんなことだろうと覚悟していた庄次郎は短刀を受け取った。介錯《かいしゃく》人として来ていた親戚の小林鉄次郎が刀をぬいて庄次郎の背後にひかえた。庄次郎はふところをくつろげ、腹を撫で、短刀を突き立てようとした。その刹那《せつな》、小林が刀を振りおろした。瞬間、庄次郎の首、ではなく髻《もとどり》が落ちた。小林はそのまま庄次郎の髪をそって坊主とし、これで庄次郎は死んだ、といった。父と祖父は、じっと押し黙って目をうるませた。小林は庄次郎の将来のことを諭《さと》して、江戸から立たせた。

いつのことか。戸川残花は「安政四年の頃」（「露八」『文学界』第四十七号）といっているが、「身の上ばなし」にある、御停止の理由となった徳川家定の逝去は安政五年七月のこと。加えて、安政五年春刊行の『新吉原細見』の「男芸者之部」に荻江正次の名があることから、庄次郎が江戸を出奔したのは安政五年の秋から冬、数え二十六歳のときのことだろう。

安政五年といえば、江戸幕府がアメリカの圧力に負けて、日米修好通商条約に調印した年であり、大老井伊《いい》直弼《なおすけ》による安政の大獄がはじまった年でもある。

第二章

放蕩息子の遍歴と帰還

幇間をしていることがばれて、激昂した父に斬られかけ江戸を出奔した庄次郎。上方で幇間で暮らしを立てるが、異郷の水になじめない。やがて、江戸からきた悪友三人と合流、泉州堺で共同生活をはじめる。が、桜田門外の変の影響で疑いを受け、解散。ともに旅に出た友とも長崎で別れ、江戸に帰ることに。しかし道々、長州藩についての不穏な噂を耳にし、大坂で幇間をして情報を探り、その情報を手土産に一橋家に帰参、禁門の変に参戦する。

西国で自由を満喫する

戸川残花《とがわざんか》によると、庄次郎は、遊蕩《ゆうとう》のため、二十五両をふところにして家を出、友だちの槍術家の桜井某《なにがし》と医者の山際某とともに江戸を立ち、大津で金策に失敗し、大坂に行って幇間《ほうかん》をしたという。

野武士は「江戸払を食つた露八は、此《こ》の先如何《どう》して過さうと一旦は途方に暮れたが、幸ひ知己《しるべ》の者が長崎に居ることを思ひ出し遙々《はるばる》と其《それ》を便りに同地へと落行き、荻江虎八《おぎえとらはち》と名乗て幇間を営んで居つた」という。

子母沢寛《しもざわかん》が「蝦夷物語」に描く庄次郎の江戸出発はあっさりしていて、

「へえ、宜《よろ》しゅうございます。それではお目の前で江戸を離れましょう」

といって刀の柄《つか》に手をかけて真っ赤になって怒っている律儀一遍な父の眼の前で草鞋《わらじ》をはき、

「おからだにお気をつけ下さいまし」

といって、隣りへでも行くような顔で出発して終《しま》った。

それがどうです。離れも離れたり、行きも行ったり。一気に長崎まで行った。元より急なことで路用の用意もない。道々、泊りの宿毎《しゅくごと》に旅籠《はたご》の座敷で客を招いて唄ったり、踊ったりうまい芸をやる。何にしろ吉原仕込のお金のかかった本筋もんだから、それが結構お金になって、何んの不自由もなくやって行く。

と、洒脱である。「蝦夷物語」ではその後も、気ままな旅をつづけ、京の手前の草津では、おさんという女と道連れになって長崎まで連れていき、二年もして女とも別れ、ひょっこり江戸にもどってきたというが……。そこまで世慣れた人間であったか、どうか。

とはいえ、江戸期の放蕩息子の逃避行の旅など、資料では真実を証明しようもないので、みずから語ってもらうほかない。

「身の上ばなし」によると。

道連れは、吉原で遊びがすぎて江戸に居づらくなったという剣術のなかまで山脇周達《やまわきしゅうたつ》という本所の医者のせがれ。

庄次郎は、悪友と連れ立って東海道を西へ向かった。箱根の関所では、当然手形など用意していなかったが、山脇は医者だといって通してもらい、庄次郎は山脇についてきた講釈師だといって、義士銘々伝「赤垣源蔵《あかがきげんぞう》」の一席を披露してごまかした。役人もよほど退屈していたのだろう。下手くそでつじつまの合わない「赤垣源蔵」をおもしろがって、つづきを所望し、最後には天保銭二枚を投げてくれたという。

はじめは追っ手がかかるかもしれないとおびえていたふたりは、よほど旅を急いだのだろう。

箱根の山を越えた三島宿につくと、庄次郎は夜も眠れないほど足が痛んで先に進むことができなくなった。「懐中《ふところ》とて元より手薄で飛び出した落人《おちうど》の私共」であるから、ゆっくりしている金はない。が、復調せず、けっきょく十日も三島に滞在するはめになって、やっと出発した。足を引きずりながら西へ落ち行く東海道中となった。

目的地は、とりあえず大津。その地で郡代《ぐんだい》をしている山脇の伯父、石原清一郎という男を頼るつもりであった。甥《おい》に甘い人で、ともかくも行けば歓待してくれるだろうし、金も出してくれるだろうとの皮算用。

しかし、石原の屋敷に到着してみると、けんもほろろの扱いで、わらじも脱がない先から、大目玉をくった。江戸を出奔《しゅっぽん》したからには大津の伯父を頼るだろうとふんだ山脇の実家からすでに手紙が届いていたのだ。「せがれが放蕩のため出奔しました。おそらくそちらに参るだろうと思いますので、もしやってきたらじゅうぶんお叱りのうえ、帰るようにいってください。金銭などは一切御無用に願います」とあった。ふたりは、石原の部下に泣きついて旅費を借り、逃げるように大津を去って京に出た。

そこで、山脇はじゃっかんの医学の心得があるからといって、大坂の医者の家の玄関番になり、庄次郎は祇園で幇間の清見太夫《きよみだゆう》に弟子入りして竹川屋虎八《たけかわやとらはち》と名乗って幇間をすることになった。

残花の「露八」では、清見太夫を大坂の豊後路《ぶんごじ》清見太夫としている。豊後路清見太夫を名乗ったのは清元《きよもと》節を創始した初世清元延寿《えんじゅ》太夫だが、文政七（一八二四）年に舞台の帰り道に殺害されているから、時期的にもこの人ではない。庄次郎が世話になった清見太夫がいかなる人物であったのか判然としないが、いずれにせよ、都合があって清見太夫のところをすぐに出て、庄次郎は田子八《たごはち》という幇間のところに身を寄せることになった。

田子八と座敷にあがるようになったが、江戸と上方ではたいこもちの芸のやりかたもちがうらしく、庄次郎には上方の幇間が卑屈に感じられて堪えられなかった。この時代、関西のほうが万事、情の表現が濃厚であった。

若いころ関西に行って、東京の役者は冷たいといわれたことがある中村芝鶴《なかむらしかく》はこう記す。

客の座敷を勤めるという技術は、京阪の人の方が妙を得ています。さすがに遊里も歌舞伎も発生の地だけに、芸事にかけては少しのぬかりもありません。が、それだけにやり過ぎるという説もあります。それはあくまでも客に対して勤めるという心を本意としていることに原因があると言えるでしょう。

江戸は気風の上からもさっぱりとしていることから、ねばる気性に欠けるところがあったのかも知れません。

（『遊廓の世界 ── 新吉原の想い出』（評論社、一九七六年）

この気質は芝居にも影響して、「大阪の芸風と東京の芸風とは丸で違つて居ります、マア東京の方は淡泊《あっさり》して居りまして、大阪の方は濃厚《こってり》として居るのでございます」（「時事新報」一九〇一年五月五日付）と大阪出身の俳優、片岡市蔵もいっている。

江戸の人が上方へ行けば冷たい、冷淡だといわれ、上方の人が江戸へ行けばべたべたしてくどいといわれる。東西の文化のちがいであるから仕方のないことだが、江戸の文化に満腔《まんこう》の誇りを抱いている庄次郎は、上方のこってりした文化になじめない。

さらに、田子八が気にくわない。それで、田子八のもとにやっかいになってわずか三日目のこと、座敷がかかって田子八とともにおもむいたが、わずかなことで口論になった。江戸っ子を鼻にかけたものいいに田子八も腹が立ったのだろう。

「江戸や〳〵やとそないに威張《いばん》なはるもんぢやない、チト奥で酒の燗《かん》でもして居なはれ」（「身の上ばなし」）

文字面ではおだやかなものいい。だが、言下に非難の意味を込めて、どなりもせず、怒りもみせず、おっとりと話す上方弁ほど嫌みなものはない。

これで庄次郎はキレた。

「この野郎生意気なことを吐《ぬか》しあがると斯《こ》うだ」（「身の上ばなし」）

といって、田子八の横っ面を思い切りなぐりつけた。

突然腕力にうったえた江戸者の野蛮さに、田子八もうんざりしたことだろう。江戸っ子という よりも、江戸の武士の気分がぬけていなかったというべきか。さすがに庄次郎ものちにはこの理不尽な暴力を反省したが、このときはただ、水道の水で産湯をつかった江戸っ子に、京は我慢のならぬ土地だと思った。

残花の「露八」では豊後路清見大夫に幇間の道を教わっていながら「意に適はざることあり師匠の横面をなぐる」とある。師だけでなく上方の客も気に入らず、杯盤《はいばん》（さかづきや皿）を叩き割ったりして、客をおびえさせていたらしい。

田子八のもとを去って、けっきょくふたたび清見太夫のもとにやっかいになり、京は気質に合わないようだから大坂へ行くといって、土地の米八という幇間に紹介状を書いてもらった。

それで意気揚々と大坂へおもむいた庄次郎だが、知己もなく、西も東もわからない土地に、少しもなじめなかった。せめて土地鑑だけでも得ようと、毎日そこらじゅうをぼちぼち歩きまわっていたが、ともかく故郷の江戸が恋しくてならない。そんなとき、目にとまったのが「江戸喜」という名の料理屋。庄次郎は、江戸の二字を戴いたその店の名だけで望郷の思いが込みあげた。

のれんをくぐると、なつかしい江戸弁の巻き舌に迎えられた。店に入って、さらにびっくりした。おかみが、江戸で放蕩していたときの顔見知りであったのだ。そんなこんなで、江戸喜に居候させてもらえることになった。ただやっかいになって暮らしの面倒をみてもらうのも気詰まりだから、手にたくさん傷をつくって慣れない皿洗いや包丁仕事まで手伝った。「男子厨房に入らず」の習慣で育った武士の息子にしては大奮闘したわけだ。しかし、年ごろだった江戸喜のせがれが庄次郎に影響されて廓に入りびたる道楽者になってしまったので、怒った夫婦に、せがれは勘当、庄次郎は店を追い出された。

異郷の地にたったひとり残されるという、大坂にやってきたときとおなじ状況、振り出しの境遇にもどってしまった。

そこで、庄次郎は、泉州《せんしゅう》堺（現在の大阪府堺市）に行くことにした。ひとりぼっちに嫌気がさしたのか、先に京で別れて医者の玄関番をしていた山脇周達と、おなじような境遇で江戸から流れてきた石島八五郎と、清元才三を加えた放蕩者のなれの果て四人組で、小さな家を借り、共同生活をはじめた。石島は武士であるが、清元才三はその名からして清元の太夫か、あるいは幇間の出身かもしれない。

家賃、生活費は持ち寄りである。庄次郎は幇間をして、山脇と清元は、囲碁や茶の湯を教え、無芸の石島は、武芸の鍛錬でした柔術を活《い》かして、もみ療治をすることにした。夜になると通りを「按摩上下《あんまかみしも》二百文」といって流して歩くのだが、この石島の呼び声がすさまじく下手だった。絞り出した声はまるで調子はずれで、庄次郎たちは聞くたびに腹を抱えて笑った。しまいには、庄次郎が石島に鈴を贈り、これを鳴らして歩けば呼び声をする必要はないのではないかと助言した。石島は怒りもせず、それは風変わりでおもしろいといって従って、ついには「鈴ふり按摩」として、地元の人に認知されるまでになった。

愉快な喧噪《けんそう》の日々。だが、それは長くはつづかなかった。

「斯《か》く露八は世を酒の泡沫の如くに観ずると雖《いえど》も、世は泡沫の淡きが如きものに非《あら》ず」（「露八」『文学界』第四十七号）と戸川残花はいう。時勢がうしろからせまってきていたのだ。

時しも安政七（一八六〇）年。庄次郎たちの気ままな生活に、影がさす事件が江戸で起こる。三月三日、桜田門外の変。脱藩した旧水戸藩士十七名と薩摩藩士一名によって、登城途中の大老井伊直弼《いいなおすけ》が江戸城桜田門外で襲撃、殺害された。下手人のうち、襲撃当日に闘死した者一名、逃亡は不可能とみて自害した者四人、当日、自訴したが負傷により死亡、あるいは拘束、処刑された者八名。しかし、襲撃に加わっていた残りの者や、指揮をとっていた関鉄之介《せきてつのすけ》ほか協力者は逃走中で、よりにもよって京を目指していた。

上方方面にいる不審人物は当然調べられた。庄次郎らは、江戸言葉で、ひと目でわかる鍛えられた体の武士階級。男だけの根無し草の共同生活。凶行に関係した水戸浪士が潜伏しているのではないかと疑われたのである。密偵が周囲をうろうろし、残花の「露八」では、嫌疑をうけた庄次郎は、身元が判明してすぐに釈放されたとはいえ、実際に一度捕縛、拘束されたという。もはやこれまでの気ままな暮らしはできなくなった。

みなで相談し、愉快だったなれの果て四人組は解散、山脇は大坂にもどって医者を開業し、石島は江戸へ帰った。青春の享楽は終わり、ふたりは分別ざかりの暮らしに入った。しかし、庄次郎と、清元才三は、年齢からも時勢からも逃れ、なおも享楽に留まることを選択する。

ふたりは、すみかを引き払ったのを機に名所旧跡をめぐる旅でもしようと、明石から四国の金比羅詣りにいくことになった。船旅である。しかし、あいにくの雨天がつづいた。海は時化《しけ》て、その間、船は出せない。足止めをくっているあいだも、宿に泊まらねばならないし、飯も食わねばならない。無駄に路銀を費やした。五日目にようやく好天に恵まれ、ふたりはつつがなく金比羅詣りを果たした。そこに七日間逗留《とうりゅう》して、下関へそして備後《びんご》（現在の広島県東部）の尾道《おのみち》に出た。そこで路銀がつきた。不足したのではなく、一文もなくなってしまったのである。幸い、杵屋《きねや》三郎という知人が尾道で宿をやっており、そこに泊めてもらって、夜は流しに出て、せめて宿賃だけでも支払っていたが、いつまでそうしていても、どうなることでもないから、下関にもどった。

しかし、悪いことは重なるもので、下関で清元が目を病んで、ほとんど失明してしまったのである。病んだ友人を見捨てるわけにはいかない。庄次郎は地元の幇間に頼み込んで座敷をつとめさせてもらって金を稼ぎ、どうにか清元を養生させた。すると薬効あって、まもなく清元の目は完治した。そうなると、庄次郎たちは、下関にもあきたところだったから、博多へ、そして、異国情緒にあこがれて長崎まで流れていった。

ところが、男同士の友情など、愛のまえには儚《はかな》いもので、清元は、長崎でさる芸者に惚《ほ》れられて婿《むこ》になってしまった。庄次郎は、からかいが半分、やっかみが半分で幸福を手に入れた友と鯨《げい》呑《どん》してすごしたが、しばらくして体調が優れなくなった。やがて吐血するまでになり、死ぬのではないか、と不安にかられるようになった。医者にみせると、酒の安い長崎にいては命を縮めると忠告された。つまり酒の飲み過ぎということだ。安かろうと多少割高だろうと、酒飲みはなんとしても酒を飲む。だが、庄次郎は、長崎にあきていたのか、友の幸せをみあきたのか、清元と別れ、ひとり博多に引き返した。

博多では、江戸は山谷堀《さんやぼり》の料亭、八百膳《やおぜん》の料理番をつとめていた庄吉という男が、朋輩《ほうばい》を二、三人を連れて独立し、当地で料理屋をひらき、おおいに繁盛していることを知り、さっそくにつかってもらうことになった。江戸料理に、江戸前の幇間ですぐに評判になった。のちに「オッペケペー節」で一世を風靡《ふうび》した川上音二郎《かわかみおとじろう》の父親、郷士にして豪商の川上専蔵《せんぞう》などもご贔屓《ひいき》であったらしい。千客万来で、庄次郎のふところに入ってくる金もずいぶんあった。だが、江戸っ子の悪い癖で、宵越《よいご》しの金はもたないといって、金が入ってくるなり、あるだけつかってしまう。

庄次郎もさすがに博多で幇間をして一生をすごすつもりはない。これではきりがないと、博多をあとにしようと決意し、贔屓の客と別れをかわして、さあ、どうしようかと思案しているところで、身投げをしようとしていた娘を救って、その礼金として娘の父親からそれなりの金をもらったという。嘘のような話だが、ともかく江戸へ帰る路銀ができた。

出奔から六年、ようやく路銀を得て、江戸を指して歩きはじめた庄次郎だったが、道々、時勢について不穏な噂《うわさ》を聞く。多くは長州藩にまつわることであった。

そのおよそ一年前の文久三（一八六三）年、世に八月十八日の政変とよばれるクーデターが発生し、孝明《こうめい》天皇、会津藩、薩摩藩など幕府を支持する勢力によって、三条実美《さんじょうさねとみ》ら急進的尊攘派の公家と背後の長州藩が朝廷から排除された。このとき、政権から追い落とされた長州藩は、勢力回復をもくろみ、人材を京に集めていた。ところが、元治元（一八六四）年六月五日、京に潜入していた指導者格の藩士たちを新選組に襲撃され（池田屋事件）、政治工作が不可能となった長州藩は武力による政権奪還を決意、ちょうど、ひそかに兵力を京阪に集結させていた頃合いであった。

庄次郎は、大坂の新町稲荷店《いなりだな》の幇間叶八の世話になり、しばらく大坂に留まって幇間をすることにした。それとなく情報を探るためである。このときはじめて露八の名をつかったと「身の上ばなし」にある。

ちなみに、大坂の新町には庄次郎とほぼ同世代の露八という別の幇間がいた。

彼は東町奉行所の与力の実子だが、幼いころから遊芸を好み勘当され、歌舞・浄曲の世界を転々とするもうだつがあがらず、ついに新町に居場所をみつけた。豆狸《まめだぬき》そっくりの体型と器用な書画に、役者・太夫をめざした修業経歴が加わり、客あしらいがきわめて上手、たちまち名物幇間となる。風雅の友も多く、和歌・俳諧を特技とし、信楽はじめ狸の置物を集めるに目なく、狸館と称する部屋は狸だらけ。その真中にデンと座って悦にいるのを無上の楽しみとする。「狸が人に化ける話は多いが、人が狸に化けたのは露八だけだ」と遊郭では評判であった。

（三善貞司『大阪伝承地誌集成』清文堂出版、二〇〇八年）

出自がそれなりの身分の武士の子弟であったところも、あとで述べるが、狸を愛してその蒐《しゅう》集《しゅう》家となるところまで、奇妙に庄次郎とよく似た人物だが、正真正銘の別人。遊蕩《ゆうとう》よりも遊芸に淫したがゆえの幇間落ちらしい。「豆狸そっくりの体型」とあるから、小柄小太りの愛嬌のある外見だったのか。この大坂名物、たぬきの露八は「ろはち」ではなく「つゆはち」と読ませたらしい。彼がいつ生まれ、いつ亡くなったのかはつまびらかでない。ただ、愉快に生きた人であったことだけは、この数行の記述からもじゅうぶん伝わる。

それはよいとして、ついこのあいだまで、上方人の気質を嫌い、江戸っ子を笠《かさ》に着て傍若無《ぼうじゃくぶ》人《じん》なふるまいを繰り返してきたこらえ性のない人間が、みずから進んでストレスの多い間諜《かんちょう》となるとは、じつに見事な切り替えである。

おそらく、長い間、放蕩の旅をしながらも、心からその流浪の生活を楽しむことができず、とくにひとりきりになってからは、心の片隅で帰参の機会を探していたのだろう。

残花の「露八」によると、江戸講武所《こうぶしょ》（安政三［一八五六］年につくられた幕府直営の武術修練所）に入った松本貫一、尾坂庸之助というかつての友は、しばしば庄次郎に書を通じ、帰参することをすすめていたという。しかし、庄次郎は友の志に感謝しつつも、それに応じようとはしなかったが、世に一大事あれば槍をさげて必ず馳《は》せ参じると約束したとある。

庄次郎がこういったのにはべつにたいそうな理由があってのことではなく、おそらく、親姉弟に、親戚に、不義理をしたすべての人に、前非をわびて家に帰ることなど、もはや男の意地が許さなかったためだろう。

そんなある日、庄次郎はお座敷で、長州藩が荷物の中身を偽って大量の武器弾薬を大坂に運び入れようとしているという情報を得た。

戦争がはじまろうとしていた。帰参にふさわしい一大事だ。

禁門の変

元治元（一八六四）年、庄次郎は、京にのぼり、「新徴組《しんちょう》」に長州の陰謀を伝え、隊に加わったと「身の上ばなし」にある。

だが、京で新徴組に入ることはできないのである。というのも、新徴組という隊は、江戸で組織され、京に駐留したことはないからだ。

新徴組のもとになったのは、清河八郎《きよかわはちろう》が文久三（一八六三）年の徳川家茂《いえもち》上洛に際して、将軍家警護のためと称して江戸で招集し京まで引き連れていった浪士組だ。清河は京に到着するや、突如変心、幕府を裏切り、浪士組を尊皇攘夷の尖兵《せんぺい》とし、倒幕の勢力として利用しようと策謀した。このとき、清河の尊皇攘夷に反対して京に残った芹沢鴨《せりざわかも》、近藤勇《こんどういさみ》、土方歳三《ひじかたとしぞう》らがのちに新選組となった。

清河一派はその変心に気づいた幕府によって急ぎ江戸へ帰還させられ、清河は江戸で暗殺された。残された浪士組隊士は、再編成されて新徴組となり、江戸の治安をあずかる庄内藩に組み込まれた。以降、彼らは戊辰《ぼしん》戦争まで庄内藩とともに幕府のために戦うことになる。浪士組に加わった大半の男たちにとって、世に出て、腕をためし、評価してもらえさえすれば所属する組織の主義思想などどうでもよかったのだということが如実《にょじつ》に伝わる。それはよいとして、つまり京に新徴組を名乗る隊は存在しなかったのである。

では、庄次郎が京で加わったという組織は何か。新選組ならば名前は近いが、その後の行動をみるに、新選組と行動をともにしていたとはまったく考えられない。山田風太郎は『幻燈辻馬車』に登場させた庄次郎を京都見廻《みまわり》組にいたとするが、証拠があることではなく、京都見廻組に所属したという設定の主人公、旧会津藩士、干潟干兵衛《ひがたかんべえ》と過去の接点をもうけるための創作であろう。してみると、一橋家に通称「新徴組」とよばれていた何かしらの組織があり、そこに長州藩の情報をリークし、その功績と、一橋家の家臣の家の出という出自もあって、その組織に加わることが許されたと考えるべきであろうか。

もともと一橋家には固有の家臣が少なく、独自の兵力をほとんどもたなかった。平時ならばそれでもよかったのだろうが、世情不穏な京で政治活動にいそしまねばならなくなった当主、徳川慶喜《よしのぶ》に与えられた職務と立場はそれを許さなかった。ゆえに、一橋家では兵力となりえる人材の登用が急務であった。元治元年二月から六月にかけて、渋沢栄一《しぶさわえいいち》は、彼を一橋家に引きぬいた用人の平岡円四郎《ひらおかえんしろう》を後ろ盾に、一橋家の関東の領土の農民を徴兵し、江戸で剣術に優れた人材等を登用している。こうした新規に召し抱えられた人材の集団を「新徴組」とよんだかどうかは不明ながら、このとき志願者を登用したなかで、もともとは一橋家中の子弟であり、藩内で評判の槍つかいであった庄次郎は、江戸でみつけた剣術家よりよほど信頼に値する者とみなされても不思議ではない。

元治元年七月、長州藩は御所を攻め、ついに開戦。御所の西側の外郭門のひとつ禁門（蛤御《はまぐり》門）あたりで激戦となった。禁裏《きんり》（御所）の守護の総指揮官は、当時、禁裏御守衛総督の地位にあった一橋家の当主、徳川慶喜である。

庄次郎は、「既に将軍家の御新兵《ごしんぺい》となるからは仮令雑兵《たとえぞうひょう》とていざと云へば君《きみ》の御馬前で潔《いさぎ》よく討死をしやうといふ覚悟」（「身の上ばなし」）で錆《さび》槍一本かい込んで駆けつけた。一橋家のなんらかの組織に属していたと考えられるから、たったひとりで槍をたずさえて戦いに加えてもらおうとしたとは考えられないが、風体があやしかったのか、隊に合流するまえであったのか、会津の藩兵が見張りをしていた会津見附を通過しようとして番兵に止められた。押し問答している最中、幸いにも通行手形をもった一橋家の知人が通りかかり、身元を保証してもらってともにまかり通った。

この戦いの最中に、庄次郎は、床机廻《しょうぎまわり》を仰せつけられたという。どのような役目かといえば、渋沢栄一述『雨夜譚《あまよがたり》』にはこのようにある。「これまで一橋家には、兵備というものが少しもない。御床机廻りという君公の親兵ようの弓馬槍剣に達した壮士が百人ばかりあったけれども、これは戦陣に立って敵中へ進撃するものではなく、ただ君を護衛するの責任を持ったもの」（岩波文庫、一九八四年）という。渋沢栄一はべつに床机廻の武勇を讃《たた》えたわけではなく、親衛隊しかいない一橋家の兵制を問題視していたわけだが、庄次郎の立場で考えてみれば、主君を守護する藩中で選り抜きの猛者《もさ》の集団に加えられたのならじつに名誉なことだろう。

だが、常識的に、江戸を出奔《しゅっぽん》して六年。家督を継いでいなかったとはいえ、いわば脱藩者である。まして、野武士が「松廼家露八」でいうように「死人」として処理されていたならば、もはやおおやけには存在しない人間だ。それが突然槍をもって主君のお役に立ちたいとあらわれたとしても、すぐに君側《くんそく》に迎えられるだろうか。もし、それでも、庄次郎が感じたとおり受け入れられたのだとしたら、それは表向きの採用ではなかったかもしれない。

この長州との戦いで、主君、徳川慶喜は、みずから刀をぬいて敵と切りむすんだとされるが、勇んで参じた庄次郎に、戦闘に参加する機会はなかった。戦いはわずか一日で長州の敗北で終わった。

戦いには勝利したものの兵力増強の必要性を痛感したのだろう。渋沢栄一は、禁門の変の翌年の慶応二（一八六六）年、さらなる軍備増強のため藩兵を準備する重要性を説いた。渋沢の徴兵の進言はいれられ、歩兵取立御用掛《ごようがかり》をうけたまわって、いとこの渋沢成一郎《せいいちろう》（のち喜作《きさく》）とともに一橋家の領地農民の本格的な徴兵に取り組んでいる。

しばらくして、庄次郎に長州藩に探索に向かうよう一橋家から命がくだった。御所へ攻撃を加えたことによって朝敵とされた長州藩に対し、幕府は制裁の討伐軍を差し向けようとしていた。おそらく表向きの家臣ではなく、さらに世情に通じた庄次郎は、諜報員《ちょうほういん》として最適とうけとられたのだろう。残花の「露八」では、役目をうけたまわって西へ向かったが、警戒が厳しくて長州に足を踏み入れる隙がなく、仕方がなく江戸へ帰ってきたという。「身の上ばなし」では、そのような役目はつまらないと思い、任務をことわってふたたび大坂にもどった。だが、ひとたび武士に立ち返った心では、帮間はできない。ついに江戸に帰ることにした、というが。だいたい、個人の権利と意思が尊重されることが建前の現代のサラリーマンにさえおよそできない「つまらない、やりたくない仕事をことわる」ことなど、当時の武士にできようはずもない。

幕府は、元治元年と慶応二年、二度の征討軍を長州に差し向けた。とくに慶応二年の第二次長州征討では、十四代将軍徳川家茂《いえもち》が陣頭に立ち、諸藩の兵およそ十万五千で長州藩に侵攻したが、将軍家茂が陣中の大坂城で歿するという凶事に見舞われ、幕府軍は戦わずして撤兵した。そして十四代将軍薨去《こうきょ》にともない、一橋家の当主、徳川慶喜に次期将軍のお鉢がまわってきた。

庄次郎が六、七年の歳月を経て、江戸にもどり、なつかしい我が家の門のまえに立ったのは慶応元年か二年のことだろう。ながいモラトリアムを経て、武家社会に復帰する決意がついた庄次郎はすでに三十の坂を越え、当時としてはもう中年に手が届いていた。

駆け込みたい勢いで玄関に向かった庄次郎であったが、近づくとやけに線香の臭いが濃い。玄関で弟を迎えた姉は泣いていた。父半蔵は、放蕩息子の帰還の日を待つことなく、白木の位牌《いはい》となっていた。ちょうど初七日であったという。

庄次郎が最後に父の姿をみたのはおそらく、息子を斬り捨てねばならないと悲痛な決意をして、毎晩吉原で刀を撫していた厳しくもかなしげな姿である。

歳月がたち、ほとぼりが冷めれば父はまた自分を迎えてくれる。謝罪し、これまでの親不孝を挽回する機会はいつまでもあるものと思っていた。けっきょく父の優しさに甘えていたのだ。

今度こそ、本当に、真実に後悔した。本物の悔悟の涙が流れたが、その涙の行き着く先はもはやない。父にわび、ふたたび家に迎え入れてもらい、父が誇れるような姿をみせる機会はもう永遠に失われてしまったのだ。

のちに、このときの気持ちを、庄次郎は戸川残花に語った。

露八は涙を拭ひて悔悟の情を新築の土饅頭《どまんじゅう》の前に訴へ、少《すこ》しく忠孝の二字を全《まっと》ふせしの感ありしと聞く。

（「露八」『文学界』第四十七号）

第三章

ものがたき二本挿し

慶応四年、江戸幕府崩壊に際し庄次郎は四人の弟とともに彰義隊に身を投じる。五月十五日、雨中、上野戦争開戦。黒門口防衛戦に加わる。敗戦後、飯能に駐屯していた振武軍に合流し再戦。敗北を喫したが抵抗の意志やまず、品川湾停泊中の榎本艦隊の咸臨丸に乗船。が、出港後、咸臨丸は暴風にあって漂流。たどりついた清水港で新政府軍に攻撃され、船中にいた者は死亡。上陸していて命ながらえた庄次郎は、静岡藩に自首、城内で謹慎を仰せつかった。

江戸の華、彰義隊

第二次長州征伐の陣中、大坂城で薨去《こうきょ》した十四代将軍徳川家茂の跡を継いで、庄次郎らの主君、徳川慶喜が徳川宗家を相続したのは慶応二（一八六六）年八月のことだった。

これにともない、一橋家の家臣、慶喜の親衛隊である床几廻《しょうぎまわり》役出身者六十名や、渋沢栄一らによって新しく徴集された者たちなど三百五十五名が幕府の陸軍に編入された。この三百五十五名については一橋家作成の『陸軍附調役』（慶応二年八月作成、茨城県立歴史館所蔵）という名簿がある。これに、庄次郎の弟たち、八十三郎《やそさぶろう》、金蔵《きんぞう》、鉡五郎《はんごろう》の名がみられる。

土肥家は、当主だけでなく、丁年に達した家の男子みな幕府の陸軍に組み入れられている。ちなみに、八十三郎は、

取来候元高ニ被　召抱富士見御宝蔵番格砲兵
差図役並勤方被　仰付並之通御足高《おたしだか》被下御手当扶持《ふち》
被下之旨同断
　　大砲方指揮役勤方
　　　土肥八十三郎

とある。富士見御宝蔵番とは文字どおり、徳川家歴代の宝物を収納している富士見宝蔵を昼夜交替で見張る役目である。土肥家のもとの二十五石ないし二十七石の石高では家格が足りず、足高の制（八代将軍徳川吉宗の時代に成立した制度。有能だが家格が足りない人物を役職につける場合、一時的に家の格をあげるためにその役にある期間に限り禄を増す制度）を適応されている。平常時ならば蔵の番の武力に砲兵が必要とは思えない。宝物蔵の番という役目は名目で、おそらく江戸城防衛戦における砲兵士官としての役目の遂行を求められていたと考えるべきだろう。金蔵は陸軍付で「御軍制所調役　八十三郎弟　土肥金蔵」とあり、鉡五郎は歩兵組付で、「御床几廻弐番銃隊　八十三郎弟　土肥伴《ママ》五郎」とある。

　ところでこの『陸軍附調役』には、庄次郎と末弟の鑑吉《かんきち》の名はない。鑑吉はこのとき十五、六歳でまだ年齢がじゅうぶんでなかったのだろうが、庄次郎の名がないのは、やはり一度廃嫡《はいちゃく》、あるいは死亡の届けが出されたと思われる庄次郎の帰参はおおやけのことではなかったのだろう。ともかく、こうして土肥家は正式に幕臣となった。だがそれはつかのまのことであった。

　慶喜が辞退しつづけていた将軍職に就《つ》いたのは、慶応二年十二月五日のこと。しかし、そのわずか一年後、慶応三年十月十四日には大政奉還。同年十二月九日の王政復古の大号令で慶喜は新体制から追放された。明けて慶応四年正月三日が鳥羽伏見の戦い。幕府軍は敗北し、慶喜が将兵を見捨てて大坂城から江戸に逃げ帰ったのが正月十二日。そして、新政府に恭順をしめして上野に蟄居《ちっきょ》したのが二月十二日だ。まさに急転直下。

このとき、庄次郎は、四人の弟、八十三郎、金蔵、鉡五郎、鑑吉とともに彰義隊に身を投ずる。

庄次郎ら土肥兄弟はいつ、どのようなきっかけで彰義隊に加わったのか。

末弟鑑吉は、彰義隊に加わるきっかけを問われて、

私が彰義隊に入つたと云ふのは、一橋家の家来として慶喜公が御本家へ直る時ついて行きましたがそんな関係で、大阪から海路江戸へ逃げ戻られた慶喜公を御浜御殿へおむかへし、上野のお山へ御謹慎になさつたので、その警護に行つた有志十八人程が、麻布鮫ヶ橋の寺に集まつたのが発端でしたがね

（土肥頼継述「彰義隊の食べ物」『上方食道楽　食通』第四巻第四号、一九三六年四月）

とこたえている。この回答にはじゃっかんの違和感を感じる。誰が慶喜を浜御殿に迎えに行き、誰が上野で警護につき、誰が麻布鮫ヶ橋（新宿区須賀町）の寺に集まったのか。鑑吉自身か、それとも、彼が把握する歴史的事実としての彰義隊のはじまりなのかはっきりしないのだ。

このインタビューがなされたのは二・二六事件のあった昭和十一（一九三六）年。鑑吉は争乱を避けて東京郊外に住む娘の家に避難していた。彰義隊結成当時十六、七歳の少年だった鑑吉もすでに八十六歳の老翁である。ながい歳月を隔て記憶に混濁が生じるのは当然のことだ。だが、

すべてのできごとの主語が鑑吉自身であるということも考えうる。当時は混乱期のうえに人手不足。年少の弟も、本来ならば家長のはずだった廃嫡された兄も、御役についていた、いなかったにかかわらず、実際ならするはずであった「職務」をこなしていたとも考えられる。のちに庄次郎は自分の前歴について必ず旗本だったといったという（「亡友の思ひ出　三」『痴遊雑誌』第一巻第六号）。見栄か心意気か。いや、御役にあったという実感がそういわせたという可能性はないだろうか。

のちに彰義隊となる組織は、本多敏三郎《ほんだとしさぶろう》（のち晋《すすむ》）、伴門五郎《ばんもんごろう》、須永於菟之輔《すながおとのすけ》の三人の幕臣が発起となって、「橋府随従之有志《きょうふずいじゅうのゆうし》」つまり、一橋家から慶喜に従って幕臣となった者たちに、主君、徳川慶喜の生命を守り、名誉回復させるためにできることはないか相談しようとよびかけたことにはじまる。発起人のうち伴をのぞく二名は一橋家から幕府に従った者たちだ。

そして、慶喜が上野に入ったまさにその日、雑司が谷の茗荷屋《みょうがや》で最初の集会がもたれた。茗荷屋は鬼子母神《きしもじん》の参道にある即席料理屋で、歌川広重の江戸高名会亭尽《づくし》のうちの一作「雑司ヶ谷之図」に描かれた有名な店だった。手軽なつまみとうまい蕎麦を食わせた（松下幸子「江戸食文化紀行――江戸の美味探訪 No.165　雑司ヶ谷の茗荷屋」https://www.kabuki-za.com/syoku/2/no165.html）。岡本綺堂《おかもときどう》の『半七捕物帳』「帯取りの池」にも登場する。

もちろん、主君慶喜が恭順姿勢をとっている以上、薩長を相手どって戦うことを念頭にしな

茗荷屋（歌川広重画、江戸高名会亭尽「雑司ヶ谷之図」）国立国会図書館所蔵

かったが、本多が草した彰義隊発起の檄文《げきぶん》の一文「君 恥《はずかしめ》らるれば臣死する之時」（山崎有信『彰義隊戦史』隆文館、一九一〇年）がしめすように、その志は激しい。

　このとき檄に応じて集まったのは十七名だった。この茗荷屋の会合の出席者、十七名のうち十三名までは氏名が判明している。しかし、そのなかに庄次郎の名はない。もし茗荷屋から参加していたのだとしたら、庄次郎が判明していない四名の結成メンバーのひとりということになる。

> 慷慨《こうがい》の情禁ずるを能《あた》はず主戦論者の一群に加はり雑司ヶ谷茗荷屋に於て渋沢精一《ママ》郎（今の喜修《ママ》氏）等と軍議を凝《こ》らし ——
>
> （「露八」『文学界』第四十七号）

と戸川残花はいう。庄次郎が茗荷屋の話し合いに参加したといったのだろうか。ただ残花がそう思っただけなのか。もはや調べようのないことだ。ただし、渋沢成一郎《しぶさわせいいちろう》が彰義隊に参加したのは茗荷屋のときからではない。

二月十二日の茗荷屋での会合につづき、同月十七日に四谷鮫ケ谷の円応寺（現在廃寺、現在の東京都新宿区若葉三丁目と南元町の境界あたり）で二回目の会合がもたれた。参加人数は時勢の急をみて増加し六十七名が集まった。このとき、のちに実質的に彰義隊を率いることになる旗本の天野八郎《あまのはちろう》が加わった。

二十一日おなじく円応寺でおこなわれた三度目の会合で、渋沢成一郎が請われて加わった。渋沢成一郎は文久四（一八六四）年、いとこの栄一とともに平岡円四郎に見出されて一橋家に家臣として取り立てられ、慶喜が将軍になったときに従って幕臣となった。彰義隊に加わったのはいとこの尾高惇忠《おだかあつただ》に強く誘われてのことだという。尾高は幕臣でない身をはばかって正式な彰義隊士とはならなかったが、隊の結成のために尽力した。ちなみに、発起人のひとり須永於菟之輔も渋沢栄一の親戚であり、栄一が一橋の関東の領地から人材を募集してまわったときに応じた人物である。尾高の末弟で栄一の養子となっていた渋沢平九郎《へいくろう》も加わった。この一事からしても渋沢の一族の結束力の強さが伝わる。栄一がいないのは、このとき徳川昭武《あきたけ》の随員としてパリ万博に行っており、フランスの空の下にいたからだ。三度目の会合では八十名が集まり、渋沢が平和的な解決が不可能ならば武力行使も辞さないと明言し、渋沢、天野以下、血判をもって盟約がむすばれた。

二十三日、浅草本願寺で四回目の会合がもたれ、このとき、隊名を「義《ぎ》を彰《あらわ》す」として彰義隊とさだめた。そして、投票により頭取に渋沢、副頭取に天野、幹事に発起人の本多、伴、須永が任命された。

鑑吉は、はじめ天野の参加をあまり歓迎しなかった。「その後募《つの》りに応じて新《あらた》に入隊したのが、長崎浪人天野八郎なんかでした、そしてそれから質が落ちて後には山下の酒屋をおどかしたりしたものも出ました」。天野八郎は長崎の浪人ではなく、上野国《こうずけのくに》甘楽《かんら》郡磐戸《いわと》村（現在の群馬県富岡市）の名主の次男だが、それをいうのなら、渋沢成一郎もいとこの栄一とともに一橋家に召し抱えられるまでは、豪農とはいえ武蔵国《むさしのくに》血洗島《ちあらいじま》村（現在の埼玉県深谷市血洗島）の百姓であったのだが、鑑吉の気分に出自や身分は関係ない。一橋家は先に述べたように家臣団のうちにも幕府から出向してくる者がいて、入れ替わりが激しく、そのぶん風通しがよく、昔から身分によるしがらみが薄かった。鑑吉が嫌ったのは、天野が素性の知れない者もどんどんなかまに加えて、隊の空気を変えてしまったからだ。血盟では、浪人や、諸藩の藩士を加えないということが約束されていたのに、だ。

頭取になった渋沢が目指したのは、あくまでも慶喜の守護と名誉回復であり、彰義隊の当初の目的も、新政府軍と戦うことではなかった。しかし、天野は主戦論の人間を次々と隊に入れて、みずからの派閥を形成していった。

結盟当初からぎくしゃくしていた渋沢と天野の派閥の争いは、しだいに緊迫の度を増していく。いまも昔も、この国でひとつの集団ができれば、しばしばあるのが内部闘争、そして内ゲバである。頭取渋沢成一郎と副頭取天野八郎はことあるごとに対立した。彰義隊の方針の見解のちがいに加えて、激情型ロマンチシストの天野と兵站徴収も視野にあったリアリストの渋沢は、性格的にもどうしても相容れることがなかったのだろう。

調停役になっていた本多敏三郎が落馬して足の骨を折り、現場から離脱を余儀なくされると、争いに歯止めが利かなくなった。天野の一派は渋沢を天王寺に幽閉、殺害しようとさえした。天野も渋沢派の襲撃を恐れて刀を抱いて眠るような日々がつづいた。

けっきょく、結成からわずかひと月あまり、天野は上野へ移ることになり、渋沢は浅草本願寺に残って意見をともにする約百五十名とともに彰義隊をぬけた。ただし、立場はちがえど志はおなじで、脱退に際して、新政府軍に組しないこと、降伏をしないことの二点を互いに誓い合って別れた。八十二名いた一橋家の旧臣は渋沢がぬけたことで二十名ほどが彰義隊を離脱し、残った者は六十名ばかりとなった。発起人のひとりである須永於菟之輔や、尾高惇忠、渋沢平九郎も渋沢成一郎に従って彰義隊を去った。土肥兄弟は五人とも彰義隊に残った。

こうして彰義隊は浅草本願寺を引き払って、上野寛永寺を本営とした。平隊士の多くは、分裂を知らず、この移転を慶喜の身辺警護の人員補助のためと、隊士が増えて浅草本願寺では手狭《てぜま》になったためと考えていた。

上野山内に陣取ることになった彰義隊は、組織を改編して、家格の高い小田井蔵太《おだいくらた》と池田長裕《いけだながひろ》（大隅守《おおすみのかみ》）を頭とし、天野八郎、菅沼三五郎《すがぬまさんごろう》、春日左衛門《かすがさえもん》、川村敬三《かわむらのりみつ》を頭並とし、隊士を一組二十五人ずつに分けて編成しなおした。庄次郎は、長弟の八十三郎が組頭をつとめる第一隊（のちに隊中の分類をさらに青黄赤白黒に色分けして組織し、八十三郎の指揮する隊は第一赤隊となった）の指揮下に入り、「隊外応援掛」をつとめた。どのような役職か。残花には、開戦前に浅草界隈のほうぼうにかけ合って軍資金を集める役割をになっていたと語っている。末弟の鑑吉も第一隊に割り振られた。次弟の金蔵は、兄弟たちとはちがう第一白隊に属した。

庄次郎が所属した一番隊の幹部は、大半が一橋家ゆかりの人間でかためられていた。隊長は土肥八十三郎。副長は林半蔵、組長格が相馬鉦吉《そうまかねきち》（のち予備隊に転属）、伍長が前野権之進《まえのごんのしん》でみな一橋家から幕府軍に編入された者たちだった。副長の林の幕府での編入先は八十三郎とおなじく「富士見御宝蔵番格砲兵」で、朋輩《ほうばい》の関係でもあった。

さらに副長以下三名は一族ともいえるあいだがらだった。相馬鉦吉は、兄の翁輔《おうすけ》とともに彰義隊に参加したが、林と前野はともに相馬翁輔の娘婿《むこ》である。だから翁輔の弟である相馬鉦吉はふたりにとって義理の叔父にあたった。

上野のことを、当時、人はお山とよんだ。これは、平地にあっても寺の門を山門という、の謂《いい》ではない。実際に上野は山だったのだ。山といっても、高さ十九メートルほどの丘といったほうがよいかもしれないが、江戸のころ、上野のお山は幕府の威光に照らされて、ずっと高く聳《そび》え立っていたことだろう。

上野寛永寺《かんえいじ》は、寛永二（一六二五）年、家康、秀忠、家光の三代の将軍の帰依をうけた天海大僧正によって、江戸城の東北の鬼門を守るため開山された。京の比叡山延暦寺《ひえいざんえんりゃくじ》にあやかり、あるいは対抗して、東叡山《とうえいざん》寛永寺という。

その後、徳川将軍家の菩提寺《ぼだいじ》ともなり、第三代からは山主を代々皇室から迎え、最盛期には広さ三十万五千坪、壮麗な諸堂、伽藍《がらん》を連ね、三十六の子院を率い、徳川幕府による宗教支配の象徴として燦然《さんぜん》と輝いていた。

そうした幕府の権威の象徴的な場所に集結した彰義隊は、一橋家以来の主君、慶喜に対する忠誠から、累代《るいだい》にわたる徳川への忠義と復讐に燃える旗本、御家人の心情と、自分たちの文化を踏みつけにした西の「蛮族《ばんぞく》」に報復してほしいという江戸庶民の願いとが合わさって、集団の目的を、江戸文明の最後を飾り、徳川の武士の誇りをかけて戦うという悲壮なものに変えていった。

当時、彰義隊の人気はすばらしいものであった。

彰義隊を構成するのは、素性の知れない者もいたが、多くは旗本、御家人からなる江戸の武士である。彼らは江戸っ子の個性をもっていた。ゆえに、庶民たちにとって、西から来た「蛮族」に対する、自分たちの同朋であり、彰義隊は、汚された江戸っ子の誇りを託せる唯一の存在だった。

だからこそなおさら、江戸の庶民たちは、江戸っ子の思いを背負って死に花を咲かせようとしている江戸の武士たちに熱烈に肩入れした。

彰義隊の連中は、命を蕩尽《とうじん》するまえに、金の蕩尽をした。これ限りの命と思っているから、節約などしない。吉原でも派手に遊んだ。


みんなその方のつぼんだ義経袴《よしつねばかま》に水色がかったぶっちゃきの羽織を着て山中《さんちゅう》諸院に屯《たむろ》し、朱鞘《しゅざや》をさしている者が多くて、これが足駄をはいては威張って歩いた。（下谷《したや》わ組三次郎翁）どうせ戦いになれば命はないものと思っているから、毎夜のように吉原へ通う、金の使いッぷりの綺麗なのと、江戸っ児が多いのでひどくもてた。「情夫《いろ》に持つなら彰義隊」という言葉が廓内《くるわ》にあった。

（東京日々新聞社編『戊辰物語』岩波文庫、一九八三年）


しかし、彰義隊なら絶対にもてたというわけではない。残念ながら土肥庄次郎はその限りではなかった。

『女百話』には、こんな話が残されている。この前後、庄次郎は吉原江戸町二丁目の大籬《おおまがき》（吉原の大通りに面した見世《みせ》を大籬、横町が半籬、外まわりを小店とよんでいた。見世の格式の高低もその順。籬とは、遊女を陳列する張見世《はり》の格子をさす。見世の格によって籬をつける箇所がちがった）鶴泉楼の愛里という花魁《おいらん》に入れあげていたという。ちなみに、当時の『新吉原細見』をみても、吉原に鶴泉楼という妓楼《ぎろう》はみあたらない。江戸町二丁目には、金泉、鶴吉楼の二軒があったから混同したのかもしれない。それはよいとして、庄次郎が、愛里に夢中になっていたおなじころ、戯作者の仮名垣魯《かながきろ》文《ぶん》もおなじ見世の愛衣という遊女となじんでいた。ともに源氏名に愛の字をいただく姉妹女郎であろう。

魯文は、しばしばみかける庄次郎が大柄で固太《かたぶと》り、おまけにご面相もけして美男とはいえなかったため、「三宝荒神《さんぽうこうじん》」または「蝦蟇《がまがえる》」とあだなをつけて陰でからかっていた。三宝荒神は、髪を逆立て、まなこをつりあげ、歯をむき出した、憤怒の表情であらわされる神であり、仏法を守り、悪鬼、穢れを祓《はら》ってもらうことにおいては頼もしいが、顔立ちが似ているといわれて、けしてうれしい容貌ではない。ガマガエルについては説明の必要はないだろう。

あるとき、庄次郎がしばらく廓に顔をみせないことがあって、客離れを案じた愛里は、愛衣を通じて魯文に手紙の代筆を頼んだ。魯文はよろこんで引き受けて、色っぽい文句をならべた手紙を書いたが、いたずら心をこらえきれず、手紙の末尾にガマガエルの絵を描いた。

それにしても、しばしばおなじ見世で顔を合わせるだけの人に、ご面相がおもしろいと思ったくらいで普通、こんないたずらをするだろうか。自分の敵方《あいかた》の客でさえないのである。加えて相手は武士である。江戸の終わり際とはいえ、表面的にはまだ武士が畏怖《いふ》されていた時代だった。命がけのいたずらだ。人には命をかけてでも誰かに嫌がらせをしたいこともあるだろうが、遊廓で顔を合わせる相客の顔がおもしろいから艶文《つやぶみ》にガマガエルの絵を描く、などということにかけるほど命は安くあるまい。

こんないたずらができるのは、両者がもともとの顔見知りであったからだと考えるべきだろう。

魯文は、色里をこよなく愛した。一枚二朱で引き札の文章を書いていたときでさえ、金さえできれば色里に繰り出し、板橋の宿場女郎と浮き名を流したこともあった。慶応年間、浅草寺《せんそうじ》内の寝釈迦堂（俗名いろは長屋）に住居したときには、ちょうど福地源一郎《ふくちげんいちろう》（のち筆名を福地桜痴《おうち》とする）もおなじ長屋に住んでいて、しばしば連れ立って吉原に繰り出し、連日のいつづけをして妻子を泣かせたこともたびたびあった。

だから色里好きの魯文が、安政年間、吉原で働いていた庄次郎と知り合う機会はいくらでもあっただろう。お武家さま転じて吉原の幇間となった荻江正次《おぎえしょうじ》の客となり、ながいご無沙汰の末に武士にもどって帰ってきた彰義隊士、土肥庄次郎の友となっていたとしても不自然ではなかろう。友であったとすれば、これくらいの冗談は笑いのうちだ。

しかし、このカエルのいたずらがきつき艶文の話にはつづきがある。

魯文のいたずらに激怒した誇り高き彰義隊士、土肥庄次郎は、魯文を斬り捨てようと鶴泉楼に乗り込んできたというのだ。

ときは慶応四（一八六八）年三月三日のひな祭り。愛衣を相手に白酒を呑んでいた魯文は、庄次郎の襲撃を知って、下谷池ノ端のなじみの料亭、麦斗《むぎと》ろに逃げ込んだ。するとたまたま一中《いっちゅう》節《ぶし》の十寸見東和《ますみとうわ》、幇間の桜川正孝《さくらがわしょうこう》、講談師の桃川燕林《ももかわえんりん》、芸者のいの助、おみき。そして、これが客だろうが、幕府御用達の米問屋、伏見《ふしみ》屋の番頭が宴会の最中だった。そこで魯文も宴に加わって、飲めや歌えのどんちゃん騒ぎをはじめた。宴もたけなわ、もう庄次郎のことなど頭から消え果てたころ、怒りに燃えた庄次郎が刀をぬいて飛び込んできた。

魯文は窓伝いに逃げ、正孝は雪隠《せっちん》に閉じこもり、おみきは戸棚のなかに隠れ、十寸見は二階から飛びおりて目をまわし、桃川燕林は腰を抜かしてへたり込んだ。

騒ぎを聞きつけた麦斗ろのあるじがあらわれて、刃傷沙汰は迷惑、ここは自分に免じて刀を収めてほしいと懇願した。毒気を抜かれた庄次郎は、魯文の謝罪を受け入れ、医者をよんで十寸見と燕林のふたりを介抱させ、仲直りにみなで飲み直すことになって、楽しく酒盛りをしたということだ。魯文は、反省のしるしに頭を丸めた態《てい》にして、わざわざ芝居にもちいる坊主頭のかつらをかぶってあらわれた。

まるで茶番である。

幇間の桜川正孝は本名を大谷正幸といって、前身はれっきとした武士。武士だったからといって便所に閉じこもって難を避けることがありえないわけではないが、そもそも不可思議なのは庄次郎のふるまいだ。だいたい、吉原で遊び慣れた者ならば、遊女の「艶文」は、ただの「ダイレクトメール」にすぎないことを知っており、代筆屋の存在も周知のことであった。いかに露八が短気であったとはいえ、一度は吉原で幇間をし、さらに六、七年間も芸を頼りに京阪をさすらった人間が、たかだか代筆された遊女の艶文に容姿を当てこする落書きをされたくらいで、殺すのどうのというほど腹を立てるほど野暮なはずがない。

どうも本当、いや本気の話とは思われない。

おそらく本当に茶番だったのだろう。そもそも茶番とは、主催者がおおまかな役割を参加者に与え、参加者それぞれがそれぞれに割り振られた役割に趣向をこらし、決められた場所におもむいてその役を演ずる即興の遊びである。どれだけ愉快に役を果たせるかで粋《いき》を競う。この場合、主催者は仮名垣魯文。客は米間屋伏見屋の番頭。庄次郎は、無粋な彰義隊士という役を演じて遊んでいたのだ。『女百話』の編者、篠田鉱造《しのだこうぞう》は、この話の話者は、当事者である魯文や庄次郎がこのときのことをしばしば語るのを耳にしたといっている。一生の語り草になるくらい成功した茶番だったのだろう。

それにしても、あまりにのどかな江戸の春である。

慶応四年三月三日。時勢は、茶番をして遊んでいるどころではなかった。


三月十五日、佐幕派と新政府への恭順《きょうじゅん》派の争いで混乱のるつぼにあった下総《しもうさの》国の結城《ゆうき》藩（現在の茨城県結城市）に、織田主膳を隊長とする彰義隊士数十名が向かった。相馬翁輔と、庄次郎の弟のひとり鉡五郎《はんごろう》も同行している。

結城藩十代藩主水野勝知《みずのかつとも》と彰義隊は浅からぬ縁があった。共闘関係にあったといってもよい。

勝知は慶応四年三月一日、幕府より上野に集結する彰義隊の指揮を命じられた。これは結城藩が謝絶したため実現しなかったが、勝知と彰義隊の縁は固くむすばれた。佐幕派の藩主の勝知の留守中、恭順派は八代藩主勝進《かつゆき》の子、わずか十三歳の勝寛《かつひろ》を新藩主として擁立し、藩を奪取した。このとき、勝知は彰義隊数十名を含む佐幕派結城藩士を指揮して、城中に攻め込み、三月二十六日、結城城を奪還、入城した。しかしわずか数日後の四月六日、新政府軍の攻撃を受け、佐幕派は戦わずして城を明け渡した。このとき、彰義隊と新政府軍のあいだで銃撃戦があった。相馬翁輔は恭順派の捕虜となり、処刑された。『彰義隊戦史』に記された結城戦争での戦死者は鈴木正造、戦傷死に大蔵又市とある。土肥銈五郎がどのような運命をたどったかは不明。

城を脱出した勝知は一時上野山内に潜伏したが、上野戦争開戦間近になって上野を出て、実家の二本松藩（現在の福島県二本松市。勝知は二本松藩主丹羽家から結城藩に養子入りした）に逃亡したが、五月二十日に新政府軍に捕縛され、強制的に隠居させられた。結城藩は千石減封されて一万七千石になり、勝寛が相続し廃藩まで存続した。

三月十五日には、東海道を江戸に向かっていた新政府軍による総攻撃が期されていた。これは、勝海舟と西郷隆盛の会談で回避されたが、そのかわり四月四日、戦わずして江戸城は新政府軍に明け渡された。上野で謹慎していた徳川慶喜が水戸へ去ったのが同月十一日。彰義隊は慶喜を水戸街道の入口、千住まで護衛して見送った。慶喜護衛の名目がなくなった彰義隊は、市中の見廻りを買って出た。

上野戦争開戦まで、あとふた月にせまっていた。

上野戦争

慶応四（一八六八）年は閏年《うるうどし》で四月が二度あった。現在の閏は、二月に一日を加えるだけで調節されるが、旧暦のこよみでは、三年に一度、任意の月を繰り返す閏月をもうけてこよみを調整していた。一年が十三か月になり、たとえば慶応四年の二度目の四月のできごとは、閏四月のこととして記される。

戦いがあった五月十五日は、通年では六月、新暦では七月四日にあたる。梅雨の時期だ。とりわけ雨の多い年であった。「この戊辰の年は春からの雨つづき、からりと晴れたような日は数えるほどよりない」（『戊辰物語』）といえば、じめじめと降りつづく梅雨の雨を想像されるかもしれないが、蕭々《しょうしょう》と降りつづく雨どころではなく、上野戦争前後には、連日水害レベルの大雨が降った。

『東京市史稿　変災編　第三』（東京市役所、一九一六年）によると、五月八日に嵐があって、隅田川が決壊、神田明神から湯島のあたりでは地崩れが起こった。翌九日は晴れ。五月十日大雨、十一日大雨、十二日大雨、十三日強雨、十四日雨折りおり大雨、そして戦争のあった十五日は雨であった。その後も天候は回復せず、七月くらいまでしばしば大雨がつづいた。

降りやまない雨は、江戸っ子たちの心に陰気な影を落としていた。

三、四月頃もまるで梅雨の如く、びしょびしょと毎日の雨で、江戸の市中は到る処、溝渠《どぶ》が開き、特に、下谷からかけ、根岸、上野界隈の低地は水が附いて脛《すね》を没し、往来も容易でないという有様であったが、その五月十五日もやっぱりびしょびしょやっている。たまに霽《は》れたかと思えば曇り、むらにぱらぱらと降って来ては暗くなり、陰鬱《いんうつ》なことであった。

（高村光雲「上野戦争当時のことなど」『幕末維新懐古談』岩波文庫、一九九五年）

当時十七歳だった高村光雲《たかむらこううん》は、師の東雲《とううん》に命じられて、上野下谷広小路の料亭雁鍋《がんなべ》の裏に住んでいた師の弟弟子《おとうとでし》を助けるため、松という同門の少年とともに、夜明けを待って浅草駒形《こまがた》の師匠の家から、師匠の弟弟子の住まいに向かった。下谷は水びたしで、じゃぶじゃぶと川のなかでも歩くかのように進んでいくと、頭上で「シュッシュッ」と音がする。高村と松のふたりは何の音ともわからず歩みつづけたが、夜明けの道を歩いていた少年たちの頭上を通り過ぎていたのは、銃弾であった。本格的な開戦のまえに、前哨《ぜんしょう》戦として銃撃が交わされたことがわかる。

上野町に出るところまで行くと、畳を雁木《がんぎ》（階段状）に互いちがいに積み、往来を警戒している武士の一団に止められた。「徳川の旗本の人たちがふつさき羽織に袴《はかま》の股だちを取つて後鉢巻《うしろはちまき》をしてゐた。中には稽古着を着てゐたものもあつた。皆んな抜身の鎗を持つて実にかいぐしい姿《なり》をして居た」（「彰義隊余燼」『江戸時代文化』二巻二号、一九二八年二月）というが、懐古談では、「其《そ》所《こ》に異様な風体をした武士の一団を見たのであった」（「上野戦争当時のことなど」）という。こちらが庶民の自然な感情であろう。高村が感じた異常さというのは、彰義隊士の装備が大時代的だったなどということではない。

　実際彼が目撃した武士たちは、新政府軍兵士のダンブクロなどより、ぶっさき羽織や稽古着に鉢巻きという当時あたりまえの、しかも戦闘に際して動きやすい格好《かっこう》をしていた。庄次郎のこの日のいで立ちも、さしこの稽古着、小倉縞の荒い袴姿であった（竹内誠監修『大江戸座談会』柏書房、二〇〇六年）。ながく戦場にならなかった江戸に住む町人にとって、抜き身の刀槍をもち、緊張感にみちた臨戦体勢の武士の姿は異様にうつったにちがいない。

　上野寛永寺には黒門《くろもん》、新黒門、車坂門、穴稲荷《あないなり》門、屏風坂《びょうぶざか》門、谷中《やなか》門、清水門、新門の八つの柵門があり、なかでも黒門は、将軍家が寛永寺参詣《さんけい》の折りに通った御成《おなり》街道につづく正門であった。門前を横切るようにして不忍《しのばずの》池を水源とする忍《しのぶ》川が流れ、三橋という三本の橋がかかっていた。両側の橋は庶民がわたり、真ん中の橋は徳川将軍がわたる将軍専用の橋だった。橋の向こうは上野広小路といって、火よけのために道幅を広くとった大通りである。寛永寺の門前町となって栄え、道は江戸有数の歓楽街へとつながっていた。激戦が予想された。

　慶応四年五月十五日、新政府軍は、正面の黒門口に、薩摩、鳥取、熊本藩兵、四百。背後の団子坂に長州、大村、佐土原藩兵四百三十を配置。計二十一藩の連合からなる一万二千の兵力で上野を包囲した（諸説あり、実際は三千名程度か）。

佐賀藩が保有していた最新の後装式施条《ライフル》砲・アームストロング砲は、加賀藩上屋敷（現在の東京大学本郷校舎構内）に据えられた。

対する彰義隊士は、逃走によって目減りしたり、上野山中から出向していた者などもいて、当日戦闘に参加したのは千名あまりという（異説あり）。

庄次郎が属した第一赤隊は砲兵隊である。土肥家は一橋家において、砲兵士官（明治三年の一橋家の俸禄調べによると土肥家は一等砲士伍長であった）といえる地位にあった。だから幕府の陸軍に組み入れられたとき、八十三郎は大砲方指揮役勤方に割り当てられ、おそらくそれゆえに第一赤隊の隊長となった。

彰義隊旗
靖國神社遊就館所蔵

正面口の黒門口防衛の戦力として、黒門の西側の高台、山王台《さんのうだい》に配置、四斤山砲《よんきんさんぽう》三門を据えて敵を待ちかまえた。四斤山砲とはフランスから輸入した一八五九年製の大砲で、装弾する砲弾の重量が四キログラムであることからその名がついた。比較的軽量で分解すれば馬二頭で運べて機動性に優れ、起伏の多い日本の地形に適した。幕府の洋式軍においても採用され、すでに国産にも成功していた。前装砲ではあるが、この時代の日本において、けして旧式の重火器ではない。

開戦まぎわだろうか。黒門口に駆けつけてきた女があった。鑑吉は、回想する。

　松廼家露八と云つて幇間になつた章二《ママ》郎兄さんと共に黒門口で大砲打方をやつて居りますと、雨の中をついて、黒門口にかけよつた女がありました、どうも気の強い女でしたよ、背中に一背負い荷を背負つて木戸をたゝくので、駄目だと云つたら食つてかゝつた、「開けてやれ」と兄が云ふので入れてやりますと、女は背中の荷物をおろして、拡げたのを見ると吾々の好物の刺身なんです、魚河岸だつて休んでるんだのにと思つたらば鯉の刺身をわざ〳〵江戸川で作らして舟でもつて来たと云ふんです、泣きましたね、うれしくて、涙をふき〳〵その刺身を喰つたので味はわかりません。
（「彰義隊の食べ物」『上方食道楽　食通』第四巻第四号）

江戸川は明治以降、鯉の名産地となるが、江戸期にはお留《と》め川で禁漁であった。江戸の治安をつかさどる機構が停止しているような状態で、お留め川で魚を獲ったからといって、いまさら罰する者もいないだろうが、自分たちに刺身を食べさせるために罪を犯して、命の危険のある戦場に豪雨をおして届けてくれた、そうまでしてくれた気持ちが、鑑吉には涙が出るほどうれしかった。

明六つ（午前六時）、ついに戦闘がはじまった。

黒門口を攻めてきたのは、新政府軍の主力、薩摩藩。戦闘は篠突《しのつ》く雨のなかおこなわれた。第一赤隊は、山王台から黒門口におしかける敵に向けて大砲を打ち込んだ。開戦当初は、標高差もあってよく敵を圧倒した。

江戸町火消、浅草十番組、を組の頭、新門辰五郎《しんもんたつごろう》が兵糧方を請けおって、手下たちが隊士たちに朝飯のおむすびに沢庵《たくあん》や佃煮を添えて配った。すでに戦闘がはじまっていたため、庄次郎らは、大砲を撃ちながら、おむすびをほおばり、佃煮をつまんだ。

開戦前、刀槍での戦いを誇りとする隊内では、どちらかというと砲兵隊の評価は低かった。が、いざ戦いがはじまってみると、砲撃戦が戦局を左右することがすぐにわかった。味方は、砲兵隊を頼りにし、はじめのうちは一発撃つと、周囲から拍手喝采が起こった。一瞬でも砲撃がやむと催促された。山王台の三門の四斤山砲は火を吐きつづけた。庄次郎と前野権之進は、前日に三橋付近に築いていた胸壁に身を寄せ、砲撃していたが、けっきょく、全員後退して山王台から砲撃した。

戦闘開始から四時間ほど、午前十時くらいまでは彰義隊が優勢であった。

新政府軍は、彰義隊の砲撃を封じるため、料亭雁鍋の二階に射撃手を置いて、山王台の兵士を狙い撃ちした。砲手に戦死者がばたばた出た。彰義隊は、雁鍋をはじめ射撃拠点となる近辺の建物を焼き玉を撃って焼き払おうとしたが、連日の雨で着火しなかった。

そのうちに、早朝から各戦場を飛びまわっていた天野八郎が山王台に駆けつけた。戦局の流れから黒門口攻防戦のかなめは山王台であるとみた天野は、副長の林半蔵に戦闘の続行を指示したのち、増援を集めてこようとした。しかし、天野の援軍は間に合わなかった。

加賀藩上屋敷に据えられたアームストロング砲の砲弾は、射程距離約四キロメートル。不忍池越しに砲撃を加え、最初のうちは池に落下していたが、照準が合ってきて山内に命中するようになった。

砲弾は黒門内の吉祥閣《きっしょうかく》の銅の屋根を焼いて、「その燃える勢は大変なもので「上野の山から青い火柱が立った〳〵」と、下町などで騒いだもの。殊《こと》に神田和泉橋《かんだいずみばし》附近などでは目を開いて見ていられないほど物凄《ものすご》い炎の色だったと、故大倉喜八郎《おおくらきはちろう》翁が話していた」（『戊辰物語』）という。

黒門が落ち、敗走がはじまったのは午後二時ごろ。

山王台から撤退をするとき、前野権之進は、置いていく山砲が敵に鹵獲《ろかく》されて利用されないよう火門を破壊した。そのとき、前野のかたわらにいた隊士が銃撃されて負傷し、動けなくなった。彼は前野に介錯《かいしゃく》してほしいと懇願したが、前野はどうしても首をはねることができず、そのままにして去った。刀を取りに引き返して被弾した隊士もいる。副長の林半蔵もここで戦死した。

生き残った彰義隊士たちは、大村益次郎《おおむらますじろう》が戦略上、彰義隊の退路としてあえて手薄にしていた

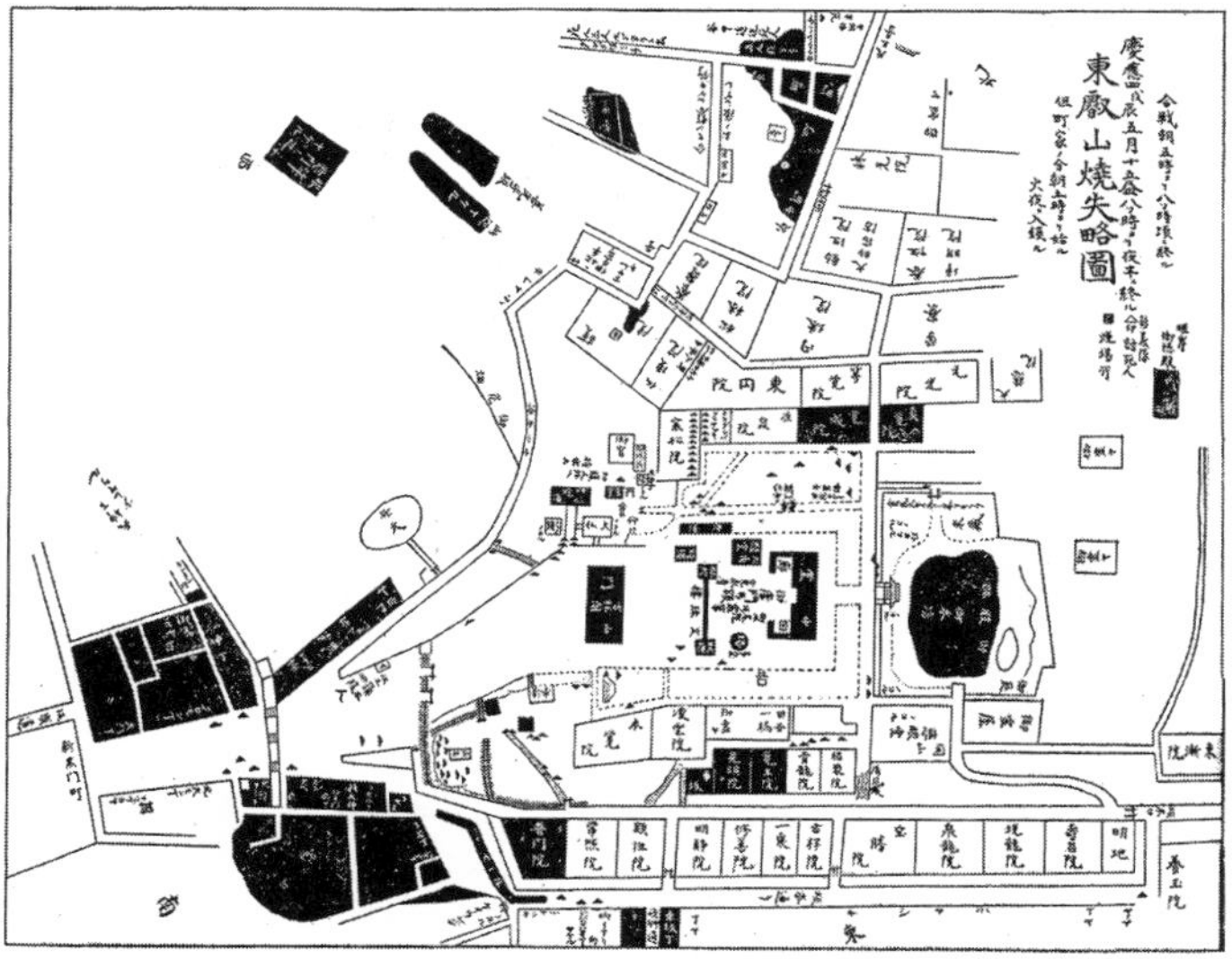

東叡山焼失略図（『東京市史稿　変災編　第五』東京市役所、1917 年）
黒く塗られた箇所は焼失した建物、▲は彰義隊戦死者をあらわす

戦火に焼かれた上野寛永寺中堂
東京都台東区役所編『台東区史　社会文化篇』1966 年

根岸方面から脱出した。

早朝、雨降りしきるなかはじめられた戦さは、その日の午後四時ごろには終結した。壮麗だった寛永寺根本中堂、多宝塔、常行塔、法華堂、鐘楼、文殊楼、本坊、本覚院、凌雲院、清涼院、みな焼け落ちた（東京都台東区役所編『台東区史　社会文化篇』一九六六年）。戦いやんだ上野の山では、焦土と、累々と横たわる彰義隊士の亡骸《なきがら》が降りやまない暗い雨に打たれていた。

市街地、非戦闘民にも被害があった。『東京市史稿　変災編　第五』（東京市役所、一九一七年）によると、この戦闘で、近隣の民家の約千戸が全焼した。逃げ遅れた住民だろうか。流弾に当たって即死した者が二名いる。全焼した建物の多くが、激戦地であった黒門口から上野広小路の近辺に集中している。江戸は燃えなかったわけではないのである。

彰義隊士は銃弾に撃たれて戦死した者が多く、その亡骸のほとんどはひどい損傷もなかったが、血に酔った新政府軍の兵士によって、死後著しく傷つけられた。股の肉をえぐりとられている者が多く、江戸庶民の間では薩摩兵が人肉を食しているのだという噂《うわさ》が広がった。『戊辰物語』には、経を手に木にもたれて死んでいる者や、首を斬られたところに陣笠を被らされている亡骸もあったというが、これは新政府軍の仕業というより、戦争後、ぶんどり品を求めて上野の山中に入り込んだ近隣の住人のうち、とりわけ質《たち》の悪い者の仕業であったらしい（『漫談明治初年』同好史談会編、春陽堂、一九二七年）。

そののち、新政府軍に禁じられたため、旧幕府軍の戦死者の亡骸は葬られることなく放置された。新暦七月はじめの季節である。遺体はたちまちに腐敗しはじめた。数日後、寛永寺の御用商人であった三河屋幸三郎《みかわやこうざぶろう》（通称三幸《さんこう》、本姓は浅岡）と三ノ輪《みわ》の円通寺《えんつう》（東京都荒川区南千住）の住職武田仏磨《たけだぶつま》の尽力で、亡骸は山王台に集められ、荼毘《だび》に付された。このとき火葬された彰義隊士の戦死者の数は二百六十六名という。遺骨は、円通寺に葬られた。おさまりきらなかった亡骸は、荼毘に付された山王台のその場所に埋葬された。

死者はそれだけではなく、新政府軍の残党狩りにあって殺された者も、別の戦場を目指すあいだに路傍に斃《たお》れ、誰と知られることもなく葬られた者もあった。彰義隊にかかわった三人の若者の運命を描いた杉浦日向子の『合葬』についての小沢信男の解説「彰義隊始末」（『ぼくの東京全集』ちくま文庫、二〇一七年）には、御徒町《おかちまち》の下谷電報電話局の屋上に彰義隊士の墓があり、また小沢の住む大塚の路地の脇にも彰義隊士慰霊の観音像があったとある。また近年になっても工事のため上野近辺を掘り起こすと彰義隊の亡骸とされる白骨がみつかったなどということが書かれている。「合葬」されなかった隊士の死体があちらこちらにあったということだ。

庄次郎は上野戦争について「此《こ》の御維新際《きわ》のことといふものは、皆さんも御承知の通りで今改めて申し上げずとも宜《よい》ことですから精《くわ》しくは申しあげません」（「身の上ばなし」）といって、戦場の話を避けている。

語りたい思い出ではないのだろう。

戸川残花は、上野戦争における庄次郎について、「嗚呼《ああ》露八は砲煙の間に周旋し酣戦《かんせん》の中に応接し幇間的の能事を以て弾雨火風の舞踏と変形せしめたり（中略）探偵、募金、幇間、武夫《ぶふ》、恰《あたか》も走馬燈《そうまとう》に対するが如し」（「露八」『文学界』第四十七号）と記している。走馬燈、たしかにそうであったろう。だが、この印象は、過去を語る庄次郎の表面的なすがすがしさに韜晦《とうかい》させられている。

上野戦争のみでは終わらない庄次郎の戊辰戦争の体験は、「幇間的の能事を以て弾雨火風の舞踏と変形」させられるような、なまやさしいものではなかった。

上野敗戦後の庄次郎の行動は、野武士の「松廼家露八」では、「同行《どうぎょう》三人と上野の囲みを破り、根岸金杉を経て吉原へ駆込み、食事を済してから一旦千住在の農家に潜んで武州飯能《はんのう》へ落延び、夫《それ》から上州の伊香保《いかほ》へ赴《おもむ》いて暫《しばら》く江戸の動静《ようす》を見て居た」。この「同行三人」が誰であるかは不明。その後、江戸の状況をみて忍んでもどり、榎本艦隊に合流したとある。奇妙な逃走ルートだ。上野を離脱した彰義隊士で抵抗の意志が途切れぬ者の多くは、会津の戦闘に加わるべく福島を目指したり、中山道《なかせん》を北上して仙台に出たり、そのまま品川まで逃走して榎本艦隊に合流している。庄次郎もそんな複雑な経路で逃亡せずとも、上野を脱出できたなら、まっすぐ加われる戦場はまだたくさんあった。

「身の上ばなし」によると。

戦いに敗れてのち、庄次郎は兵を率いて上野の山中をほぼ南端の黒門口から北上し、押し出されるように根岸方面から市中に出た。それから西に行けば吉原である。廓内にしばらく潜伏しようとしたが、斥候《せっこう》に出ていた隊士が敵が察知して攻めてくるという。そこで早々に吉原をひきあげて、吉原の北西、小塚原《こづかはら》に向かった。小塚原は日光街道の入口である。しかし、そこにはすでに細川の家中が検問をしいていた。庄次郎は、検問突破をあきらめ、焼き場（千住・小塚原刑場界隈にあった火葬場）を通って、三河島へ行き、植木屋伊藤七郎兵衛宅に一時身を隠した。伊藤七郎兵衛は、将軍家の植木御用、諸人足の御用をつとめた江戸三大植木師のひとりで、かつては「一万石の格式あり」といわれたが、このころすでに没落しはじめており、かつて貧乏大名の邸宅などよりもよほど壮麗を極めたという庭や邸宅は人手にわたっていた。しかし、このとき、庄次郎ら敗残兵だけでなく、輪王寺宮《りんのうじの》（寛永寺の山主）の逃亡を助けている（入本英太郎編『三河島町郷土史』同刊行会、一九三二年）。

上野の戦闘から敗戦、江戸市中をさまよい、植木屋七郎兵衛方に身を寄せたまでが五月十五日の一日のできごと。ながい一日であっただろう。

しかし、潜伏先に三河島を選んだのはある意味はずれであった。大村益次郎の計略であえて包囲に穴をあけ、そこに逃げ込むように計算していたため、新政府軍による三河島界隈の探索はとりわけ厳重を極めたからだ。

十五日の夕方四時ごろ、三河島方面には上野を逃れた五、六百名の敗残の彰義隊士が駆け込んできた。新政府軍は家を一軒一軒捜索し、住民には彰義隊をかくまうどころか、彰義隊の所持品を隠しもっている者は首をはねるといっておどした。げんに逃亡中の彰義隊士の刀の大小をあずかっているのが発覚し、斬首されそうになった者もいた。

ちょうど庄次郎らが植木屋に逃げ込んだ同時刻ごろ、おなじく三河島に逃げてきた二十名ばかりの彰義隊士がいた。彼らは紺又という紺屋に「しばらくかくまってくれ」と懇願した。みな刀傷か鉄砲傷をおって総身血まみれで、なかには瀕死の重傷者もいた。紺又のあるじは、全員はかくまい切れないので、重傷者のみ受け入れ、それ以外は、衣服・風体を紺屋職人にみえるようにあらためさせたうえで町屋《まちや》方面に落ち延びさせた（『三河島町郷土史』）。落ち延びた者たちがどうなったのかわからない。ただ、紺又は新政府軍の厳しい追及から重傷者たちをかくまい切って命を救った。この二十名の逃亡者の姿は、その日の敗残の庄次郎たちの姿と重なる。

逃亡する旧幕府軍の兵士は、敵兵の目をあざむくため、さまざまな姿に変装したが、刀を手放すのにかなり心理的抵抗があったという。そして、姿は見事、町人や職人になっても刀を手放せなかった者はみな、みやぶられて斬られて死んだ（子母沢寛「蝦夷物語」）。

翌十六日、庄次郎は、敵の目をかいくぐって戦死した副隊長の林半蔵の遺族をたずねた。実際は林の直接の遺族のもとにはたどりつけず、林の妻の実家である相馬家に行った。そこで、相馬翁輔の娘と結婚した林にとって義理の叔母にあたる翁輔の妹てつ子と、翁輔の弟鉦吉の妻みよ子に会うことができた。

庄次郎はふたりに、

「戦後の状況をみに、上野に入るものが数人いました」
と告げ、林が戦死した場所を教えた。あえてこんなことをしたのは、おなじ戦場にいた庄次郎が林の死を見届けたからかもしれない。

これを聞いたふたりは、庄次郎の言葉の意味を汲み取ってすぐに上野の山に行き、林の遺体をみつけ、その遺髪を切り、のちにねんごろに供養することができたという（『彰義隊戦史』）。

『漫談明治初年』によると、戦闘が終わったのち、身内の安否を案じてやってきた隊士の家族だけでなく、上野に残された兵糧米や、ぶんどり品目的に、たくさんの近隣住民が山中に入り込んでおり、新政府軍もそれを取り締まろうとはしなかったという。兵糧米はぶんどり切れないほどあって、あとで新政府軍が近隣の住民に配られた。

十七日、庄次郎一行は、伊藤七郎兵衛方を出て、三ノ輪から、日本堤（現在の土手通り）へ出た。日本堤は三ノ輪と浅草聖天町をむすぶ、吉原がよいのための田圃《でんぽ》の一本道だ。そこを吉原近辺まで来ると、偶然、吉原の妓楼のあるじで手先の親方（いわゆる岡っ引き）をしていた梶田屋六太郎と父親の六之助に会った。梶田屋六太郎は庄次郎をみて驚き、ここにいてはいけない。もうすぐここに官軍がやってくるという。そこで庄次郎らを、手下の家にひと晩かくまってやることにした。

十八日、隅田川から水路、江戸を脱出しようと、山谷堀《さんやぼり》へ向かった。山谷堀というのは、三ノ輪から隅田川へぬける江戸初期につくられた水路であり、物流よりも吉原がよいの遊客が大門《おおもん》近くまで猪牙舟《ちょきぶね》に乗っていったことでにぎわった。隅田川に合流する最初の橋は今戸橋、次が聖天《しょうてん》橋であり、吉原に向かって歩きながら左にちょっと顔をあげれば浅草の名所である待乳山聖天《まっちやましょうでん》があった。紙漉《す》きが盛んなほど水清く、河岸には船宿が立ち並ぶ風流の地であり、著名な料亭、八百善《やおぜん》も山谷堀沿いにあった。

庄次郎は船を頼むために山谷堀の船宿のひとつ近江屋《おうみや》に立ち寄った。そのとき、近江屋へも新政府軍の兵士が探索にあらわれた。近江屋は物慣れない様子の庄次郎らを臨時雇いの船頭のように扱って隠してくれた。

子母沢寛は上野敗走後の残党狩りを「彰義隊つぶし」(『彰義隊始末』)とする。それほど厳しい残敵掃討であったのだ。戦闘直後で、新政府軍も興奮状態にあり、彰義隊に味方したと知れば、武士、町人にかかわらず詮議《せんぎ》もなしに首をはねた。であるのに、植木屋にしろ梶田屋にしろ、また近江屋にしろ、危険を承知で敗残の彰義隊士をかくまった。庄次郎にとっては江戸っ子の彰義隊贔屓の余得であり、吉原がよいにさんざん金を費やしたおつりともいえる。助けた側も、命の危機にさらされている人を見過ごせない人間としての情もあっただろう。頼まれたら放っておくことができない江戸っ子気質でもあったかもしれない。だが、おそらくなにより、彼らは庄次郎をよく知っており、その人柄を好ましく思っていたのだろう。

そうしているうちに、庄次郎に、渋沢成一郎を頭とする振武軍《しんぶ》が飯能(現在の埼玉県飯能市)にいるという情報が入った。それにしても徳川に心を寄せる庶民の助力があったのか、敗残の旧幕府軍は意外に優れた情報網を保っていたようだ。
彰義隊と別れたのち渋沢は、振武軍を組織して、田無《たなし》村（現在の東京都西東京市）に集結した。さらに江戸から離れて軍備をととのえるため、田無から箱根ヶ崎（現在の東京都西多摩郡瑞穂町）に移動したところで上野総攻撃の知らせを受けた。この際、意見のちがいを云々《うんぬん》している場合ではない。彰義隊に合流すべく江戸へ向かおうとしたが、上野が一日で落ちたため間に合わず、ふたたび田無にもどり、さらに飯能に転じたのは五月十八日のことだ。「身の上ばなし」の文脈では、庄次郎は渋沢も上野で戦い、逃走したのち、振武軍を再組織したと考えていたようだ。天野派のクーデターは、彰義隊の初期メンバーで幹部に懇意《こんい》な者が多かった庄次郎にも知れないくらい隠密におこなわれたのか、それとも彰義隊が一度なかま割れしたことなどどうでもよいことだと忘れてしまったのか。

上野を落ち延びた同志たちにも、渋沢を慕って合流した者たちが多くいた。庄次郎も合流したいと思ったが、旅費もなく、なにより敵の捜索が厳しくて身動きがとれない。そこで、もう腹を切ってやろうと、同志に廻状を送って土肥家の菩提寺、牛込弁天の浄輪寺《じょうりんじ》に招集をかけた。菩提寺に集合という発想からいって、乱戦のなかで一時、散りぢりになってしまった弟たちを集めようとしたのかもしれない。

三男の金蔵は別部隊であり、末弟の鑑吉は、「私は宮様のお供をして三河島辺へ行き、そこでお別れして飯能に居る渋沢誠一郎《ママ》――後の喜作の振武軍へ兄と一緒に参加しました」（「彰義隊の食べ物」『上方食道楽　食通』第四巻第四号）といっているから、庄次郎らとは別の逃走経路をとったと思われる。三河島まで輪王寺宮のお供をしていたというから、天野八郎らと行動をともにしていたのかもしれない。

天野八郎は上野敗走後、残兵百名を引き連れ、三河島まで輪王寺宮の護衛をし、宮の一行と別れてから護国寺《ごこくじ》（東京都文京区大塚）に集まり、再起を約して隊を解散した。

こののち、天野は一時、本所の鉄砲師、炭屋文次郎方にかくまわれていたが、これから潜伏先として用意した四谷鮫ヶ橋の隠れ家にひきうつろうと、大塚霍之丞《おおつかかくのじょう》と朝食をともにしていたとき、新政府軍に踏み込まれた。大塚は床下に身を逃れ助かったが、天野は捕縛され、獄中で死んだ。享年三十八。死因は病死といわれる。

辞世と伝えられる句は「枯尾花たふれてそよぎ止《や》めにけり」（「朝日新聞」一八九〇年五月三十一日付）だが、斃止《へいし》（斃《たお》れて止む＝斃れるまで前進する）という号を名乗り、まえのめりに生きた天野には、獄中で彰義隊の顚末《てんまつ》を記した「斃休録《へいきゅうろく》」の最後に記された一句のほうが似合う気がする。「北にのみ稲妻ありて月暗し」。獄中にあった天野がどれくらいその後の戦局の情報をつかめていたかわからないが、天野が死去した明治元（一八六八）年十一月八日、旧幕府軍唯一の残存勢力は、蝦夷地にあった。それを稲妻として抵抗の希望を託したのだろうか。

亡骸は処刑場である小塚原の罪人墓地に捨てられた。

さて、庄次郎が同志に招集をかけた浄輪寺に行ってみると、案外の三十名ばかりが集まっていた。なかに、彰義隊の勘定方をつとめていた者がおり、三百両の金をもっていた。そして「この金を路銀にするなりしてこの場を落ち、再挙しましょう」という。

金と人数に勇気づけられた庄次郎は、全員に五両ずつ配って残りはあずかり、飯能の振武軍との合流を目指して出立した。

再戦、飯能戦争

飯能市は、現在の東京都北西部、青梅市と埼玉県のちょうど境界に位置する。牛込弁天から飯能まで直線でむすんでおよそ五十キロメートル。敵の追及を避けて間道や畑をさまよいながらの逃避行は並大抵の苦労ではなかっただろう。しかも数日来の大雨で、道は泥沼と化していた。ずぶりずぶりと泥に足を取られながら、黒須村（現在の入間市）を通り、荒川をわたって飯能に到着した。黒須村を通過して川をわたったということならば、おそらく日光脇往還、あるいはその周囲を敵の目から逃れながら進んだにちがいない。

振武軍が本営を置いていた能仁寺《のうにんじ》（埼玉県飯能市飯能）で、庄次郎らは頭の渋沢成一郎と軍目の久保喜三郎《くぼきさぶろう》らと面会した。久保は相馬鉦吉《かねきち》の義息、元一橋家の御奥詰小姓で、九段坂上の幕府兵隊屋敷から小銃二百挺を奪って渋沢と合流していた。

庄次郎らはともに戦おうと気焔をはいたが、よほど憔悴《しょうすい》してみえたのだろう。渋沢はしばらく休むようにすすめ、彼らが休息しているあいだに、自分たちが先に一戦するといった。戦闘と潜伏に疲れた体で、夏の蒸し暑い泥土の悪路を江戸から飯能まで一気に歩き切ったのだ。当然、泥だらけで疲労困憊《こんぱい》していただろう。全員が無傷であったとも思えない。しかし、庄次郎らは、「自分等は決して疲れてゐない、仮令《もし》疲れてゐた処がこんな場合に休息などを安閑としなくも宜《よ》い」（「身の上ばなし」）と主張し、聞き入れられた。さっそく部隊編成に組み入れられ、庄次郎は勝本《かつもと》一郎と改名して小荷駄《こにだ》弾薬運送奉行となった。役職名から、輜重《しちょう》あるいは補給部隊を想像させる。五月二十日前後のできごとだった。

と、ここまでが「身の上ばなし」にある話だ。

庄次郎がほかの戦場を目指さず、切腹もせず、飯能に馳《は》せ参じたのには確固とした理由がある。明治三十二（一八九九）年に開催された「秋期彰義隊会と紀念品展覧」に本多晋《すすむ》（敏三郎）出品の「彰義隊発起の檄文」などにまじって「在飯能大寄市太郎《おおよりいちたろう》（渋沢喜作氏の仮《ぎ》りの名）より土肥相馬前野の三士に送れる招集状」（「読売新聞」一八九九年十一月二十八日付）という書簡が出品された。これだけの情報で、実物の現存が確認されないうえに、苗字のみで名がわからないから誰に宛てられたものか断定はできないのだが、庄次郎が所属した第一赤隊の隊長は土肥八十三郎、副長は林半蔵、組長格が相馬鉦吉、伍長が前野権之進であった。林は山王台で戦死、相馬は予備隊に転属したが、同隊三名の姓が一致することから、渋沢が招集状を送ったのは、自分とおなじ一橋家の家臣出身の第一赤隊幹部の三人宛てとして間違いないだろう。「同郷」とでもいおうか、このときになっても一橋の旧家臣という出身をおなじくする絆《きずな》と信頼があったのだろう。

牛込弁天の浄輪寺から飯能に向かった一行およそ三十名のうちには、庄次郎、八十三郎、金蔵、鑑吉《かんきち》の土肥兄弟のほか、前野権之進も加わっていたと思われる。

振武軍は、結成当初百五十名ばかりだったのが、彰義隊の敗残兵や、その後の参加者を併呑《へいどん》してふくれあがり千五百名を数えるまでになっていた。対する敵は大村藩、佐賀藩、久留米藩、佐土原藩、岡山藩、川越藩から集められた兵力三千。率いる大将は、上野戦争の折り、加賀藩邸でアームストロング砲の砲撃を指揮していた大村藩の渡辺清左衛門《わたなべせいさえもん》（のち清）。ちなみに、『戊辰物語』に登場する神道無念流《しんとうむねん》、斉藤弥九郎《さいとうやくろう》道場の剣客、渡辺昇《のぼり》は実弟、近代女子教育者にして日本初の知的障がい者のための施設、滝乃川学園を創設した石井筆子《いしいふでこ》は長女である。のち戊辰戦争の功績で、明治二十年に男爵に叙されている。

二十二日、午前十二時ごろ笹井村（現在の埼玉県入間市）で前哨戦があり、銃声、砲声が近づいてきた。飯能市街地で戦闘がはじまったのは二十三日未明。上野陥落からわずか八日後のことである。

旧幕府軍の本営がおかれた能仁寺は、四斤山砲の集中砲火を浴びて、開戦まもなく炎上。本堂をはじめとしたほとんどの建物が焼け落ちた。飯能の市街地では、振武軍が駐留した寺院のほとんどと、市街地の総戸数の約半分近くが焼失した。戦闘は、その日の午前中のうちにほぼ終了した。庄次郎も、小荷駄弾薬運送などおこなっている間もなく、弾雨のなか夢中で戦っているうちに勝敗が決した。この戦闘中、末弟の鑑吉とはぐれた。

兄弟五人うち揃って上野に立てこもったが、この時点で三弟の鉡五郎と末弟の鑑吉を失った。結果としていえばこのふたりは存命で、戦後再会を果たすことになるのであるが、このときの庄次郎に弟たちの安否を確かめるすべはない。ふたりは戦死したものとみなしていただろう。

この戦闘による旧幕府軍、新政府軍ともに戦死者の数はあきらかにされていない。渡辺清左衛門はのちに死者五、六人ほどの百姓一揆の討伐程度のことであったと語っているが、三千と千五百の兵士が重火器を含めた兵器をもって戦闘してその死者数というのはありえない。勝者が死者数を隠蔽《いんぺい》するのは、公表したら問題になる数の戦死者を出したからだろう。

本営の能仁寺が陥落すると、燃えあがる炎のなか、生き残った旧幕府兵の多くは、能仁寺が背にしていた羅漢山（現在の天覧山）に逃れた。山頂付近に羅漢像があるためその名がつけられ、山頂には振武軍の物見《ものみ》があった。標高二百四十七メートルの低い山だが、その羅漢山を越えると、そこに広がるのはどこまでもつづく奥武蔵野の青い山地である。

敗戦後、厳しい残党狩りがおこなわれた。戦闘だけでなく残敵掃討で命を失ったものも多かった。逃れ得たものは幸運であった。山中でとらえられたもののほとんどがその場で斬首された。尾高惇忠の末弟で渋沢栄一の養子となっていた渋沢平九郎は、逃走中、黒山村で敵兵に囲まれて自刃し、死後、首をさらされた。

振武隊の頭、渋沢成一郎は秩父方面に逃れた。あとに従うのは、中隊長格の人物ふたりと、兵卒三名のわずか五名だった。中隊長のひとりは渋沢のいとこの尾高惇忠である。

その後、渋沢成一郎は、秩父から上州（現在の群馬県）伊香保、草津にいたり、ふたたび江戸に舞いもどって榎本艦隊に合流し、彰義隊と振武軍の残党を率いて箱館戦争で戦った。

伊香保に潜伏のち榎本艦隊に合流したという野武士の証言をあわせると、庄次郎も渋沢とおな

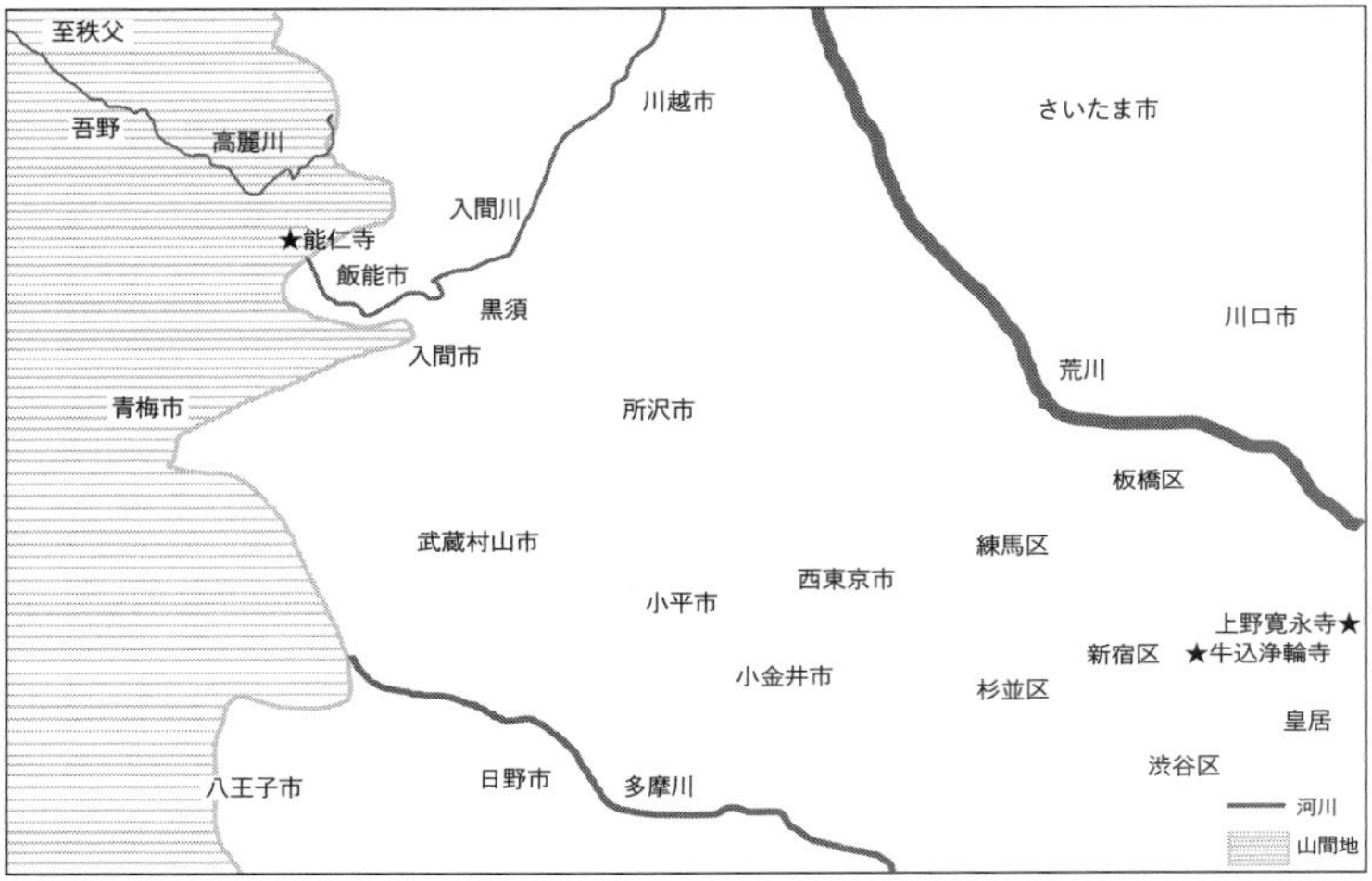

飯能戦争における庄次郎の行動の地理的関係をしめす略図（地名は現代）
牛込浄輪寺から飯能へ、飯能から秩父方面へ

じようなルートを通って逃亡したと考えられる。

渋沢が新政府軍の包囲をぬけ、伊香保にいたるまでのことは、彼の危難を救った横手村の住人、大川戸《おおかわど》平五郎《へいごろう》の手記をもとにした『飯能戦争秘話』（高麗博茂編、横手の三義人顕彰会、一九七〇年）に記されている。

伊香保に逃れたとするならば、まず秩父を経由せねばならない。庄次郎も渋沢とおなじように高麗《こま》川沿いに秩父・甲州（現在の山梨県）へ向かう秩父甲州往還を通ったはずである。しかし、そこには川越藩兵が包囲網を張っていた。

新政府軍は、旧幕府兵を上野で討ち漏らした残党と考え、今度こそ逃がすまいと、近隣の住民に「徳川の落武者が逃げて来たら見付け次第猟師の持っている猪鹿オドシの鉄砲で討ち留めよ」（『飯能戦争秘話』）と命じ、みずからも疑わしい人影をみつけると確かめもせず、銃撃を加えた。

そんな折り、羅漢山の向こう側、横手村の住人大川戸重兵衛がたまたま旧幕府軍の逃走ルートを通り、旧幕府軍の残党と間違われて小銃の乱射を浴びた。村中組頭役をつとめていた大川戸延《のぶ》次郎《じろう》の叔父である。同行していた延次郎は叔父に駆け寄ったがすでに絶命していた。そのとき、延次郎は突然、誰かに腕をつかまれた。重兵衛が殺されたすぐ近くに身を潜めていた渋沢であった。渋沢は、延次郎に逃亡に手を貸してほしいと懇願した。延次郎は、彼らを逃がしてやることを決意し、いとこの大川戸平五郎を誘い、夜を待って渋沢一行六名をひとりずつ担いで高麗川をわたらせ、延次郎の家に連れてゆき、蚕《かいこ》部屋に隠れさせて食事を与え、戦塵《せんじん》にまみれた着物を新品に着替えさせた。

渋沢は、飯能と秩父の中間地にあたる吾野宿《あがのしゅく》まで道案内をしてもらいたいといった。地元民ならば、敵の目のおよばない山中の間道を知っているにちがいない。だが、新政府軍にみつかれば、渋沢一行だけでなく、戦いには無関係な延次郎と平五郎の命もない。新政府軍は民間人であっても旧幕府軍に手を貸したものには容赦しなかった。たとえば、能仁寺の長年の使用人が敗残の旧幕府軍の道案内をしたというので首をはねられている。

飯能とその周辺村落は徳川の直轄地あるいは一橋家のような将軍家に準ずる家の領地が多く、心情的に佐幕意識が強かったという。戦端が開かれるまえ、住民が、幕府軍のために兵糧や兵器を集めたとか、近郷の農民たちが花火大筒に小石を入れて打ち出す準備をしていたなどの記録がある。住民たちの一部には、自分たちは徳川の民という意識が根強くあり、徳川の兵を見逃してやる、食べ物や着物、路銀を恵んでやる、方角を教えてやる、敵の接近や包囲を知らせてやるといったことがたびたびおこなわれていたのではないだろうか。深い森に沈む山々を越えて、無事秩父まで逃げ延びた庄次郎もいくたびか住民の善意の恩恵にあずかったはずである。戦地となった村の家には、かくまってもらった旧幕府軍の兵士たちが置いていった陣羽織や、軍旗などが残されている。礼のつもりであったか、この世の名残を託したのか。これらの品は、敗残兵とそれを助けた住民の交流をあかし立てている。

しかし、すべての住民が徳川の敗残兵に好意を寄せていたなどありえない。渋沢は、元治元（一八六四）年に一橋家の農兵徴募のため、いとこの栄一とともに飯能をめぐった経験から、土地鑑と人脈を残したこの地を根拠地にさだめたのかもしれないが、二年まえの慶応二（一八六六）年六月十三日、この地方では、米価の高騰に困窮した農民の蜂起《ほうき》、武州一揆《ぶしゅういっき》が起きている。鎮圧されるまでのわずか七日間に武州十五郡と上州二郡にわたる広域に、参加者十万人規模にまで広がった大一揆だ。一揆自体はすでに沈静化していたものの、火だねがどこにくすぶっているかわからなかったのである。それも含めて、逃亡には緊張を強《し》いられた。

大川戸延次郎、平五郎の案内で渋沢一行は、夜闇《やあん》の山道を歩きつづけ、夜明けまえに吾野宿に到着した。延次郎のしるべの居酒屋で食事にあずかり、ここで町人姿に変じて秩父を目指すことになった。着替えを済ませた渋沢は、一行六人の大小を、延次郎にあずかってくれるように頼んだ。新政府軍の目が光っているところに十二振の刀である。危険かつ迷惑な申し出だが、延次郎は引き受けた。

無事秩父にたどりつき、隠れ住んだ渋沢一行だが、さらに土地の住人の案内で、伊香保に潜伏することになった。

渋沢に類似したルートで秩父、そして伊香保にたどりついたであろう庄次郎一行だが、伊香保に身を潜めたのは、長く見積もってもふた月ちょっと、それ以上の期間であったはずがない。榎本艦隊に合流するには、遅くとも八月の中旬には江戸にもどっていなければならないからだ。子母沢寛は、庄次郎の上野から上州伊香保まで行く道のりを、

あっと言う間にちょぼくれの旅芸人に化けて、自分で次から次へと文句を作って、さてもとぼけた顔つきで、如何にも有難い御代になったというようなことを、ぬけぬけ唄《うた》いながら、とうとう中山道を高崎から渋川へ曲って、これから伊香保へ入り込んでいった。（「蝦夷日記」）

と想像している。しかし、もし芸人のふりをしたなら伊香保から江戸への帰路であろう。「身の上ばなし」によると、帰路、庄次郎は板橋から江戸に入ったとある。板橋は、中山道六十九次のうち江戸日本橋からいちばん最初の宿場であるから、中山道を通ってきたのだろう。

これは本物の芸人の話だが、三遊亭円遊《さんゆうていえんゆう》が、志《し》う雀《じゃく》といってまだ無名時代、最初の師、五明楼《ごめいろう》玉輔《たますけ》に従って桐生《きりゅう》の寄席へ出張した帰り、山中で会津落城に際して逃げていた姉妹に助けを求められた。円遊は彼女たちが長唄ができると聞き、寄席の出方《でかた》で通して「官軍」に捕まると、滑稽な芸をしてみせて、ふたりを包囲から逃してやったことがある。本物の芸人や職人と、芸人や職人に姿を変えた旧幕府軍の落人《おちうど》を見分けるいちばんの方法は、実際に芸をさせてみることだ。料理人ならば包丁をつかわせてみるにかぎる。ながいあいだ芸人をしていた庄次郎ならば、ごく自然にふるまって、新政府軍の喚問《かんもん》にあっても芸人で通せたかもしれない。

渋沢を助けた大川戸延次郎は、赤の他人の渋沢のためにかける必要のない命をかけて道案内し、一行六名の飲食から着るものの世話をし、さらには刀をあずかれだの、道中で捨ててきた鉄砲をみつけて買いもどしておいてほしいだのいう渋沢のわがままを万事聞き届け、そのたびに少なからぬ金をつかった。その後、平五郎のほうは金で旧幕府軍の落ち武者に手を貸したと疑われ、しばらくは故郷から身を隠さねばならなかった。そんな苦難を他人に課してしばらく。

明治八（一八七五）年になって、大川戸平五郎は実業家となった渋沢をたずねた。三度訪問したが留守で会えず、その十年後の明治十八年、ふたたびたずね、二度目の訪問でようやく面会がかなった。延次郎はすでにこの世を去っていた。

平五郎に会うと、渋沢はこういったという。

「飯能戦争の際には大変お世話になりました。お蔭様で命拾いをしました。お礼をしたいと思いましたが貴方《あなた》のお名前を忘れたため今日まで恩返しもしないで申し訳ありませんでした」（『飯能戦争秘話』）

あやしい言い訳だ。助けてくれたのが何者か調べようと思えば簡単に調べがついただろうし、だいたい明治八年にたずねてきたときに留守だったのは仕方がないとしても、平五郎は訪問者として名を残しただろう。もし本当に感謝の念があれば、留守中の訪問者のなかに大川戸の名をみつけ（名を忘れていても在所などでぴんとくるはずだ）、書を通じて連絡を取るなりしたはずだ。渋沢が彼らの厚意を軽視して放置していたとしか思えない。受けた恩に鈍感な人間はまま存在する。渋沢の恩知らずというより、恩を与えたほうと、受けたほうの思いの軽重のちがいとしておこう。

渋沢は、兵士に夢を見させることも必要な一軍の将には不向きな性格であったのかもしれない。箱館で彰義隊の生き残りを束ね、指揮することになった渋沢だが、金策の方法の問題で、隊士らの反発をうけて彰義隊は分裂。渋沢は小彰義隊と称された一部の隊士を指揮することになった。渋沢成一郎、明治後は喜作と名乗った。実業家としてはさほどの業績を残さなかった。

この人については司馬遼太郎の短編小説「彰義隊胸算用」がある。

漂流

上野戦争から三か月、中山道を通り、板橋から江戸に入った庄次郎は、小石川小日向《こびなた》の実家に立ち寄った。別れを告げるためだ。

上野戦争のすぐあとには、彰義隊士らの家には新政府軍の見張りがついていて、落人《おちうど》となった隊士が帰巣本能にかられて自分の屋敷にもどったところを、捕縛されたりその場で殺害されたりしたというが、江戸での彰義隊の残敵掃討に区切りをつけていたのか、庄次郎が屋敷にもどったときには、すでに見張りはいなかった。

庄次郎はこれまでも放蕩していづくの地をさまよおうとも、必ず小石川小日向の家に帰った。「人はいかにするとも其《そ》の生れたる浮世の片隅を忘れる事は出来まい」(「伝通院」『すみだ川』籾山書店、一九一二年)と生まれ、幼年期をすごした小石川界隈を逍遙しながら永井荷風はいう。

庄次郎にとって、どこにいても、そこは帰る場所、自分の家であったのだ。

しかし、いまみる屋敷は無人で荒廃し、家財ひとつなく、命を失ったかのようにひっそりと静まり返っている。さすがの庄次郎も「全然《まるで》変り果てたさまで流石《さすが》に涙が溢《こぼ》れました」(「身の上ばなし」)という。男子がうち揃って彰義隊に行ったのち、残された女たちは、しるべの千住の大工の棟梁の家に避難していた。その後、庄次郎の姉妹たちがどのような人生を送ったか知らない。

庄次郎にもそのとき、姉妹の運命を確かめに行くいとまはなかった。

というのも、庄次郎が江戸にもどったのは、三度目の正直の死に場所、あらたな戦場へ向かうためだったからだ。

荒れ果てた我が家をあとにした庄次郎は、知人の同心にかくまってもらいながら機会を探り、品川の榎本艦隊への合流に成功した。


八月、品川湾には、江戸に残された最後の旧幕府軍の残存戦力、榎本艦隊が停泊していた。旗艦・開陽丸《かいようまる》をはじめ、回天丸《かいてん》、千代田形《ちよだがた》、蟠龍丸《ばんりゅう》、神速丸《しんそく》、長鯨丸《ちょうげい》、咸臨丸《かんりん》、美加保丸《みかほ》の八艦、うち神速、長鯨、咸臨、美加保は輸送船である。乗員はみな歴戦の、しかし連敗の猛者。まともな装備ももたないぼろぼろの兵士が多かったが、意気は軒昂《けんこう》だった。

庄次郎は、残されたふたりの弟、八十三郎、金蔵、それに、前野権之進、相馬鉦吉の息子、久保喜三郎らとともに咸臨丸に乗船した。上野からすでに行動をともにしていたのか土肥家の家来、深山梅蔵という男も同乗している。

咸臨丸は江戸幕府がオランダに発注し、安政四（一八五七）年に完成した木造軍艦である。全長約四十九メートル、幅約七・五メートル。排水量六百二十五トン。安政七年には、勝海舟や福沢諭吉を乗せて、日本人による操舵ではじめて太平洋の波頭を越え、サンフランシスコに到着した栄えある船だが、その後の酷使による消耗著しく、慶応三（一八六七）年にはとくに故障の多かった蒸気機関をはずされて帆船となり、このころはすでに旧式の老朽艦となっていた。

榎本艦隊は八月十九日から二十日にかけて順次、品川湾を出港した。咸臨丸は回天丸に、ともに旧式の帆船であった美加保丸も、開陽丸に曳航《えいこう》されていた。

しかし、艦隊の航海は順風満帆とはいえなかった。

出港から二日目の二十一日、榎本艦隊は、銚子沖《ちょうしおき》で暴風雨にあった。

一晩じゅう荒れ狂う波浪に弄《もてあそ》ばれ、夜が明けてみると、美加保丸は銚子の犬吠埼《いぬぼうさき》近くの浜で座礁していた。乗組員たちは、近くの浜まで海を泳いでたどりつき、一同相談の末、そこで隊を解散した。ちなみに美加保丸には、江戸の華とうたわれた心形刀流《しんぎょうとう》の剣士、遊撃隊の伊庭八郎《いばはちろう》と、その友人で、将来、金港堂の『都の花』の編集長となる香亭《こうてい》先生こと中根淑《なかねきよし》も乗船していた。

そして、庄次郎らが乗り込んだ咸臨丸は。

嵐は、翌日の昼ごろもっとも勢力を増し、咸臨丸の帆はすべて吹き飛ばされ、操舵も破損した。抗うすべもなく、ただ荒れ狂う風雨に身を任せていたが、やがて船が右に大きく傾いた。「全船右傾、常ニ四十余度ニシテ、尚劇烈之風浪来ル時ハ、凡《およそ》四十七八度」（太政官編「復古外記 東海道戦記」『復古記』第十冊、一九二九年）というから身体感覚ではほとんど横倒しの状態で、さらに船内に海水が流れ込んできた。このままでは船が沈んでしまう。やむをえず、船の右舷に装備されていた大砲を海中に捨て、メインマストを切り倒し、なんとか転覆の危険を回避したが、もはや自発的操舵はできず、風と潮に流されるままとなった。このとき、はぐれた艦を探していた開陽丸と回天丸に再会した。両艦ともに咸臨丸の救援を試みたが、風雨が激しく、救われないまま咸臨丸は波に流されていった。

嵐が去った翌二十三日には、なんとか帆の修理を試み、そろそろと船を動かすことができるようになった。

二十四日、二十五日、咸臨丸は疲れ切った兵士を乗せて、むなしく海をさまよった。

二十六日の朝、八丈島の島影を遙かにみた。これで方角をさだめることができる。一同は気を取りなおして海路を急いだ。

二十八日、ふたたび海が時化《しけ》た。咸臨丸はもはやふたたびの嵐に耐えることなどできない、かろうじて浮いているようなぼろ船である。しかし、今度はぎりぎり、腕でとりつくようにして伊豆に逃げ込むことができた。難破から一週間、その間、食糧、水の欠乏が著しく、船内では餓えと渇きに二百三十人が死んだ。

八月二十九日、咸臨丸は下田港に投錨《とうびょう》し、薪水《しんすい》を積み入れた。そこで軍艦蟠龍丸の消息を得た。

このひと月まえ、蟠龍丸は徳川慶喜を水戸から静岡まで送り届けるという大役を果たし、品川湾の榎本艦隊に合流したが、咸臨丸とおなじく暴風雨に遭遇し、下田に退避していたのだ。

咸臨丸は九月一日に下田を出発、翌二日、蟠龍丸とともに清水港に到着した。艦長の小林文《こばやしぶん》次郎《じろう》（のち一知《かずとも》）によると、清水港で咸臨丸を乗り捨て、全員で蟠龍丸に乗り移って再出発しようと思ったが、うまくいかず、急ぎ船を修理することにした。しかしその間、船に乗ったままでいるわけにはいかないから、乗組員は船をおりて一度沼津にでも潜伏し、船の修理ができたらふたたび乗り組んで北を目指すつもりでいたという（『復古録』第十冊）。

港に停泊すると、ほとんどの乗員は陸地にあがった。庄次郎も上陸している。

このとき上陸した兵士たちの潜伏先を世話したのが、地元の侠客《きょうかく》、清水次郎長《しみずのじろちょう》こと山本長五郎《やまもとちょうごろう》であったという（江崎惇『ドキュメント 明治の清水次郎長』毎日新聞社、一九八六年）。次郎長はその日のうちに清水近隣の、三保《みほ》、興津《おきつ》、由比《ゆい》の寺や家主、庄屋などの家にわたりをつけて兵士たちの潜伏先を用意してくれた。そして、咸臨丸の船内には、修理を進めるため二十名ばかりが残った。これが運命の分かれ目となった。

九月十日、修理が終わった蟠龍丸が先に清水港を出航した。

そして、十八日の午後二時。新政府軍の艦船、富士山、飛龍、武蔵の三艦が手負いの咸臨丸を襲撃した。船中にいた旧幕府軍の兵士らは、白旗をあげて戦意がないことをしめしたが、攻撃はやまず、乗り込んできた新政府軍によって、副艦長の春山弁蔵《はるやまべんぞう》以下乗組員のほとんどが惨殺され、亡骸は海に投擲《とうてき》された。春山は長崎海軍伝習所第一期生で、幕府の軍艦建造の設計に携わったこともある有能な技師であった。おそらくそれゆえに、艦内に残って修理の指揮をしていたのだろう。

陸上にいてあわてて駆けつけた咸臨丸の艦長小林文次郎は、新政府軍にとらえられて連行され、咸臨丸は品川に曳航された。このとき、小林に従ってきた三男の金蔵も小林とともに東京に護送された。『彰義隊戦史』にある金蔵の証言によると「予は船将小林文次郎等と共に東京へ護送相成り、残る人員は凡《すべ》て静岡へ謹慎被㆓申付㆒候」とある。

旧幕府兵の亡骸は、数日間、腐敗するまま波間に浮かんでいた。新政府軍に埋葬どころか触れることさえ禁じられたため、漁師は網を打つこともできず困惑していたが、新政府軍を恐れて誰も手を出せずにいた。

そんな状況をみかねた次郎長は「賊軍も死ねば仏」と啖呵《たんか》を切って海上の亡骸をひきあげ、巴《ともえ》川の岸の海辺の古松の下に葬った。その近辺は江戸のころ罪人の処刑場であった。『東海遊侠伝

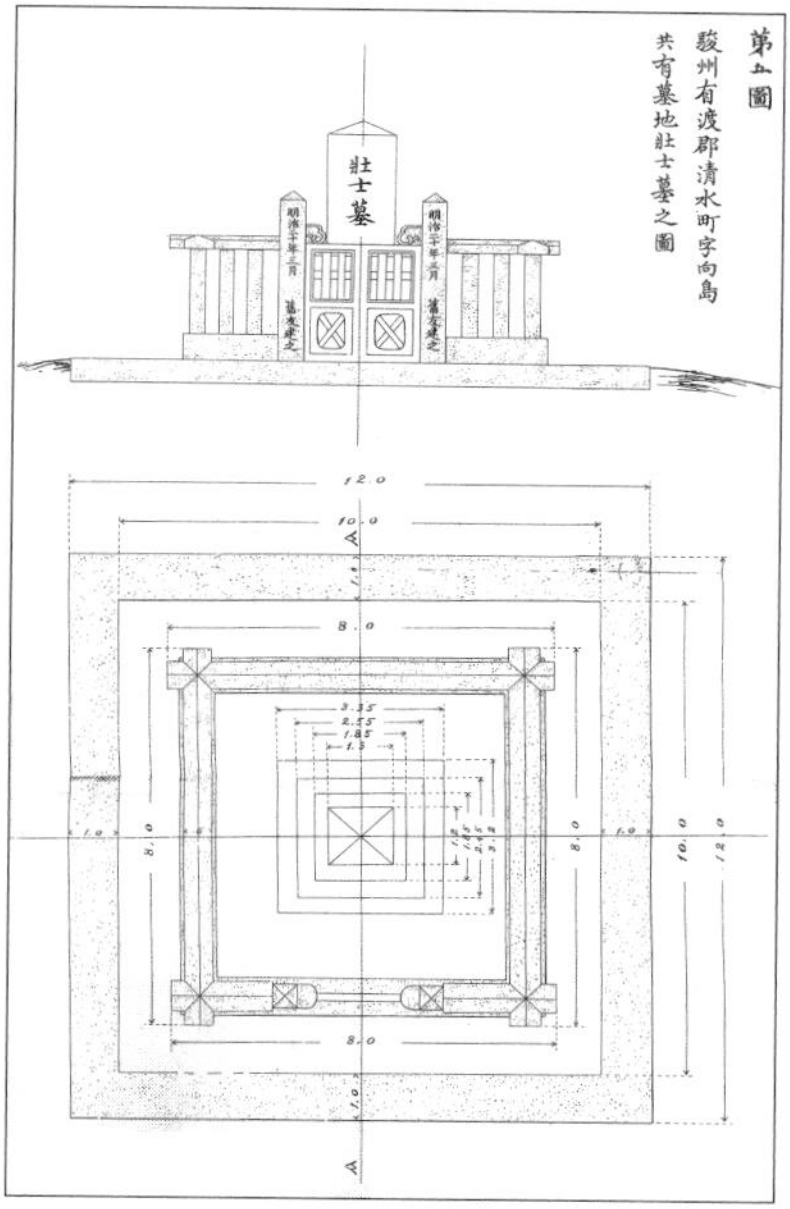

壮士墓之図
明治20年に建立された咸臨丸殉難者の墓「壮士墓」の図面
「咸臨艦殉難諸氏記念碑報告書」付図。梅蔭禅寺所蔵、清水中央図書館複製蔵

一名次郎長物語』（山本五郎、興論社、一八八四年）によると、次郎長が回収した遺体は、春山弁蔵、その弟の春山孝三郎、加藤常次郎、野口某《なにがし》、姓名不明の三名の七体。のち明治二十（一八八七）年になって、山岡鉄太郎による揮毫《きごう》で「壮士墓《そうしのはか》」と刻まれた墓碑（静岡県静岡市清水区築地町）が建てられた。

咸臨丸襲撃のとき次郎長にかくまわれていた兵士のうち、移動手段を奪われた庄次郎ら百数名（静岡藩の記録では八十数名）は、静岡藩に投降した。切腹を覚悟していた。だが、静岡藩にも温情があり、彼らに死を命じることはできなかった（『彰義隊戦史』）。

けっきょく、徳川家のはからいとして、庄次郎、八十三郎、前野権之進ら咸臨丸の乗組員は、静岡の旧御学問所で謹慎することになった。『彰義隊戦史』には「後四ツ足御門に移さる」とあるが、静岡学問所は明治元年九月十三日布達、十月十五日に開校、はじめ横内門内元勤番頭屋敷を校舎にあてたが、まもなく四足御門内旧定番屋敷に移している。だから庄次郎たちは場所はかわったが一貫して学問所に留めおかれたと考えてよいだろう。咸臨丸と同様、品川出港まもなく、暴風雨にあって座礁し、のちに静岡藩に自訴した美加保丸の乗組員たちも静岡藩の城内で謹慎させられていた。

咸臨丸乗組員の処分に関する静岡藩から新政府への届け出は、

此程《このほど》咸臨船へ乗組居《のりくみおり》候《そうろう》別紙名前之者トモ、府中四ツ足門内元定番屋敷へ謹慎為致《なしいたし》、警護之

者付置《つけおき》、屹度《きっと》取締申付置《もうしつけおき》候旨《むね》、駿府《すんぷ》表《おもて》ヨリ申越《もうしこし》候間、此段《このだん》御届申上候、以上。

辰《たつ》九月　　徳川亀之助家来　小田又蔵（『復古記』第十冊）

とある。そして、その「別紙名前之者トモ」という名簿をみると、「元富士見御宝蔵番格　砲兵指図役並勤方」として土肥八十三郎の名が、その隣に「元砲兵指図役下役勤方」として土肥金蔵、数行くだって、「富士見御宝蔵番格　砲兵指図役並勤方」に土肥荘《ママ》次郎、しかし、「八十三郎厄介《やっかい》兄」の説明が足されている。その下に、同人弟「同　賢《ママ》吉」とある。「富士見御宝蔵番格　砲兵指図役並勤方」は八十三郎が慶喜について幕臣になったときに与えられた役職だ。

一緒に乗船した上野以来の戦友、前野権之進も、飯能で一緒になった久保喜三郎も、土肥家の家来、深山梅蔵もみな謹慎者名簿に載っている。

不思議なのは、この名簿に土肥家の四人の兄弟の名前があることである。三男の金蔵は、咸

四ツ足御門の静岡学問所
エドワード・ウォーレン・クラーク撮影の写真帖『静岡風景』（1873年撮影）。早稲田大学図書館所蔵

臨丸が品川に曳航されたとき、艦長の林とともに連行されたはずで、末弟の鑑吉《かんきち》は、飯能の戦いのさなか、はぐれてしまったはずだ。名簿は投降した者たちの自己申告によって作成されたのだろうか。だとしたら庄次郎は、最後にたどりついたこの場所に、死んでしまったかもしれない弟たちの名をせめてともに残してやりたいと思ったのだろうか。

庄次郎は「身の上ばなし」で、咸臨丸事件後の顚末について、こう語っている。

当所には清水の次郎長と申す俠客がございます。誠に心切《しんせつ》な仁《じん》でいろ〳〵と自分等の事に就《つい》て骨を折つてくれましたから無事で居りますもの丶斯《こ》う成つては到底《とて》も潜み切れるものでない。（中略）是《これ》では何《ど》うするにも斯《こ》うするにも一身の始末がつきませんから、最《も》う是までだと断念いたし静岡県へ自訴しました。此《こ》の時分は既に世の中も鎮《しず》静《ま》り幕府の残類もそれ〴〵に処分があつた後でございますから、我々の御詮議《ごせんぎ》も只一通り県庁であつたばかり、元が朝廷へ対して刃向《はむか》つたといふも多年恩沢を受けた徳川家へ忠義を尽したまでで、反謀《むほん》を企《くわだ》てたとか何とかいふやうな訳ではありませんので、お上《かみ》でも其《そ》の情状は充分お察し下されたことで格別の思召《おぼしめ》しを以て其の罪を許され暫《しば》らく静岡にゐました。

（「身の上ばなし」）

これでは、庄次郎は、戦争が終息するまで次郎長にかくまわれていて、その後、静岡藩に自訴してすぐに許されたように読み取れる。もちろん、本人が語ったとされることだとしても、鵜呑《うの》みにしてはいけない。古い思い出には、さまざまなバイアスがかかっている。記憶ちがいも、語りたくないことも、語ることを封じたこともあるだろう。

しかし、「格別の思召しを以て其の罪を許され」たのは嘘ではない。

静岡藩は、明治元年十二月十九日に、糾問《きゅうもん》を終えたのち謹慎を仰せつかっていた咸臨丸の艦長小林文次郎が赦免されたことをうけて、静岡藩であずかっている咸臨丸と美加保丸乗組員の謹慎者の赦免を弁事御役所（神祇・内国・外国・海陸軍・会計・刑法・制度の各総裁局の役所、職員である弁事には参与職の公卿《くぎょう》などが任じられ庶務をつかさどった）に願い出るなど、咸臨丸乗組員の解放に尽力している（『静岡県史』資料編十六　近現代一）。

静岡藩としては、七十万石のふところに合わない多すぎる家臣に苦しんでいるさなか、各地の戦場から降伏した者たちが静岡藩脱走者として次々に送られてくる。拘束しておくにも食わさねばならない。「罪人」の食い扶持《ぶち》をどうにかして減らしたいというのが実情であろうが、もともと静岡藩は、新政府から静岡藩脱走者として送還された戊辰戦争の捕虜たちを、勤番組に組み込んだりして積極的に雇用、救済している（樋口雄彦「箱館戦争降伏人と静岡藩」『国立歴史民俗博物館研究報告』第一〇九集、二〇〇〇年三月）。徳川に忠義をつらぬこうとした者たちにしめすことができるぎりぎりの温情であったのだろう。

美加保丸の乗組員は十二月のうちに釈放されたから、咸臨丸に乗船していた庄次郎らもおなじときに釈放されたものと思われる。

艦長の小林は、許されてのち、明治政府に仕え、明治二十四（一八九一）年、第二代の中央気象台長になった。ちなみに初代の中央気象台長は、旧幕臣にして、箱館戦争の海戦を戦いぬいた荒井郁之助《あらいいくのすけ》である。小林が気象官僚として、観測所の増設や、暴風警報の天気予報をはじめるなどの業績を残したのは、暴風で咸臨丸が漂流し、多くの兵士を無為に死なせてしまったという自責の思いが去らなかったからかもしれない。

吉川英治の小説によると、庄次郎は解放後、一度江戸にもどったがすぐに静岡に舞いもどり、乾坤堂《けんこんどう》という鍼灸《しんきゅう》店を出したとあるが、作家の想像か、何か証拠があってのことかわからない。ただし、解放後にも庄次郎は次郎長と交流したとみえる。いつのことかは不明だが、次郎長から仕込み杖をゆずられている。中身は、「助定」（「朝日新聞」一九〇三年十一月二十六日付）という。備前《びぜん》（現在の岡山県東南部）の名工、初代長船祐定《おさふねすけさだ》に同音の助定という銘を用いた弟子たちがおり、彼らの作はいずれも室町後期の古刀、末備前《すえびぜん》とよばれる名刀である。しかし師の祐定銘の作には、みずからの手になる注文打ちとはべつに、その需要の高さから数打物《かずうちもの》（応仁の乱以降の戦乱期に大量に粗製された刀剣）が多いというから、次郎長からゆずられた仕込みの中身が助定なら、むしろ利刀のあかしといえる。

庄次郎はその仕込みを生涯大切にし、自分が死んだときには、遺愛の槍とともに葬列の先導に捧げもたせた。仕込み杖が流行ったのは、廃刀令が出た明治九（一八七六）年ごろからだが、庄次郎が仕込み杖をもらったのが廃刀令後のことならば、明治以後の次郎長との交流が証明されるのだが、残念ながら不明。庄次郎の葬儀のあとのその仕込みの行方もわからない。

箱館が陥落し、旧幕府軍の抵抗勢力すべてがついえ、日本全国で旧幕府勢力との戦いの火だねが消え去ったのは明治二（一八六九）年五月十八日のこと。土肥庄次郎は三十七歳。もう若者とはいえない年齢になっていた。

庄次郎の戦争経験は、「彰義隊の生き残り」という安直な言葉から連想されるよりも、ずっとずっと悲惨で凄惨なものだった。

父の新墓に誓った主家への忠孝は果たし終えた。

戊辰の戦争を戦い終えて、裸一貫の第二の人生がはじまった。

土肥家の子弟

戊辰戦争のあと、庄次郎が戦死したものと覚悟していただろう弟たちと再会したのはいつのことであろう。幸いにも、土肥家はともに戦さに出た兄弟五人、ひとりも欠けることなく明治の世を迎えることができた。

その後、土肥家の家督を襲ったのは、末弟の鑑吉《かんきち》だった。兄がみな幕臣となったため、一橋家の家臣としての土肥家の家督という意味かもしれない。

鑑吉は、飯能での敗戦後、兄たちとはぐれ、「江戸に逃げ戻り一夜をお浜御殿に明かし、翌日榎本が廻してくれた短艇につ」（「彰義隊の食べ物」『上方食道楽 食通』第四巻第四号）たという。その後、品川で船に乗ったが鑑吉が乗船したのは、兄らとおなじ咸臨丸ではなかった。というのも、彼だけは箱館にたどりついたからである。箱館でのささやかな平和の記憶のひとつは、パンを食べたことだ。菓子屋に作らせたうどん粉をこねて焼いただけのもので、「まづかつた様です」と伝聞のような感想を述べている。みていただけで口にしなかったのかもしれない。食べたにしろ、パンというものを食べたのははじめてだから、うまいもまずいも、よくわからなかったにちがいない。やがて五稜郭で戦って敗北し、降伏。上野の戦争からおよそ一年がたっていた。

どういう経緯で土肥家の家督が末弟の鑑吉となったのか不明だが、一橋家が、家臣の知行調査書を三種作成し、明治二（一八六九）年四月二十七日、大蔵省に提出した文書のうち『一橋元家来　目見《めみえ》以上士族俸給禄』（茨城県立歴史館所蔵）には、「一等砲兵伍長」の肩書きで土肥鑑吉の名が記されている。兄たちの名はない。俸禄は「当時現米拾七石三人扶持」である。

どうしてこんな文書が作成されたのか。いわば、これは一橋家の店じまいのための財産目録のようなものだった。

一橋家はこれまでの十万石から三千五百石への減俸が決まり、千五百名以上いた家臣たちをもはやこれまでのように抱えておくことはできなくなった。そこで明治三年七月一日から三日にかけて、一橋家十代当主徳川茂栄《もちはる》は、御殿に家臣たちを集め、座敷の上之間に座り、目見以上の者にひとりずつ、みずから別杯を与えて、永の別れを告げた。鑑吉も土肥家を代表して、この別れの杯をうけたはずである。ちなみに徳川茂栄は、尾張徳川家十四代当主慶勝《よしかつ》、会津松平家九代当主容保《かたもり》、桑名久松松平家四代当主定敬《さだあき》の異母兄弟であり、高須四兄弟とよばれた美濃《みの》高須藩主松《まつ》平《だいら》義建《よしたつ》の息子のひとりである。茂栄の判断は英邁《えいまい》であった。主君がじきじき別れの儀式をして、家臣たちは忠義の義務から解放されたのである。

それからほどなくして、鑑吉は「御親兵となり、陛下のお供をして方々を歩きました」（「彰義隊の食べ物」『上方食道楽　食通』第四巻第四号）とあり、明治天皇の地方巡幸の護衛をしたことがわかる。のち、海軍に入り、二十年つとめて退役した。

明治になって頼継《よりつぐ》と名乗りをかえた鑑吉は、彰義隊士のなかで誰よりも生きて、昭和十三（一九三八）年一月九日、八十八年の長き人生を終えた。亡くなったとき、当時の複数の新聞に、彰義隊士最後の生き残りの長逝《ちょうせい》を知らせる短い記事が掲載された。「大阪毎日新聞」（一九三八年一月十一日付）に報ぜられた最後の住所は「東京芝区明舟町《あけふねちょう》一七」（現在の港区虎ノ門二丁目）。葬儀は、土肥家の菩提寺である浄輪寺でおこなわれ、祖先が眠る墓に埋葬された。

庄次郎兄弟についてもう少し。

それでは、結城藩の騒動に出向した三弟の土肥鉡五郎はどうなったのか。戸川残花が創刊した雑誌『旧幕府』（第二巻第六号、一八九八年六月）掲載の「函館海陸軍総人名」のなかに「大肥絆五郎」という名がある。大肥という姓は珍名かもしれないがないわけではないだろうが、おそらく土肥鉡五郎の誤植、あるいは原文の誤記であろう。「大肥絆五郎」氏は箱館での戦闘に加わり、降伏してのち宮津藩にあずけられた。それ以上のことはわからない。

ただし、明治四十三（一九一〇）年に山崎有信《やまざきありのぶ》が『彰義隊戦史』（明治三十七年に擱筆《かくひつ》、同四十一年八月から「時事新報」に連載された）を出したとき、序文の「小引」に列挙された、直接、間接の協力者のなかに土肥鉡五郎の名がみえる。どのような運命、経緯をたどったのか、明治以降、何をしてどのように生きたのかまったく調べがつかないが、戊辰戦争を生き延びたことだけは確かだ。

子母沢寛の「蝦夷物語」には土肥の兄弟についてこうある。

隊長が実弟の土肥八十三郎《やそさぶろう》、剣術も出来たし、文字も相当に深かった。もう一人の末弟鑑吉、後ちに頼継と改めて昭和十七《ママ》年の頃まで存生、その頃新聞の彰義隊古老談はこの人が一手に引き受けたような恰好だったし、円通寺の同志の回忌などもこの人が主となって大きに骨を折ったものである。

おなじく子母沢寛の作品に、ある彰義隊士の末路を描いた「玉瘤《たまこぶ》」という短編小説がある。この小説の題名は、戸川残花が『彰義隊戦史』の序文の末尾によせた一句「玉疵《たまきず》も瘤になりたる桜かな」からつけられた。

明治五（一八七二）年の秋、古い武家屋敷や町屋を取り壊して火よけ地となった秋葉《あきは》ケ原《はら》。その原っぱのはずれに毎晩葦簀《よしず》張りをして、釈台《しゃくだい》を置き、張扇《はりおうぎ》と拍子木をもって辻講釈をするものがいる。その辻講釈師のなかに、一夢斎道閑《いちむさいどうかん》という男がいた。読み物は彰義隊士の物語のみと決まっていた。この辻講釈師一夢斎道閑こそが、彰義隊第一赤隊隊長、土肥八十三郎のなれの果て。

それが、話を聞きにくる客にまじった物乞いの男が気になってならない。男は、毎晩のように一夢斎の講釈にやってきて、聞いているでも聞いていないでもなく一刻ほどたたずんで去っていく。顔半分にえぐったようなやけどのあとがあり、片眼を失っていた。だが、気になったのはその無残な容貌ではない。その男に見覚えがあるような気がしたのだ。

一夢斎は講演の最中何度かその姿を認め、たまらず高座を放り出してあとを追った。しかし、そのたびに、急いでいるともみえない後ろ姿を見失ってしまう。

ある日、男のあとを追っている一夢斎に、「土肥さん」と声をかけたものがいる。ちょうど一夢斎が読み物のネタにしていた第二白隊伍長だった丸毛貞三郎《まるもていざぶろう》だった。

丸毛とともに、その男の行方を探るうち、一夢斎は男の正体を思い出した。

鳥飼常三郎《とりがいつねさぶろう》という人物だった。上野戦争当時すでに隠居していたが、家督を継いだ息子とともに上野に入った。戦後、鳥飼親子の行方は知れなかった。父子ともに上野で戦死したのだろうと思われていた。ちなみに鳥飼常三郎は第二黄隊の副長であった実在の人物である。

上野戦争の終わり、自害する力も残されず、炎に飛びこんで死んだ者たちもいた。彼らの骸《むくろ》は残らなかった。彰義隊の発起人のひとり、伴門五郎も、ひどい傷を負いながら黒門口防衛戦を指揮をしていたのを目撃されたのを最後に姿を消した。けっきょく遺体はみつからなかった。彼もまた、火中に身を投じて死んだのだろうといわれた。

一夢斎と丸毛は鳥飼がねぐらとしていた破れ小屋をたずねたが、その前日、鳥飼はその小屋で火事を起こして焼死していた。

物乞いにまで身を落とし、あまつさえ、精神が錯乱して自分が誰かさえわからなくなった戦友が、それでも本能のように彰義隊の話を聞きにやってくる。八十三郎は兄、庄次郎にその物語をして、あまりの切なさに、「おうら、もう、辻講釈はやめるよ。兄貴の後にくっついて幇間にでもなる事だ」と告げて物語は終わる。

土肥八十三郎が、野天講釈師をしていたという事実も、幇間になったという記録もみつからない。ただ『彰義隊戦史』で、著者の山崎有信は、序文「小引」の協力者の部分に土肥八十三郎の名を載せている。八十三郎もまた、明治の世を生き抜き、人生をまっとうしたのだ。

八十三郎に関して、もうひとつ判明した消息がある。『彰義隊戦史』の関係者が山崎有信の質問にこたえた書簡のうち、三男金蔵の書簡が残っている（大蔵八郎編著『彰義隊士の手紙』勉誠出版、二〇二三年）。金蔵は明治になってから、森川という家の養子になり、森川金蔵と名乗っている。書簡の内容の大部分は、『彰義隊戦史』の「戦史に関する寄書」の部分に収録されているが、収録されていない内容もあった。山崎の質問にこたえるまえのちょっとした添え書きである。

時事新聞社に送った書簡の封筒によると、消印の明治四十一（一九〇八）年八月二十八日の段階で、金蔵は浅草蔵前に居住しており、次兄の八十三郎について、

二白《にはく》若《もし》御《お》聞合《ききあわせ》ノ義も有之候得《そうらえ》ば千束町吉原病院ノ裏之通りニ碁会所《ごかいしょ》ヲ営業致候隠居者第一番隊組頭土肥八十三郎ニ付右へ御問合被下候得ば申上候也

（『彰義隊士の手紙』）

これによると八十三郎は最晩年は千束町、吉原病院のすぐ裏で碁会所を経営していたという。吉原病院は吉原遊廓の水道尻《すいどじり》のすぐうしろにあった。庄次郎存生《ぞんじょう》の折りの住まいとは目と鼻の先である。

ほか、『円朝考文集　第四』（同刊行会、一九七二年）所収の万年一《まんねんはじめ》「円朝の女房とその息子」には、

末弟土肥八十三郎は彰義隊第一赤隊組頭。
次弟は新政府に出仕大蔵省役人として平和な晩年を過した土肥鑒吉氏である。
三弟は、文部省高等出仕役人として終った、土肥金蔵氏である。

とある。兄弟の順番がちがうのはいいとしても、鑒吉はみずからは、海軍軍人としてつとめあげたと語っている。嘘ではあるまい。つく必要のない嘘だ。そういえば、子母沢寛も「玉瘤」のなかで、庄次郎の弟たちの明治以降の身の振り方について「一夢斎の次弟、土肥鑒吉も今大蔵省の下役に出ているし、三弟の金蔵も文部省の小役人に出ている」と述べている。どこから得た情報なのだろう。

第四章

国破れてのちの世

静岡藩での謹慎を解かれ、東京に舞いもどった庄次郎は山谷堀の船宿の娘お菊と所帯をもったが、お菊は産褥で死んでしまう。その後、荻江露八の名で吉原で幇間として働いた。明治九年、梶田楼の遊女愛人、本名水沢徳とむすばれ、ともに静岡に転居、翌年娘のお直が生まれる。生活の安定のため、さまざま起業するが失敗し、幇間にもどる。静岡の自由民権派の領袖、鈴木音高の贔屓をうけ、手助けをするようになり、明治十八年、露八は東京に潜伏した音高のアジトの管理人となった。

東京

慶応四（一八六八）年七月、江戸は東京《とうけい》と名をかえた。九月、元号が慶応から明治に改まった。十月、天皇が江戸城に入り、千代田の城は宮城となった。地方の下級武士が一転して新政府の高官となり、続々と東京にやって来て、旗本屋敷などを接収して住み、支配層がすっかり入れ替わった。これで東京がかつての江戸の繁栄をとりもどしたかといえばそうではなかった。

幕末、広尾の原で月夜、狸《たぬき》が腹鼓《はらつづみ》を打ちながら、こんな唄をうたっているのを聞いた人がいた。「お江戸みたけりや今見ておきやれ今にお江戸が原となる」（戸川安宅《とがわやすいえ》（残花）編『東京史蹟写真帖』画報社、一九一四年）。奇《く》しくも狸たちの予言は当たった。

新政府は、広大な江戸城の管理もままならなかった。明治四（一八七一）年、太政官の役人の蜷川《にながわ》式胤《のりたね》が音頭を取って、写真師・横山松三郎《よこやままつさぶろう》が撮影し、絵師・高橋由一《たかはしゆいち》が手彩色をほどこした『旧江戸城写真帖』（重要文化財、東京国立博物館所蔵。e国宝 http://www.emuseum.jp/ にて公開）は、江戸城を文化財として記録するため製作されたものだが、瓦が剥げ、壁が崩れて草を生じ、修繕されぬまま打ち捨てられた明治初年の江戸城の様子が残された。

江戸の町も荒廃した。とくに、住み手をなくし「アキヤシキ」となった武家地は荒れた。宮城に近い便利な場所にある屋敷は召しあげて、新しい政府の高官に与えたが、藩邸や高禄の旗本の邸宅は広すぎて住居に適さず、もてあました。城から少し離れた武家屋敷となると、草が生い茂り、屋敷は荒れ果て、いたずらに狐狸のすみか、盗賊の隠れ家となった。江戸の面積の六割を占めていた武家地が無人の廃墟となりつつあった。新政府もこの広大な空き家の扱いに困り、草を刈って体裁をととのえたり、桑茶を植えて栽培するよう法令を出したりした。

旧幕臣の山中笑《やまなかえむ》（号・共古《きょうこ》）は、桑茶畑に変わり果てた武家屋敷街を歩きながら、

花のお江戸へ桑茶を植てくわでいろとは人を茶に

（「東京の淋しさ」『日本及日本人』臨時増刊「明治大正半百年記念號」七百十四号、一九一七年九月）

という流行《はや》り唄を思い浮かべた。桑茶畑にもならなかった土地は、家屋は崩れて、雪隠《せっちん》と稲荷《いなり》社ばかりが荒地にぽつん、ぽつんと残った。

小石川の界隈はそうした武家屋敷街のなかでももっとも荒廃が激しかった。「何処《どこ》も此処《ここ》も茶畠桑畑で大曲《おおまがり》の辺は雨さへ降れば膝切水《ひざきりみず》が出た、夜分に伝通院《でんづう》の前通り越前《えちぜん》家の上屋敷（今の三井得右衛門宅）の処から下瞰《かかん》すると狐火の燃えるのが見えた」（玉虫教七「千坪廿五円」『日本及日本人』七百十四号）という。国の管理を離れた道は荒れ果て、路上には雑草が生い茂った。

そんな荒廃著しい故郷に庄次郎が帰ったのは明治二（一八六九）年のことであろう。そこはすでに庄次郎が知っていた江戸ではなかった。再会をよろこぶ知人も、無事を祝い合う友も親類も、

どこへ行ったのか、行方どころか生死さえ知れない。生粋《きっすい》の江戸っ子であったはずの庄次郎が異邦人となってしまった。

知る人の誰もいなくなった「無人」の故郷をさまよった庄次郎は、ふと山谷堀《さんやぼり》の船宿近江屋《おうみや》をたずねてみようと思った。近江屋とは「身の上ばなし」に登場する、上野から逃亡してきた庄次郎を、にわか船頭に仕立てて新政府軍からかくまってくれた船宿である。

近江屋にはひとり娘（次女とも）がいて、お菊といった。庄次郎は「不図《ふと》したことでこのお菊を女房にし」（「身の上ばなし」）た。ふとしたことで男女の仲となったのか、あるいはふとしたことで近江屋にお菊をもらう約束をしたのか。このときお菊が何歳で、どのような境遇にあった人かもつまびらかでない。嫁入りまえの娘であったかもしれないし、夫と離別、あるいは死別した寡婦《かふ》であったかもしれない。だが、数年まえ、近江屋にころがり込んだ血と硝煙、そして死の臭いをまとった男の鮮烈な印象は、彼女の心に強く刻まれていただろうことは想像に難くない。生還した庄次郎に再会したお菊の心が動いた、とも考えられる。

村松梢風《むらまつしょうふう》の小説「本朝奇人伝　松廼家露八」（『随筆』三号）では、東京にもどった庄次郎は、大音寺《だいおんじ》（東京都台東区竜泉一丁目）まえの料理屋駐春亭の座敷を借りて稼ぎ、商売が軌道にのったところで世話してくれる人があってお菊と夫婦になったとする。大音寺は吉原の廓の外すぐ、現在の国際通りをまたいだ、鷲《おおとり》神社（東京都台東区千束三丁目）のはす向かいにある。野武士は「松廼家露八」で、お菊とむすばれた庄次郎が船宿と幇間《ほうかん》の稼業ふたつで稼ぎ、やがて吉原の廓内、江戸町《えどちょう》一丁目に家をもつことができた、とする。

しかし、娘を庄次郎にめあわせてくれた近江屋は、彰義隊の旦那であった人を一足飛びに船宿の亭主や幇間にしてしまうことはしなかった。「身の上ばなし」では結婚後、田町（現在の浅草五・六丁目、千束四丁目、東浅草一丁目）に家を借りて、素人代言人のまねごとをしたがうまくいかず、またぞろ幇間をしようと吉原に飛び込むが、障《さわ》りがあってなかなかことが進まない。そうして生活がさだまらないうちに、お菊は庄次郎との子を出産し、産後の肥立ちが悪く死んでしまったという。

それでは、お菊が生んだこどもはどうなったのだろう。どの資料にも、このお菊とのこどものことは記されていない。母とともに死んでしまったのか、あるいは母の実家の近江屋にひきとられたのかもしれない。ともかくこの最初のこどもは、生まれたという事実だけで文献上は庄次郎の人生から消えてしまう。

主家が滅んでも、女房が死んでも、生きていくからには飯を食わねばならない。庄次郎は、荻江露八の名でふたたび吉原で幇間になった。明治四年前後のことだろう。

中村芝鶴《なかむらしかく》の『遊廓の世界』には庄次郎が吉原の幇間になったきっかけについて、こんなふうに記されている。

明治の頃新吉原に松の家露八（呂八）という幇間がおりました。元は旗本の一人ですが、明治維新で勤めを失いましたから、新吉原の引手茶屋山口巴《やまぐちどもえ》を頼り、食客となりました。芸は身を助けるという諺《ことわざ》は、いろは加留多《かるた》にもありますが、露八は何の芸もありません。ただただ武道一途の侍だけに、槍術にかけては達人でした。しかし槍一筋で明治開化を迎えては、軍人にも役立たない、実社会からは捨てられた存在を自分でも悟ったのか、吉原へは繁々《しげしげ》通った縁もあるので、山口巴へ身の置きどころを相談に行ったのです。

主人夫婦も同情して、慌てても仕様がありませんから、暫《しばら》く家《うち》で遊んでいらっしゃっては……ということから、食客同然、身を置くことになりました。

（中略）世の中は大きな変動が起った時、人の運命もそれに巻込まれて浮沈のあるのもやむを得ませんが、肩で風をきって歩いていた侍が落ちぶれたとなると、潰《つぶ》しのきかない人々はいっそうにみじめに見られます。しかし世の中はおもしろいもので、捨てる神あれば拾う神もあるというように、食客の露八が槍術の達人と聞くと、それは珍しいから一つみせて貰《もら》いたいという客もあって、露八（呂八）は座敷へ呼ばれることになりました。

「然《しか》らば一手御覧に入れます」堅苦しい挨拶をして始める槍術は、異彩を放って評判になり、座敷も掛って来るところから、ついに幇間に仕上げられてしまったのです。

明治三十三（一九〇〇）年生まれの歌舞伎役者、中村芝鶴の母の実家は、江戸町一丁目の大見《おおみ》世《せ》、大文字楼《だいもんじろう》の楼主であった。

庄次郎が明治になって吉原にもどってきたとき、すでに過去に吉原で三年、上方で六年近く幇間をし、もちろん槍を振りまわすことしかできない無芸で無骨な武士でも、こんな物慣れない態度であったはずもない。芝鶴が物心つくころには、名物幇間の松廼家露八の伝説のひとつに、もとは御一新で食い詰めた槍一筋の武辺者だったという話があったわけだ。吉原では庄次郎に限らず、多くの旧武士階級の人間が芸人となって働いていた。芝鶴がこんな物語を理解し、記憶できるくらいの年齢になったころ、そうしたかつての武士たちの芸人事始めの物語が露八に集約されて語りつがれていたのだろう。

この「伝説」に登場する引手茶屋・山口巴は、歌舞伎などに登場することもある引手茶屋の名門である。大門をくぐってすぐ、仲之町の左側のならび、二軒目にあった。関東大震災後も変わらず、東京大空襲で吉原どころか、東京中が灰になるまでおなじところで営業していたはずである。庄次郎が東京に帰ってきたころの女将《おかみ》はおしほといって、美貌か、才気か、気っぷか、何をもってかわからないが、ともかく評判の女将だった。そういえば、子母沢寛の「蝦夷物語」でも吉原にもどった庄次郎が山口巴の女将と会話を交わす場面があった。

江戸へ帰った庄次郎は、誰のところにも立ち寄らず、そのままにやにや吉原にやって行った。

「おや、露八さんが帰って来なすったよ」

茶屋の女達がみんななつかしがって寄って来る。

「上方も面白くねえんでね。またこっちで稼がせて貰いやすよ」

「あんた上野の彰義隊にいたってえ噂《うわさ》だったが嘘なのかえ」

通りかかった山口巴のおかみさんが肩を叩いた。


庄次郎との関係はおなじころ、おなじ土地で働いていたということ以上はわからないが、江戸っ子の俠気《きょうき》で職をなくして吉原に流れついた武士たちに手を差し伸べたことがたびたびあったのかもしれない。

吉原で幇間に復帰した庄次郎は、それなりに流行ったようだ。先に述べたように旧知の仲であった戯作者、仮名垣魯文《かながきろぶん》の明治四（一八七一）年の作品『牛店雑談《うしやざうだん》 安愚楽鍋《あぐらなべ》』に登場する。「堕落個《なまけもの》の廓話《くるわばなし》」と題する小話である。

うら茶屋ばいりの汐待《しほまち》もたいぎだからグット色気を去ツて幇間《をとこのこ》を買ツてあそんでも見たが彼《き》奴等《やつら》はどうも友を呼でならねへヨ此《この》あひだも新孝《しんこう》をさそツて金子へ夕飯《やしょく》を喰ひに行《ゆく》とあとから喜代寿に正孝序作露八《しょうこうじょさくろはち》なんぞといふ流行《はやり》ツ子がどかどかとおしこんで来てかけがへのねへ大楮幣《おおさつ》をとう〳〵一枚こすらせられたぜモウ〳〵なか《吉原》はごめん〳〵。

と「流行ッ子」のなかに露八が加わっている。なかまうちのひとりがよばれたら、それにつけいって次々と幇間なかまが集まってご相伴にあずかり、客に散財させる。その場面を想像すると愉快で、まるで落語のようだ。吉原を知る読者は「あるある」と思って笑ったのだろう。

吉原には、妓楼《ぎろう》での作法、しきたりだけでなく、芸人の側にも客の側にも無数のしきたりがある。しきたりを知り、守って遊ぶからこその楽しみがある。そこに格式が育まれていくのだ。吉原の幇間社会の掟《おきて》も厳格で、十八か条のやってはいけない決まりがあった。客を送っていって扇子を忘れること、女を口説くこと、そのなかでもなかまの幇間が発明した芸を盗むことはもっとも厳格に禁じられていた（『読売新聞』一八九一年五月二日付）。吉原の幇間には、同業者の仕事を奪ったり、人を押しのけて自分だけが甘い汁をすったりしない仁義があった。

だから、吉原の幇間はほかの遊廓にくらべ、格が高いとされていた。

通人《つうじん》、粋客《すいきゃく》が相手だけに、他の遊里のたいこもちを「町だいこ」と一段低く見なすほどの見識を持っていた。

また「町だいこ」の連中も、客に連れられて吉原の引手茶屋へあがった場合など、もし、そこに吉原のたいこもちが同席していた場合には、

「本場の兄ィ連中の前では……」

と決して芸をしないという不文律さえあった。もっとも、こういった風潮も関東大震災あたりまでであったという。

（藤井宗哲編『たいこもち（幇間）の生活』）

戊辰《ぼしん》戦争を戦いぬき、明治の世を吉原の幇間として再出発した庄次郎だが、じつはこのまま人生を終えるまで吉原で働いていたわけではない。彼が松廼家露八として吉原で名を残す幇間になるまで、まだひと波乱、ふた波乱あるのだが、まずは彼が亡くなったお菊につづいてふたり目の伴侶とむすばれるまで話を進めたい。

さて、ここまで、この主人公を通称の庄次郎とよんできたが、徳川の武士としてすべきことはひとまずやり終えた節目として、ここからは世間になじんだ露八の名をつかいたい。

梶田楼遊女、愛人

そのころ露八は、大門《おおもん》から入って一本目の十字路、江戸町一丁目の中見世の梶田楼《かじたろう》（当時は梶田屋のち梶田楼を名乗る。しかし資料でも「屋」と「楼」が混在しており煩瑣なので、以下、梶田楼に統一する）という妓楼に出入りしていた。といっても色っぽいはなしではなく、つとめ、仕事である。

野武士の「松廼家露八」によると、「猶且旧《やはりもと》の幇間に越すものはないと、すご〳〵東京へ舞戻つて、又も昔しの由縁《ゆかり》に吉原へ頼り行く、梶田楼（其頃交り半籬《そのころまじはんまがき》）。と仲之町《なかのちょう》の引手茶屋丸小尾張《まるこおわり》等を頼み旧《もと》の芸名で再勤し」ていたという。

そのころ、梶田楼に、愛人《あいひと》という座敷持ちの遊女がいた。座敷持ちとは、自分が生活する部屋のほかに、客をとる部屋を与えられた遊女で、彼女の場合、いちばんの売れっ子につけられるアシスタント役の新造《しんぞう》がつけられていないから、遊女の格としては中の上といったところ。揚代《あげだい》は昼は二分、夜は一分だった（明治五年春版『新吉原細見記』による）。現代の感覚で、昼三万円、夜一万五千円程度ということになる。

ちなみに、愛人という源氏名だが、あとで述べる彼女が遊女に身を落とすまでの経緯から、奇《き》矯《きょう》な性格をしめすものと考える向きもあるようだが、遊女が勝手に自分で好きな源氏名を名乗れるわけでもなく、さらにいえば、この時代、妾《めかけ》の意味での「愛人《あいじん》」という言葉が存在したかを別としても、この名は吉原ではさほどめずらしいものではなかった。愛里《あいざと》、愛衣《あいぎぬ》など愛のつく名も、人のつく遊女も多く、愛人の朋輩《ほうばい》にも、春人《はるひと》、松人《まつひと》という源氏名の遊女がいた。また梶田楼では遊女に愛人の名跡《みょうせき》があったのか、明治十三（一八八〇）年刊行の『全盛古郷便覧』（遊女の本名や素性、年齢が記載されている）にも愛人という名が記されている。しかし、この「愛人」は高橋やまという女性で別人である。

この愛人と、露八がむすばれることになる。

どんな女性だったのか。

愛人の前身は落語家三遊亭円朝《さんゆうていえんちょう》の妻であった。いや、正式には妻ではない。いわゆる隠し妻であった。愛人の本名は、「円朝遺文」（鈴木行三《すずきこうぞう》（古鶴《こかく》）編『円朝全集　巻の十三』春陽堂、一九二八年）では倉岡里《くらおかさと》とされている。

お里は倉岡元庵《げんあん》という御徒町《おかちまち》に屋敷があった同朋《どうぼう》の娘だった。同朋はお茶坊主の元締めのような仕事で幕臣、れっきとした武家の娘である。父は実入りのよい役職であったから、幼いころは家が裕福であったのだろう。琴、胡弓《こきゅう》をはじめ、一中節《いっちゅうぶし》、清元《きよもと》、踊りまでよく仕込まれていた。

しかし、父がはやくに亡くなり、後家となった母とふたりで幕府瓦解の日を迎えた。その前後、どうしたきっかけか円朝と関係をむすんで円朝の子を生んだ。「円朝遺文」によると明治元（一八六八）年の秋という。男の子で、朝太郎《あさたろう》と名づけられた。お里は初産で、産後の体調が芳《かんば》しくなく、母乳の出も悪かったので、朝太郎は谷中のとある家に里子に出された。そして、円朝は子を生んだお里を正式な妻として迎えたかといえば、そうはならかった。そのころ円朝は、島金《しまきん》という茶屋の娘と婚約していた。茶屋といえば、お座敷仕事を斡旋《あっせん》してくれる、芸人にとっては生命線のようなものだった。だから、円朝は島金にはばかって、お里との関係を表沙汰にできず、子が生まれても隠し妻のままにしておいたのだ。

ところが、円朝の母のお澄《すみ》が、息子の人気はあがる一方なのに、家に入れる金が一向に増えないのはどうしたことかと疑問に思い、弟子たちを問い詰めた。それで弟子たちはとうとう口を割って師の隠し子のことを教えてしまった。

円朝の両親は、赤ん坊がいるという谷中の家をたずね、赤ん坊をみせてもらうと、息子によく似た男の子であったのでよろこんで連れて帰り、溺愛した。

お里は大酒飲みで、自堕落《じだらく》な性格であったと伝えられる。実際に大酒飲みであったのかもしれないし、感情的な性格であったのかもしれない。だが、普通に考えて、お里は零落したとはいえ、武家の娘である。こどもの生まれ月からして円朝と関係ができたのは、武士の世が首の皮一枚でまだつながっていた慶応年間で、芸人の妾に甘んずるような素性ではない。しかも、彼女は芸者でも遊女でもなく、男を知らない素人《しろうと》の娘だった。なのに、こどもを生んでも自分は日陰の身のまま。しかも、その子まで奪われては鬱屈《うっくつ》がたまって当然だろう。やけになっても仕方がない。

こののち、お里と円朝は別れた。

けっきょく、お里の存在に関係なく、円朝と島金の娘との縁談はうまくいかず、お里を捨てた翌年の明治二年、円朝は新橋のトップ芸者お幸《こう》（通称・大幸《おおこう》）を妻に迎えた。

円朝と別れたお里は、芸者になり、その後、吉原の妓楼、梶田楼で遊女となり、愛人の源氏名を与えられた。

彼女が遊女になった理由について、一説には、こどもをなしたのち、別の男とねんごろになり、円朝にそれが知れて、わびのために妓楼へ身を売ったとされる（生田《いくた》星郊《せいこう》「情の円朝」『新小説』第八年第十二巻、一九〇三年十一月）。しかし、はじめからお里を妻に迎える気がなかった円朝に、何をそこまでしてわびる必要があっただろう。また、円朝に捨てられてやけになってあてつけに身を売ったわけでもない。明治維新を迎えて禄を失った旗本、御家人が軒並み零落するなかで、お里の家には頼りとなる男手もない。母とふたりで飢え死にするか、彼女が泥水に身を沈めるか、どちらかしか選択肢がなかったのだろう。

お里がいくらで、何年の年季で身を売ったのかはわからないが、こどもまでなしておきながら、自分の側の事情で妻にしなかった女性が、それをきっかけに遊女にまで落ちていくのを、手を差し伸べる力がなかったわけでもないのに、看過した男も男だろう。

お里が遊女になったのはいつのことか。明治三（一八七〇）年春版の『新吉原細見』の梶田屋の欄に愛人の名はなく、明治四年版は現存しないため確認できないが、明治五年春版には登場するから、お里が吉原に身を沈めたのは、明治三年の『新吉原細見』刊行後か明治四年のことと考

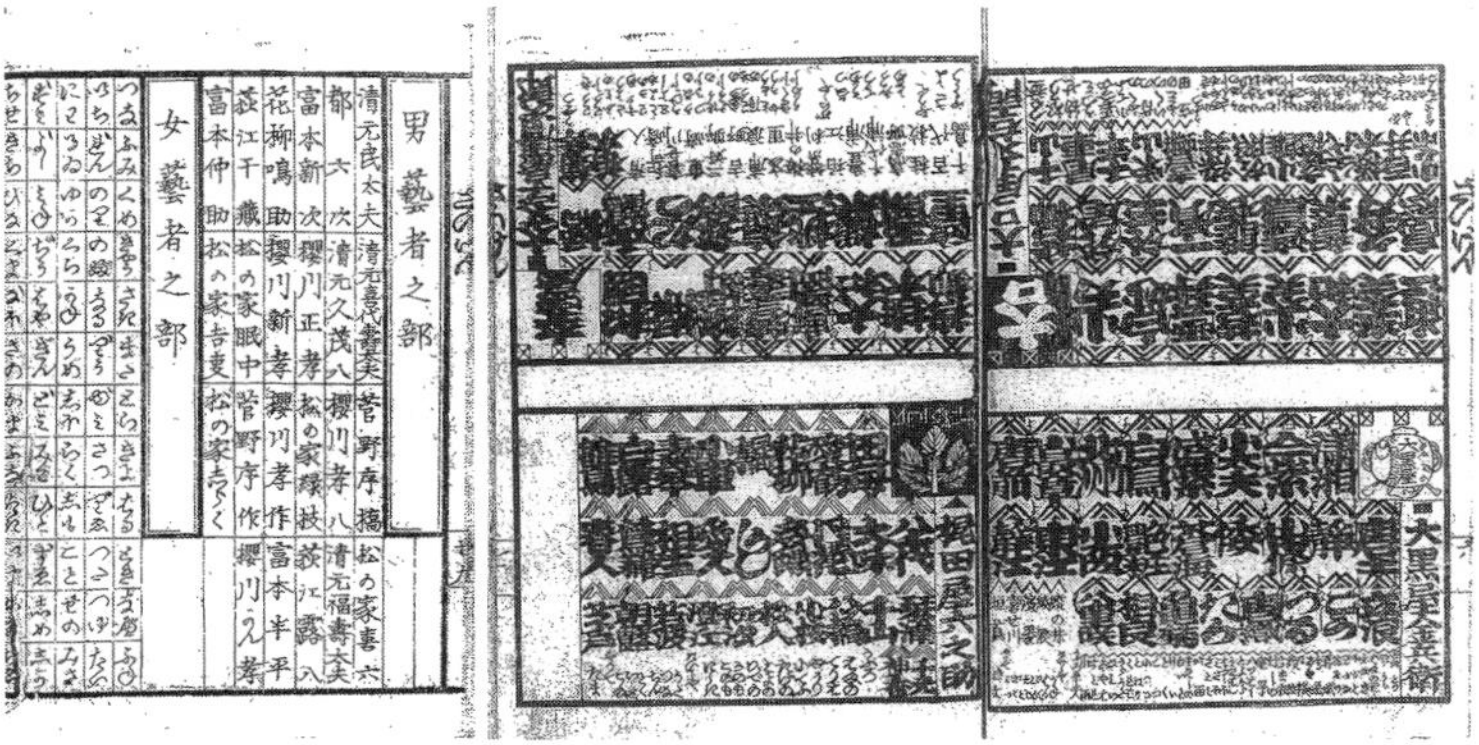

『新吉原細見』明治５年春版、明治新聞雑誌文庫所蔵
「梶田屋六之助」の欄２段目右から６番目に愛人、「男芸者之部」４段目右から３番目に荻江露八の名がある

えられる。弘化二（一八四五）年生まれ（歿年と享年から逆算）であったお里は、すでに二十五、六歳になっていたはずだ。原則二十七歳を「つとめ止め」とする若い女が好まれた吉原で三十を過ぎて遊女をしている人はまずいない。十代の若い娘たちが多いなかではずいぶん年増ということになろう。どんなに美しくとも年齢があがれば価値がさがる遊女の世界で、それでも、最下級の見世ではなく、中見世に買われ、座敷持ちにまでなっていたということから、彼女の美貌と魅力、才覚がうかがわれる。

福地《ふくち》桜痴《おうち》も彼女のなじみ客のひとりとなった。はじめ彼は、鳰鳥《におどり》という遊女を目当てに梶田楼にかよっていた。鳰鳥は明治三年春版の『新吉原細見』の梶田楼の「お職《しょく》」（見世でいちばん人気の遊女）を張っていた遊女である。その鳰鳥が新しく入ってきた愛人が福地に気がありそうなのをみて、福地をゆずったという。明治五年春版の『新吉原細見』には鳰鳥の名がないことから、自分の年季か身請けが近くなったため、なじみ客に新しい敵方《あいかた》として後輩を紹介したということろか。弘化三年生まれの鳰鳥は、愛人とほぼ同年であり、愛人ならば福地と相性がいいと思ったのだろう。愛人は「浮気で評判の女」（「万朝報」一九〇六年一月九日付）とされていたらしいから、愛人はコケットリーな雰囲気を売りにしていたのかもしれない。

十二月、吉原では、遊女は自分の源氏名を染めた手拭いを、御茶屋など世話になった方々に配るのが習慣であった。しかし、遊女になったばかりで上客といえば福地のほかまだできていなかった愛人は、手拭いを染める金の算段につまった。鳰鳥からゆずってもらったはいいが、福地は通《つう》で常連かもしれないが金がなかった。仕方がないので、愛人は福地が着てきた着物を質に入れ、その金で手拭いを染めた。福地は着て帰る着物もないからいつづけしていたが、やがて煤払《すすはら》いの日になった。この日はいかなる客も一度御茶屋へ帰らねばならない。ところが福地は着物を質に入れられているから、茶屋にひきあげようにも着物がない。そのとき、鳰鳥は困っている福地を戸棚に隠してやった（けっきょく見つかったらしいが）という。

この話が事実であるならば、愛人が遊女となった時期を特定できる。このころ、福地は渋沢栄一と縁を得て、大蔵省御用掛《ごようがかり》となり、月俸二百五十円をもらう身となった。それからは外遊つづきで、明治三年の十一月から翌明治四年四月までは伊藤博文《いとうひろぶみ》とアメリカに、そして、その年の十一月十二日からは岩倉使節団に加わって欧米視察をおこなっている。もどったのは明治六年七月のこと。だからこの話が成立するのは年の暮れに福地が日本におり、鳰鳥がまだ廓にいて、加えて愛人がすでに梶田楼で見世に出ていた可能性がある時期ということになり、それは明治二年の暮れしかない。だとしたら彼女は円朝と別れて間もなく遊女に身を落としていたことになる。

この鳰鳥こと伊藤きんは、遊女をやめてから浜町に料亭喜楽《きらく》を開業し、明治十七年に築地に店を移し、店名を新喜楽《しんきらく》とした。その剛胆さと気っぷがうけて、名物女将として、新聞や雑誌にもたびたび談話が掲載されている。

尾崎紅葉《おざきこうよう》の『金色夜叉《こんじきやしゃ》』の舞台の役者や贔屓《ひいき》筋について新喜楽ののれんをくぐった若かりしころのドイツ文学者の登張竹風《とばりちくふう》は、そのときの思い出を書き残している。身の丈に合わないところに来てしまった登張がかしこまっていると、やがて女将が挨拶にあらわれた。伊藤きんは、緊張している登張に、職業を聞き、学者だとこたえると「文といふものもお書きになるの？」とたずねる。意図がわからず「少しは書きますが、至極下手で物になりません」と謙遜《けんそん》すると、きんは、おまえさんが筆が立つのなら私の伝記の執筆を依頼するのに、といいながらも、自分の伝記を書きうる筆力のある文人は尾崎紅葉と、福地桜痴だけだといってからかったという（登張竹風『人間修行』中央公論社、一九三四年）。福地の名を出しているのがおもしろい。伊藤きんは客に愛され、大正四（一九一五）年四月十四日、六十五歳で死去した。

ちなみに新喜楽のもとをたどると、明治二年、大隈重信《おおくましげのぶ》に与えられた、伊藤博文や井上馨《いのうえかおる》らがたむろして、連日酒杯と激論を交わし、築地梁山泊《りょうざんぱく》といわれた屋敷であり、さらにそのまえは三千石の旗本、戸川氏の邸宅、「露八」をものした戸川残花の旧邸であった。

愛人が梶田楼で働き出して数年の歳月がたったある日のこと。七、八歳になった朝太郎が、早朝、円朝の弟子の円蔵に手を引かれて梶田楼のまえを通った。それが二階の手すりにもたれて通りをながめていた愛人の目にとまった。愛人はまず円蔵にどこへ行ってきたのだと声をかけ、息子に、

「大人しくするのだよ。迷惑をかけないように」

といって母親らしく心配し、二分金を二、三粒紙に包んで禿《かむろ》にことづけ朝太郎にわたした。円蔵はしきりに「お母さんだ」といったが、朝太郎は見知らぬ遊女を母といわれてとまどうばかりだった。

この朝太郎は成長して問題行動を起こすようになった。十三、四歳の少年のとき、すりの集団に加わって警察のやっかいになり新聞沙汰になった。長じてからは酒のせいで人生をしくじり、すべり、再生の見込みができても、ふたたび酒でだめにするといった生涯を送った。彼が酒に頼るようになった原因を、継母のお幸に虐待されたからとか、円朝のせがれの肩書きが重たかったからとかいわれるが、ひとつには、生みの母を遊女にして助けの手を差し伸べなかった父へのわだかまりを拭い去ることができなかったということがあろう。

正岡容《まさおかいるる》の「慈母観音」（『円太郎馬車』三杏書院、一九四一年）、山田風太郎の『幻燈辻馬車』でも、遊女になった母への恋慕、そして父への割り切ることができない思いが描かれている。

「慈母観音」では、朝太郎は、飲んだくれていた居酒屋でたまたま父の弟子の円楽に再会し、父への疑問と母への思いを語る。心の根本に「なぜ、親父は俺の阿母《おふくろ》を見殺しにして了《しま》つたんだ」という思いを抱え、梶田楼の遊女となって、その後行方が知れなくなった母が哀れでならない。朝太郎はその思いが妨《さまた》げになって何にも集中することができずにいた。

『幻燈辻馬車』では、十代の少年、朝太郎は遊女になった母を恋うて家出して、母のいる根津遊廓（作中では根津遊廓の遊女、花紫と彼女を妻とした若き日の坪内逍遙と登場人物の運命を交わらせるため、朝太郎の母、作中では愛里と露八が働いていた遊廓を根津に設定している）に忍び込む。

二作とも小説だが、朝太郎の思いは人情として理解できるのである。

しかし、不肖の息子を残し、遊女になりさがったお里は、円朝支持者にとっては円朝の人生における過《あやま》ち、瑕疵《かし》としかみなされない。

自分に対しても、他人に対してもきびしかった円朝が、何故このような女性と結ばれるようになったか不明だが、この情事が円朝の生涯における最も大きな過失だったのではあるまいか。お里とは世間の義理という口実により遠ざかることはできたが、残された朝太郎は、長ずるに従って母親ゆずりの性格を見せ始め、円朝の苦労のたねとなっていったのである。

（永井啓夫『新版　三遊亭円朝』青蛙房、一九九八年）

と、お里に対してまったく同情がない。永井は、朝太郎の問題のある部分をすべて生母、お里の「遺伝子」のせいにしている。酒飲みで自堕落な性質が、生活をともにしたこともない息子に遺伝するはずもないのだが、そもそも円朝とお里の関係についての基本文献のひとつである「円朝遺文」の記述がお里にマイナスのイメージを抱かせる。著者の鈴木古鶴は、「この遺聞の資料は円朝の生前直接円朝に接して親交のあつた方々を歴訪して聞き得たもの丶みでありますす」（序文）といっている。つまり鈴木の偏見ではなく、円朝の周辺にいた人たちのお里についての見解の総意だったわけである。

円朝自身にとってはどうだったのだろう。みずからのお里への仕打ちについて思うところがあったのだろうか。

円朝に『鏡《かがみ》ケ池《いけ》操《みさお》松《のまつ》影《かげ》』（江島屋《えじまや》騒動）という噺《はなし》がある。内容というより、この作品の登場人物の名前の付け方が謎なのである。

発端で、名主の息子に嫁ぐことになったある娘、五十両という潤沢な支度金をもらい、江戸へ出て江島屋という古着屋で花嫁衣装をあつらえた。ところが、騙《だま》されて、布を糸で縫ったのではなく糊ではったただけの衣装をつかまされた。それで婚礼に向かったところ、雨が降って糊がはげ、腰から下の衣装が落ちて恥をかき、また婚家にも支度金を横領したと罵《ののし》られ、自暴自棄になった娘は入水自殺をしてしまった。その不幸な花嫁の名をお里という。さらに物語の悪役であるお里の義兄を倉岡元中《げんちゅう》とし、その父の名を倉岡元庵《げんあん》としているのだ。正岡容は「我が円朝研究」のなかで、この作品について、「かくて私の作家的貪慾《どんよく》さはむしろこの物語の背後のほうへいよいよ旺盛な空想を走らせないわけにはゆかない」（『小説　圓朝』河出文庫、二〇〇五年）と述べている。

登場人物の名前など、人物の設定にふさわしい架空のものをいくらでもつけられるだろうに、なぜ、あえて現実の人物の名前をもちいたのか。いや、それとも、逆に、現実の人物の名を符《ふ》牒《ちょう》のように架空の存在の名にすり替えたのだろうか。そもそも円朝が捨てた女の名は本当に倉岡里だったのか。

ともかくも明治初年、お里は遊女として梶田楼で身を売り、露八は、その周辺で芸を売っていた。顔を合わせることも、言葉を交わす機会もあっただろう。そのうちに心が通じ合った。とすれば、お里の幸薄い人生にも花が咲いたというべきであるが、露八の「身の上ばなし」によると、露八が妻にしたのは、「神田のお嬢と評判ものでございました水沢《みずさわ》のおとくを妻にいたす。是《これ》はなか〳〵の莫連《ばくれん》ものでした」というのだ。混同したにしても倉岡里とはずいぶん名がちがう。

露八が妻にしたのは、伝説どおり円朝に捨てられた遊女愛人であったのか、それとも本当は別の女性であったのだろうか。別の女性だとすると、お里はどうなってしまったのか。正岡容の「慈母観音」に描かれた朝太郎の母のように、そのまま行方が知れなくなってしまったのか。借金を残したまま年をとってくると吉原の女たちは別の見世に鞍替《くらが》えさせられる。もちろん見世の格は落ちて、別の岡場所や宿場女郎に売られることも多かった。そうしていくども転売されていくうちに、女たちはすり切れるように消えてしまう。お里もそんな運命をたどったのか。

いや、三遊亭金馬《きんば》『塩原多助後日譚』（芳村忠次郎、一九〇一年）の末尾につけられた、講談師の松林若円《しょうりんじゃくえん》による「円朝逸事」には、こうある。

▲円朝の女房、円朝が一時女房《つま》の様にして居りしは本郷金助町《ほんごうきんすけちょう》の或《ある》旗本の娘にてお徳といふ者なるが惚《ほ》れて惚れて惚れ抜《ぬい》て死ぬの生るのといひし末に夫婦になりしものなれど表面は妾《めかけ》にて此仲《このなか》に出来たるは今の長男の朝太郎当年《ことし》卅一才なり此のお徳はお嬢お徳と綽名《あだな》されし女にて大酒《たいしゅ》を呑《のみ》なば酒乱といふ風にて終《つい》に不縁となりしがお徳は後に芸者となり再《また》吉原の梶田楼の娼妓となり愛人と名乗て居りしが果《はて》は幇間露八の女房となり五六年前に死亡したり

また、若かりし日に露八夫婦と交流のあった政治講談の伊藤痴遊《いとうちゆう》も「露八の妻は、お徳さんといふて、元は、三遊亭円朝の妻であつた。どういふ事情か知らぬが円朝と別れて、静岡へ来てからは芸妓をして居た」（「亡友の思ひ出　三」『痴遊雑誌』第一巻第六号）といっている。

お徳という名と、円朝に捨てられたお里と、遊女愛人と、露八の妻がひとりの女性としてつながった。露八は、「身の上ばなし」では、女房の前夫の存在や遊女をしていた過去の一切に触れなかったわけだ。

それではなぜ円朝（または円朝の周辺の者）はお徳を、『鏡ヶ池操松影』に登場するかわいそうな花嫁の名でよんでいたかはわからない。前妻のことを実名ではなく隠語をもちいなければ語るこ

とができない何かしらの事情、あるいは心情があったのだろうか。

というのも、妻帯してのちも円朝はお徳にまったく心を残していなかったとはいい切れないのだ。

差入申候《さしいれもうしそろ》一札の事

一、此度其許《このたびそこもと》と表向き縁切り致候へ共、後々夫婦に相違無之事《これなきこと》は八百万《やおよろず》の神に誓ひて聊《いささ》か相違無之《これなく》、其為《そのため》一札如件《くだんのごとし》

三遊亭円朝

徳どの

円朝がお徳にわたした誓紙である。「とりあえず（都合があって）表向き別れるが、八百万の神に誓って絶対にあとで結婚するから」となだめて女を捨てて、八百万の神への誓いをやすやすと破った円朝が、本当にのちの研究者たちが考えるような「聖人」であったのか疑ってしまうが、とにかくこれを「神楽坂の寄席・和良店亭《わらだなてい》の主人が手に入れ、お徳の一周忌追善に手向けの幅《ふく》にしたもの」（倉田喜弘「円朝の身の周り（一）——前妻の名前」『円朝全集』第十三巻月報、岩波書店、二〇一五年）という。和良店亭の主人こと佐藤廉之助《さとうれんのすけ》は何を思ってこのようなものを手向けにしたのだろう。「万朝報」（一九〇〇年八月十四日付）によると、お徳の死後、市場に流れていたのを紆余曲折

の末、佐藤が入手したものという。円朝がこのような起請文《きしょうもん》をお徳にわたしたのは、心を残していたためか、あるいは女を黙らせるためか。いずれにせよ円朝にとって名誉なことではあるまい。

ところで、露八はどうやって遊女愛人と所帯をもつことができたのだろう。廓で働く男が、売り物である遊女に手を出すことは、掟で固く禁じられているはずである。桜川忠七にいわせると「あたしどものようなものが、おいらんとできてしまうようなことがあると、男はお払い箱になります。女は、借金がありますから、そのままですが、男は、追んだされると、それが同業仲間へ、すぐ知れちまいますから、どこだって使っちゃあくれません」（『たいこもち』）。売り物の遊女に手を出してはいけない。それは廓で働く男たちにとっておそらく絶対の、もっとも厳しい掟であっただろう。もし露八が遊女づとめのお徳に手を出していたら、その後、場所を変えたとしても幇間で稼ぐどころか、花街で働くこともできなくなっていたにちがいない。

小島政二郎の小説『円朝』では、露八とその弟は、庭に埋められていた家伝の小判六百両を掘り出し、兄弟ふたりで分けて、露八は恋人の身請けにつかい、弟はあとの三百両をもって静岡に移住して、中条金之助《ちゅうじょうきんのすけ》らと一緒になって牧之原の開墾に従事していたとある。『牧之原開拓史考――明治維新と茶業』（大石貞男、静岡県茶業会議所、一九七四年）には、中条金之助とともに牧之原開墾にあたった士族の名簿が掲載されているが、そのなかに露八の弟たちの名はみあたらない。この名簿に旧彰義隊士で開墾にあたった約七十名の者の氏名は記されていないから、絶対に加わっていないとは断言できないが、小説の言である。露八の弟のひとりが牧之原開墾にかかわったという事実はみつからず、露八が掘り出した家伝の金の半分でお徳の身請けをしたというのもあまりありそうな話ではない。かといって遊女を身請けするような金をもっていそうでもない。

だから露八が思いを遂《と》げてお徳とむすばれたのは、お徳の年季がきっぱりあけてからのことだろう。年季があけた元遊女が、幇間や芸人など、廓内で働く男とむすばれるのはよくあることだ。

ではお徳の年季はいつまでだったのか。向井信夫の「三遊亭円朝の妻妾《さいしょう》」（『江戸文藝叢話』八木書店、一九九五年）には、「明治八年（一八七五）十二月佐野槌《さのづち》火事の後の仮宅細見（明治九年四月刊）にも江戸町一丁目三十一番地梶田屋（六太郎）の六枚目に揚代五十銭の娼妓として名を留めている」という。佐野槌とは落語「文七元結《もっとい》」で、文七が自分の娘を売った吉原の江戸町一丁目の妓楼である。明治九年四月刊行の『仮宅細見』とは明治九年四月一日刊行の邨上松太郎《むらかみまつたろう》出版の『深川仮宅細見』のことであろう。『深川仮宅細見』にはあって、明治十年五月刊の『吉原細見廓の賑ひ』に愛人の名はみられない。さらに先に述べたように明治十三年刊行の『全盛古郷便覧』にある愛人の源氏名をもつ娼妓は別人である。であるから、お徳が遊女をしていたのは明治二年の冬から明治九年の春以前までということになろう。そして、ふたりがむすばれたのははやくとも明治九年春以降ということになる。

榊原先生、撃剣会をもよおす

榊原鍵吉《さかきばらけんきち》は直心影流《じきしんかげ》十四代宗家。幕末の剣聖、男谷信友《おたにのぶとも》の跡を継いだ。榊原に関しては、明治二十（一八八七）年、明治天皇の御前で、見事兜《かぶと》割りを成功させた人物といったほうが通りがよいだろうか。鍛えあげた丸太のようにたくましい腕で、大上段に振りかぶった彼の同田貫《どうだぬき》（肥後熊本の剛刀《ごうとう》）は、明珍《みょうちん》作の鋼鉄の兜に切口三寸五分、深さ五分、斬り込んだ。

榊原は、彰義隊に参加しなかった。寛永《かんえい》寺の山主、輪王寺宮《りんのうじ》の護衛を買って出て、上野を脱出する宮様を負ぶって三河島まで落ち延びさせたという逸話があるだけである。ただし、彰義隊士に、深い哀悼《あいとう》の念を寄せていたことは確かだ。榊原の門弟には幕臣が多かった。死んだ隊士のなかには、彼の門弟もいただろう。

明治の世が進むにつれ、旧幕臣の門弟たちも零落し、彼自身の道場も寂れた。剣の道で生きてきた者たちがみな暮らしに窮した。

榊原はそうした人々が暮らしのかてを得るすべがないか考えた。

そこで思いついたのは、撃剣《げっけん》会、剣術の試合を金をとって庶民に披露する催しをすることだ。榊原は、相撲興行をみて、撃剣会の発想を得たという。

明治六（一八七三）年に榊原が東京府知事宛に提出した「撃剣願奉伺上候」では相撲と同様、一般庶民に呈する娯楽として剣術を公開したい旨《むね》が書かれている。「娯楽」といったのは、許可をもらうための建前か本気かは知らないが、実際に興行された舞台は、中央に土俵、四本の柱を立てて天幕を張り、「勧進相撲ノ構ヘト異ナラス」（「新聞雑誌」第九十四号）という。

そして、同年四月十五日（二十六日の説もある）、榊原鍵吉は、浅草左衛門河岸《さえもんがし》で撃剣会を開催した。

興行は大成功で、文字どおり、立錐《りっすい》の余地もないほど観客がおとずれた。

「朝日新聞」の連載「浅草公園観物《みせもの》のぞき」の二十二回目（一九〇一年五月七日付）には、榊原の一番弟子、野見鍉次郎《のみていじろう》の談話が掲載されている。野見は新政府軍へ使者に行ったなりゆきから、上野戦争のときには新政府軍側にいた。

撃剣会と云へば今は縁日の観物にまで晒《さら》して、少しも人に有難がられぬ安ッぽいものになッて了《しまっ》たが、何にしても野見等の演《やっ》た当時と云ふものはまだ〳〵お侍が有がたい時代であッて、夫《それ》に出る顔がお旗本の落魄《おちぶれ》たのや、上野で生残ッた連中のみであッたから、来る客も観物を看るといふ感念は極く小《すく》なかッたものである、野見はまた当時の始末を語り接《つい》で「夫に可笑しかッたのが其時《そのとき》の呼出しなんですよ、一人が大谷正孝《おおたにまさたか》でしたが、之は吉原の幇間桜川正孝のことで在《ござ》います、夫《それ》にモウ一人の呼出しが土肥露八で、当時《そのころ》吉原でまだ荻江を名乗て居る時分でしたが、御承知の通り彰義隊では土肥庄次郎で随分鳴《なら》した男でしたから、愛嬌《あいきょう》になりまして大層客に受けました。

呼出しの大谷正孝こと幇間の桜川正孝も旧幕臣である。それに、野見は顔見知りでなかったのか言及していないが、番付の呼上繰出方取締には朝比奈麟翁《あさひなりんおう》とある。麟翁は露八が若かりしころ世話になった講談師の旭堂南麟《きょくどうなんりん》が隠居後に名乗った名だ。南麟の姓は朝比奈である。関根黙庵《せきねもくあん》の『講談落語今昔譚』には明治十一（一八七八）年に七十二歳で死去したとあるが、「読売新聞」（一八七五年七月二十九日付）には「今年《ことし》七十三」とある。そうだとしたら死去したのは七十六歳ということになる。旭堂南麟は晩年、かつて露八の実家があった小石川小日向竹島町《こびなたたけしま》に住んだ。露八との交際からも感じられるように、面倒見のいい人物であったのだろう。老齢のため足が不自由になったが、弟子たちは師を愛して、それぞれの稼ぎに応じて仕送りして師を養った。おかげで幸せな晩年を送ったという。

辞世がしゃれていて「我死なば風呂敷包みさし荷《にな》ひ、戒名なしに回向《えこう》御無用」。しかし、辞世どおりにはならず、戒名はあって、昌龍斎昇旭日遊居士。墓は、四谷の戒行寺《かいぎょう》（現在の東京都新宿区須賀町）。

露八たちの呼出しについて「愛嬌になりまして大層客に受けました」と野見はいうが、どのように愛嬌を発揮したのだろうか。いかにも元侍というふうに、もったいぶった態度でやったのか、それとも、いつも剽《ひょう》げている幇間や芸人が、打って変わってまじめな様子で呼出しをしているのがおもしろかったのか。

もうひとりの呼出しの梅田亀三郎という人物がどのような人かわからないが、四人のうちとりあえず三人まで、あえて旧武士の芸人を集めたのはご一興で、見世物に供しながらもなお、剣術を武士階級の専売品とするプライドというより、榊原はこの催しにエンターテインメント性を認めていたのではないだろうか。

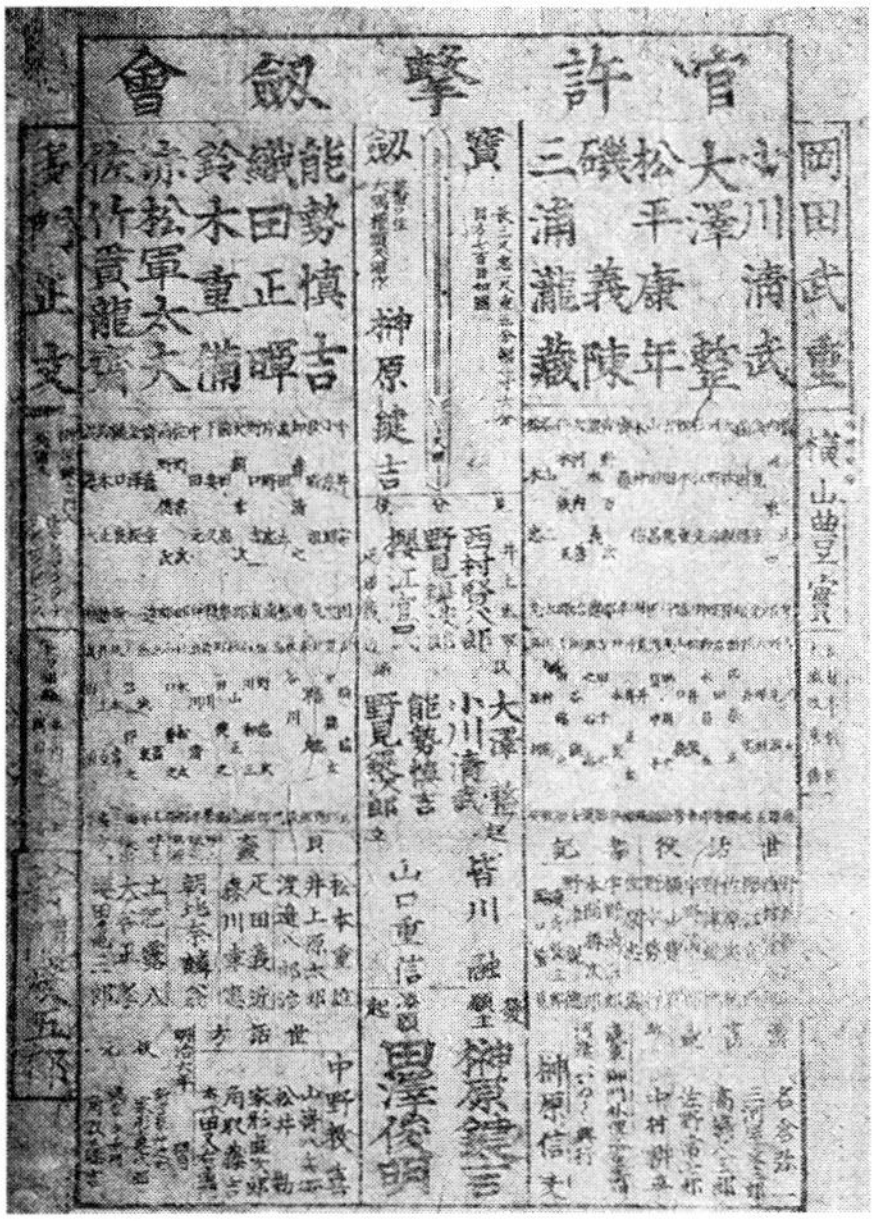
官許撃劍會

岡田武重

小川清武
大澤鑒
松平康年
磯義陵
三滴瀧藏

寳

榊原鍵吉

能勢槇吉
織田正暉
鈴木重滿
赤松軍太夫

「官許撃剣会」番付
左下から２段目に土肥露八の名がみえる
『日本及日本人』臨時増刊「明治大正半百年記念号」714 号、1917 年 9 月 20 日

撃剣会は、五月十八日には横浜の吉田町へ巡回した。当時、横浜毎日新聞社の記者をしていた仮名垣魯文は、生活のすべを失った士族たちの救済の道を剣術をもって立てるという榊原の発想の妙に感じ入り「開花の謀師《はかりごとし》」（「横浜毎日新聞」一八七三年五月十九日付）といって讃《たた》えている。

明治十一年、榊原の後継（野見が継いだ系統と、明治二十七年に山田次朗吉が継いだ系統で分派した）となった野見鍉次郎は撃剣会を組織化して撃剣会社を創設している。露八は、野見ともつながりを保ち、藤田常次郎という人物を紹介し、入社を願う書簡を送っているが、そのときの封筒の差出人には「新よしわら　荻江露八」とある。

ところで、榊原と露八はいつからどのような交流をもっていたのだろうか。

野武士の「松廼家露八」では、露八は「壮年の頃武術を練習して、達者な事を故人になつた榊原健吉《ママ》が聞込み、或日《あるひ》露八の家を訪問《おとず》れ、武士道の衰頽《すいたい》を話し合た末、健吉《ママ》は露八と兄弟の友誼《よしみ》を結び、爾来《じらい》春秋二季武術大会を催して、子弟の奨励を図つて、健吉《ママ》が在世中は励行して居たとのことである」とある。

しかし、『撃劔会始末』（石垣安造、島津書房、二〇〇〇年）に掲載された、直心影流の門人関係の図に、土肥庄次郎と八十三郎の名がある。榊原鍵吉の門人であったということだ。著者の石垣安造は野見のひ孫にあたる。家伝の過去の門人帳から作成したのだろう。何年の史料をもとにした図か記されていないため、彼らの入門がいつのことであるか不明だが、師弟である限り、少なくとも義兄弟といった対等に近い関係ではなかったのではないか。

『静岡市史余録』（柘植清編、歴史図書社、一九七八年）には、露八は「彼は又撃剣がうまかつたので、撃剣会如き者を組織し、時々野試合などもやつた」と書かれている。露八がプロデュースして静岡で撃剣会をもよおしたという意味にとれる。ほかにそのような記録が出てこないから誤《ご》謬《びゅう》かもしれないが、本当だとしたら、剣術を見世物にしたという非難は、本物の剣客である榊原よりも軽いだろうか、重いだろうか。

榊原がはじめた撃剣会については、剣の道を堕落させたと非難されることが多かった（『撃劔会始末』）。榊原が撃剣会をもよおした理由は、明治以降、すたれた剣術を盛り立てるためだとか、生活のすべをなくした剣術家を救済するためといわれる。それは事実だろう。榊原の興行をまねた有象無象のせいで撃剣会の質が著しく低下したのは、榊原のせいではないし、刀を帯びていた階級の祖先をもたず、剣道や武道に縁のない人間には、大衆の楽しみのために剣術を披露して、それで金銭を得たからといって剣術を「おとしめた」とか「汚した」という気持ちに感情移入できない。人がもてる能力を切り売りして生きていくのはあたりまえのことだ。

ただ、榊原の素行を危ぶんだ人たちの気持ちはそれなりに理解できる。撃剣会以降の榊原の行動は、世をすねているというよりも、危なっかしい起業家にみえる。撃剣会以降、榊原はみずからの車坂の道場で講談寄席や居酒屋をはじめ、ことごとくつぶしている。認可なくあやしげな薬を売って訴えられたこともある（「読売新聞」一八七五年五月二十二日付）。

廃刀令が出されたとき、榊原が刀のかわりに倭杖《やまとづえ》という太い木の棒を帯に吊るして歩いたというのはよく知られることだが、この倭杖、じつはただ自分がもちいるためだけにあつらえたのではない。なんと、オーダーメイドで販売していたのである。倭杖を販売するため、新聞に広告をうってさえいる（「読売新聞」一八七七年三月二十日付）。さらに倭杖普及のため、門弟を連れて各地でつかい方の実演をして歩いた。

けっきょく、起業貧乏で、どれもものにならなかった。利にこだわりはしなかったが、金儲《もう》けもまた苦しからずと思っていたのかもしれない。

こうして考えると、榊原は暮らしのために見世物にした程度のことで剣術が汚れるなどとは思っていなかったのではないだろうか。

榊原は、明治十一年に野見に跡をゆずって隠居したのちも、彰義隊や戊辰戦争で戦死した旧幕府軍兵士の慰霊祭には門弟を率いて出席し、撃剣を奉納し、霊魂をなぐさめている。

ただし、一方で明治二十六（一八九三）年に九段の招魂社《しょうこんしゃ》（靖國神社）に大村益次郎の像が建ったとき、この落成に際して、門弟を率いておなじく撃剣を奉納しているのである。大村益次郎こそ、上野戦争での作戦指揮を担当した新政府軍の総司令官である。そしてその像は、江戸城の富士見櫓から上野の彰義隊を凝視している姿を模したと伝えられる。彼の思いは剣にあり、剣を披露する機会があればその場にはこだわりがなかったのか。あるいは、戊辰の際の敵味方などはすでに恩讐の彼方にあり、凶刃に倒れた大村は敬するべき人間であったという思いのほかなかったのか。どちらともまったくの見当はずれか。

世紀の剣豪でありながら、「曾《かつ》て人を一人斬つた事がない」（玉林晴朗「剣客榊原鍵吉　二」『伝記』第三巻六号、一九三六年六月）という榊原は、軍人となった北白川宮能久親王《きたしらかわのみやよしひさ》、かつての輪王寺宮の旗のもとで戦いたいといっていたが、かなわぬまま明治二十七年九月十一日、中風《ちゅうふう》（何らかの脳疾患）で亡くなる。享年六十五であった。

榊原は、最後の剣客といった滅びに甘んじる寂しい清廉な人間というよりも、もっとずっとさばけた、小事にこだわらない、おもしろみのある人物だったのではないだろうか。常識的な武士というものの枠におさまらない、もっとふところの深い人間、愉快な「俗物」であったのかもしれない。

彼が信じた武士道も、おそらくまたしかり。

静岡に行く

明治五（一八七二）年、吉原の存続を脅《おびや》かす事件があった。ペルー船籍のマリア・ルス号で奴隷として連れていかれそうになった清国人の苦力《クーリー》二百三十名を、英国人から連絡をうけた日本政府が人道的観点から救って本国へ送還したという、マリア・ルス号事件が起こる。この事件が吉原の存続に波紋を投げかけることになる。

こんな外交案件が、なぜ吉原に関係してくるかといえば、ペルー側が奴隷売買が問題というならば、自国に奴隷がいる日本に口を挟む権利はないといい出したからだ。そして、奴隷とは何かといえば、遊女の存在である。いくら文化の美しい表層で覆っても、吉原に限らず遊女たちは寒村や貧家から売られて、家族がした前借金をその肉体で返済するまで拘束されている存在だった。彼女たちは生涯自由を奪われた奴隷ではない。だが、解放される日が来るまで、男客に身体で奉仕することを強制され、それをやめる自由をもたない一種の「奴隷」であることにかわりはなかった。

日本政府は、国家の体面を保つため、遊女をすべて解放することにしたのだった。

こうして同年十月、娼妓《しょうぎ》解放令が実施されたが、欧米諸国に対して国家の面子を保つことだけが目的で遊女の人権などまったく考えられていなかった。だから、娼妓芸妓は人身の権利がなく牛馬とおなじで、牛馬に借金返済はせまれないとして、平気で「牛馬解きほどき令」などといわれた。

ただし、亡八《ぼうはち》（妓楼主の蔑称《べっしょう》）たちが、ただで女たちの借金の証文を巻いたはずがない。解放されたはいいものの、救済制度も職業訓練もまったく計画されてはいなかった女たちに行き先も生きていくすべもなかった。そして、「自由意思」で身体を売ることになった。妓楼は、自分の意思で働いている女たちに座敷を貸しているだけだという建前にして法を逃れ、遊女屋を貸座敷と名称だけを変えて、遊廓は継続した。

実際、娼妓解放令で痛手をこうむった妓楼もあったが、遊廓が寂れたのはほんのわずかな期間で、ほどなく吉原はかつての繁栄をとりもどした。吉原だけでなく、おなじように、全国の女郎屋が、貸座敷となって生き残った。

野武士によると、露八が静岡行きを決めた理由を、娼妓解放令以来、寂れた吉原で生活のすべを失ったからだとしている。そこで静岡の色里、二丁町遊廓の繁盛を聞きつけて、静岡で暮らしを立てようという算段であったという。

そのころ露八は吉原の盛衰にかかわらず、茶屋のしっかりした援助も、決まった贔屓《ひいき》客もない野幇間《のだいこ》（素人幇間）同然で、収入が安定しなかった。

一度やめた芸人が関係業者の信頼や客の愛顧をとりもどすのは、そう簡単ではないのかもしれないし、明治になって富裕層、支配層がすっかり入れ替わり、客層の空気が変わってしまったせいかもしれない。

そんな折り、露八は静岡から東京へ芸者を買いにやってきた大坂屋庄左衛門という人物と出会った。露八がたまたまその斡旋をしたところ、一緒に静岡に来ないかと誘われた。お徳に相談すると、行ってみたいという。それで、大坂屋の提案に乗ることにした。

静岡に移住するというのは現代のように気軽に決められることではなかった。東京・静岡間、新幹線で片道一時間半というわけにはいかない。だいいち当時はまだ静岡まで列車さえ通っていないのである。明治五年の鉄道開通から十年代までに列車を利用できた区間は、新橋から横浜間に限られた。東海道本線の東京（新橋）・国府津《こうづ》間の開通が明治二十（一八八七）年で国府津・沼津・静岡間の開通はその二年後のことだ。しかも開通当時の運賃は上等は一円十二銭五厘、中等七十五銭、下等でも三十七銭五厘で、ひどく高額だったから金に困っていた人間が乗車するとは思えない。乗ったとしても、横浜からは箱根の山越えも含め、馬車や人力車といった乗り物もあったが、たいがいは、江戸期とおなじく徒歩である。当然一日の旅程ではないし、金もかかった。

ちなみに大坂屋庄左衛門とは「静岡の花柳界」（『文芸倶楽部　定期増刊』第十二巻第十号、一九〇六年七月）で、「明治五年両替町《りょうがえちょう》三丁目に川増屋《かわますや》豕兼《ぶたかね》と云ふ人あり。此の人二人の芸妓を抱へ置て営業せる程に同年大坂屋なるもの営業を初め、抱へ六人を置たり」と静岡で最初に芸妓屋をはじめた人物として紹介されている。

それで露八夫妻が静岡へ行ったのはいつのことか。

明治七年二月二十八日付の「郵便報知新聞」の府下雑報欄には、「新吉原町男芸者荻江露八なるもの催主にて廓《くるわ》内男芸者数名一昨日二十六日より二十八日迄《まで》三日の間富士見町一丁目料理家松葉亭にて手踊狂言の浚《さら》ひ興行をなせり」とあり、明治七年のはじめの時点ではまだ吉原で活動していたことがわかる。さらに「読売新聞」（一八七五年二月十五日付）には柳橋の河内屋で荻江連中のおさらい会をもよおしたとあるから、明治八年はじめにも東京で働いていたことは確かだ。しかし、明治八年十月に刊行された『諸芸人名録』にはその名が記されていない。そして明治十年五月刊行の『吉原細見廓の賑ひ』にも露八の名は登場せず、以後、明治二十二年まで『新吉原細見』から姿を消すから、露八が静岡に河岸をかえたのは、はやくとも明治八年の春以降のことと思われる。

だが、露八とお徳がいつ結婚し、いつ静岡に生活の場を移したのか。残念ながら確たる情報はみつからない。が、少なくとも明治十年二月二十日には、ふたりは確実に静岡にいた。

露八の妻におさまってからのお徳に、円朝研究者が指弾するような自堕落で奇矯な性質は感じられない。露八との生活に落ちつきを得たのか、女房の深酒くらい受け入れる度量が露八にあったのか。ともかく、夫婦仲は円満で、ふたりのあいだにこどもが生まれた。女の子であった。お直と名づけられた。明治十年二月二十日、静岡でのことである（『団団《まるまる》珍聞』第千二百九十四号、一九〇〇年十一月十七日）。

ということは、お直の誕生の十か月まえ、明治九年の五月にはふたりの婚姻関係は成立していたということになる。だが、絶対にありえないとはいわないが、四十なかばの男と、遊女をしていた三十を過ぎた女が、むすばれて間髪を容れずにこどもを授かるとは考えにくい。しかも遊女のように激しく男性と接する仕事をしていた女性はこどもを授かりにくいといわれている。お徳にも心身を休める時間が必要であっただろう。生物学的父親が露八ではない可能性も含め、なんらかの事情があったかもしれないが、とりあえずここでは詮索《せんさく》しない。

明治九年以降のこととしておこう。五、六人の芸者を連れて静岡に着いた露八夫妻は、二丁《にちょう》町《まち》といわれる静岡の遊廓に向かった。

二丁町を地方の遊廓とあなどるなかれ。二丁町は吉原よりも歴史の長い由緒正しい遊廓なのだ。慶長十二（一六〇七）年、徳川家康は、隠居と称して駿府《すんぷ》を居城とさだめ、大御所として采配をふるった。二十人もの側室をもち、六十六歳で三十六歳下の側室お梶に娘を生ませた艶福家の大御所は、駿府に拠点を築くうえで、まず第一に若い家臣たちの性欲処理の問題を憂慮して花街をつくらせた。これが二丁町遊廓のはじまりで、江戸の吉原はこの遊廓の一部が移住したものといわれる、吉原よりはやくできた幕府公認の遊廓であった。駿府城の大手門から安倍川方向に南西一キロばかりのところにあった。

露八夫妻が移り住んだころの二丁町は、明治元年の大火で全焼したあとで、普請《ふしん》されて数年のまだ新しさの残る建物が並んでいた。

二丁町廓内で芸者の置屋兼幇間で働いてみると非常に流行ったという。江戸の水で洗われた都会的な芸はもてはやされたにちがいない。すぐにふところが暖かくなった。永住するつもりで静岡に来たのではないから、東京に帰ろうかと思ったが、二丁町の幇間たちに、「暫《しばら》く足を留めて遊んでお在《い》でなさい」（「身の上ばなし」）といって引き留められた。

「静岡二丁町大門」明治期えはがき

当時の二丁町で人気の幇間といえば、養老滝五郎と桜川平内であって、養老滝五郎は酒間の周旋がうまく、また手品をよくした。座敷だけでなく、廓の外、下八幡町から伝馬町にかけてできた、金をもって移住してきた旧幕臣たちをあて込んだ小屋がけの寄席へも出て、手品を披露したという。その彼に並ぶ人気を博していたのが桜川平内であった。露八は、この平内を頼って静岡に来たらしい。

家をあてがわれ、座敷に出るときも着る物に制約がない。田舎暮らしの気楽さに二年ほどすごした。さすがに退屈して東京に帰ろうとしたところ、客の声がけがあって、廓の外、駿府城の西、安西南町（現在の八千代町）に家を借りて、鮟鱇《あんこう》に豆腐で一杯呑ませる小料理屋を開いたところ、案外の繁盛であった。ところが、お徳の母親が病気だというので、静岡にひきとったりしているうちに、商売にあらが出たのか流行らなくなり、やめてしまった。

『静岡市産業百年物語』（同書編纂委員会編、静岡商工会議所、一九六八年）には、明治十四（一八八一）年の「静岡花くらべ」にある「貸席に願承寺荻江亭とあるのは露八の経営にかかるものでは無いだろうか」とある。「静岡花くらべ」とは「静岡新聞」明治十四年一月四日付の附録として配られたもので、その内容は『本道楽』（四巻六号、一九二八年三月）に再録されている。願承寺というのはどのあたりかと思い探したが、府中にその名の寺はみあたらない。

露八はあらたな商売を思いついた。貸席を経営していて座敷によべる町芸者が少ないことに着目したのかもしれない。当時、静岡には廓内の芸者だけで、町芸者というものがいなかった。静岡に町芸者が登場したのは明治五年ごろからというから、実際はいたのかもしれないが、客の評判はいまいちだった。「磯馴《そなれ》（店名）の向う角に見番《けんばん》あり、芸者は僅か十三人、内二老妓あり、長吉というは明治初年業を此の地に営みたり。ひとりは金八といい、老猫にて或《あるい》は人三化七《にんさんばけしち》（人間30％、化物70％）などと噂あり」（『静岡市産業百年物語』）などというものもあった。両替町に転居した露八はみずから見番をこしらえて、三十人ばかりの芸者を集めて市内の料亭に派遣した。ひところは多いに流行った。だが、すぐに、自分の店に芸者を置いておくことを思いついた料理屋に客を取られ、あえなく商売を手放した。

明治十四年版の『静岡全盛花街一覧』には当時の芸妓の実名と年齢が載っている。土地の芸妓も東京から連れてきた女たちも、老妓どころか、多くは十代の少女である。男名前の芸名が重たく感じられるくらいに幼い娘たちだ。

芸者派遣業に失敗してからは、宿屋もやり、塵芥掃除方《じんかいそうじがた》（清掃業だろうか）という人足をつかった事業もはじめたがうまく行かず、これも人手にわたった。

ちなみに露八に静岡行きをすすめた大坂屋庄左衛門は、芸者派遣業でねばり、静岡市から禁止されれば遊芸人稼業として名をかえて商売を継続し、料理屋の反発にあっても負けず、ついに芸者派遣業者として権利を得た。大坂屋がそれだけやれたのだから、露八ももうひと頑張りできたにちがいないが、どうも石にかじりついても、というねばりが足りない。

露八の場合、商売の発想自体は悪くないし、原価を考えない士族の商売というのでもなく、まともに商売することを考え、まじめに起業しているつもりだが、なぜか何をやってもうまくつづかない。どこか地に足がつかず、心が浮き世を三寸ほど離れているのかもしれない。いや、露八が悪いのではなく、世の中のほうがいつのまにか三寸ずれてしまったのかもしれない。

露八は静岡で本格的に幇間として働きはじめた。おそらく露八はそれまでもさまざまな事業に手を出しながら、すきまで幇間をしていたのだろう。起業と幇間のバランスが決定的に幇間に傾いたのは明治十四年過ぎと思われる（『静岡市史余録』には明治十四年に静岡にやって来たとある）。自分は幇間を、お徳は芸者をして暮らした。

『東海三州の人物』（伊東圭一郎、静岡民友新聞社、一九一四年）にはこの夫婦についてこうある。

◎露八の女房に延菊《のぶぎく》と云ふあり、素敵な佳人《かじん》也。素《も》と旗本の御姫様《おひいさま》なるにアラウ事かアルマイ事か幇間の露八と乙《おつ》な噂を立てられ為に七生までの勘当を受けて芳原《よしわら》の傾城《けいせい》とまで成り下れり。

お読みいただければわかるように、正しい情報ではない。お徳が遊女となったのは露八と関係をもったからではない。だから、お徳の芸名が延菊というのもあてにならないのではと思ったがそうではない。明治二十九（一八九六）年三月三日付「万朝報」にお徳の死亡記事があって、冒頭「清元延菊事水沢おとく（五十二）は吉原の幇間松の家露八の女房にて（後略）」とある。お徳が延菊という名で左褄《ひだりづま》をとっていたということ、幇間と芸者として夫婦でともに座敷に出て協力して暮らしていたというのは本当であろう。『東海三州の人物』にはつづきがあって、

◎佳人延菊、また落語界の天才円朝ともお安からざる間柄なりしかば円朝の静岡に来る《きた》毎《ごと》に露八のチン〳〵でよく人騒せを為せりき。

とある。女房の十年もまえに別れた前夫が仕事で来るというくらいで露八ほどの男がそれほど

あわてるだろうか、と考え、ふと思い出したのが、お徳に送った円朝の先の「起請文」である。あれはいつ送ったものなのだろう。明治二年に、お徳と別れるときにわたしたものと思ったが、そうではないかもしれない。

一ノ瀬幸三「新聞・雑誌に現われた円朝（一）」（『円朝考文集　第三』同刊行会、一九七一年）にこんなことが書かれている。

このころ、おなか（引用者注・お徳のこと）は、やや経済的にとゆとりのできたし、子どもへの愛着にも引かれてか、さる茶屋から口をかけて、円朝を呼んだ、こうして、二、三回逢ったが、夫婦喧嘩が始まって、円朝はあやまり証文一札を入れて、ようやくことずみになったとのことである。

とある。この「あやまり証文一札」というものと、先の起請文がおなじものであるとは限らないが、別のものにしても、別れたのち、お徳と円朝の間に交流があった可能性をしめすものにはちがいない。それにしても、円朝は何についてお徳に「あやまり証文」を書いたのだろうか。何をあやまらねばならないと思ったのだろう。

円朝がお徳と会ったとするのは、一ノ瀬によると、円朝、お幸夫妻が梅屋敷に引っ越した明治五年から、そこから本所二葉町へ転居した明治九年のあいだのことであり、さらに、円朝一門が揃って隆盛を極めた時代という。

お徳は、静岡にやって来た円朝と会ったのだろうか。それでもし、女房が前夫から「後々夫婦に相違無之事は八百万の神に誓ひて聊か相違無之」などという起請文をもらったとしたら、露八といえどもさすがに心安らかではいられないだろう。

『静岡市史余録』によると、静岡時代、露八の芸は仁王が一番人気で、赤毛布をかぶり、仁王の面をつけて演じたとあるが、そんな芝居の小道具のようなものをもって座敷に出たのだろうか。

普通、お座敷でお客の気分に従って即興で演じられる幇間芸は、あらかじめ小道具を準備しておくようなことはしない。その場にあるもの、手拭いと扇子、せいぜいお膳に並べられた皿や徳利くらいで、当意即妙《とういそくみょう》の芸をしなければならなかった。座敷に出れば必ず仁王をリクエストされるからそのような小道具を準備していたものか。

『東海三州の人物』にはこんな記述もある。

◎露八は幇間《たいこもち》でも素《も》とは歴としたお武家様なり。碁も囲めば俳句も拙《つたな》からず、踊も上手なれば端歌《はうた》も達者也、何でも一通は心得て居り殊《こと》に渠《かれ》の仁王様に至ては是《こ》れ天下一品にして奈良《なら》原《はら》知事などは毎度激賞して措《お》かなかつた者也。

碁は知らないが、俳句や踊、端歌はべつに武士に求められた素養ではない。むしろ、武士と町人に共通した趣味であり、露八がその人生において好んで身につけたものだ。一中節と荻江節が得意であったというが、伊藤痴遊によると、小唄はうまかったという。記憶は定かでないが、お徳が露八に手ほどきしたのだろうという。静岡時代にお徳が露八に稽古してやる場面に出くわしたことがあるのだろうか。

ちなみに奈良原繁《しげる》は薩摩藩出身。明治十六（一八八三）年に静岡県令をつとめた。博徒《ばくと》の一掃をはかり、清水次郎長を監獄送りにしたことでも知られる。咸臨丸《かんりんまる》事件の折りにも世話になり、次郎長に恩誼《おんぎ》を感じていた露八は、恩人を監獄に送った男のまえで仁王の芸をしていたことになる。

静岡にいるあいだ、露八は静岡に定住した旧幕臣たちと交流している。

静岡には、旧幕臣たちが大勢いた。

子母沢寛の「蝦夷物語」では、田舎者相手に頭をさげ疲れて、静岡に去った昔の旗本連中、本物の江戸っ子を慕って移住し、貧乏な元旗本を相手に幇間をしたとある。ある意味本当かもしれない。

明治元年、徳川家が封じられた静岡藩七十万石には、家臣である旗本、御家人たち約一万三千人とその家族が移住してきたが、かつてのおおよそ十分の一に屋台骨の小さくなった徳川家には、もはや「国家」であったころの膨大な家臣たちを養う力はなかった。静岡藩が養える家臣は、

「旗本八万騎」（実数ではない）のうち五千人がせいぜいであり、人減らしに汲々《きゅうきゅう》として、仕方なく家臣たちに、商人となるか帰農するか、禄は払えないがついてくるか選ばせた。しかし、静岡藩の思わくに反して多くの家臣たちが主家を慕って、食えないほどに減俸されるか、あるいは無禄を承知で静岡に移住してきた。

三万人の幕臣とその家族からなる移住者たちの多くは、「御泊《おとま》りさん」とよばれ、百姓家のつかわれなくなった馬小屋や納屋を借りて住居とし、修繕してようやくに雨露をしのいだ。だが、働くことを知らない人々が、収入を失い、屋敷を失い、家財をなくして生きていけるわけがない。やがて餓死者があらわれるほどの凄惨な状態におちいった。みずからも無禄移住の憂《う》き目にあった御徒《おかち》目付の息子、作家の塚原渋柿園《つかはらじゅうしえん》は、おなじく静岡移住した幕臣の家族が餓死し、あるいは一家心中をした姿を何度も目撃している。

兎《と》に角《かく》旗本八万騎という、多数の、しかも世渡りに極く不馴《ごふなれ》の人間が、一時に無禄の乞食となって他国に漂零《さまよ》うと云うのだから、修羅や餓鬼の悪道に堕《おち》るのは真《まこ》とに当然の成行きで、ひくひくながらも露命を続けて、聖世《せいせい》の徳沢《とくたく》に浴しつつ今日までも在ると云うのはむしろ不思議と言ねばならぬのだ。

（「五十年前」『幕末の江戸風俗』岩波文庫、二〇一八年）

生き延びて、新しい世で新しい人生を送ることができた者は僥倖《ぎょうこう》、そう思えるほどの惨状であったわけだ。

しかし明治も数年を過ぎれば、本当に生きる力のない者は淘汰《とうた》され、生き延びた者たちは不慣れながらも「生活」をはじめる。明治二（一八六九）年、版籍奉還ですでに静岡藩はなくなり、明治四年の廃藩置県で、徳川宗家の相続者である徳川家達《いえさと》は静岡藩知事を免職となり、東京の千駄ヶ谷へ移住していた。

それからすでに十年である。静岡で暮らしながら、宗教や農業に新しい人生の意義を見出した者たちもいた。

そんなひとり山中笑《やまなかえむ》（共古《きょうこ》）は、幕末には和宮《かずのみや》に仕えていた御家人（御広敷添番《おひろしきそえばん》）であったが、幕府瓦解後、静岡に移住・静岡藩の藩校である静岡学問所に入学し、藩校が廃止されたあとに設立された英学校賤機舎《しずはたしゃ》の英学教授をつとめた。そこで働くうち、教師として雇われていたカナダ・メソジスト教会宣教医のデイヴィッドソン・マクドナルドによりキリスト教と出会い、明治七年、マクドナルドからキリスト教の洗礼をうけた。明治十四（一八八一）年六月、按手礼《あんしゅれい》（十二使徒を伝道に派遣する際、キリストが彼らの頭に手を置いてみずからの権能をさずけたことをまねびて、以後めんめん現代まで、先達から聖職者になる新任へおこなわれている儀式）をうけて牧師となった山中は、七月十九日、カナダのメソヂスト教会伝道会社より寄付された金で建築した牧師館に引き移る。静岡呉服町六丁目十六番地、玄南横町沿いの角。

山中が暮らすことになった牧師館は、「小ヂンまりした格子戸造りの小屋で漸く一坪計《ばか》りの履《くつ》

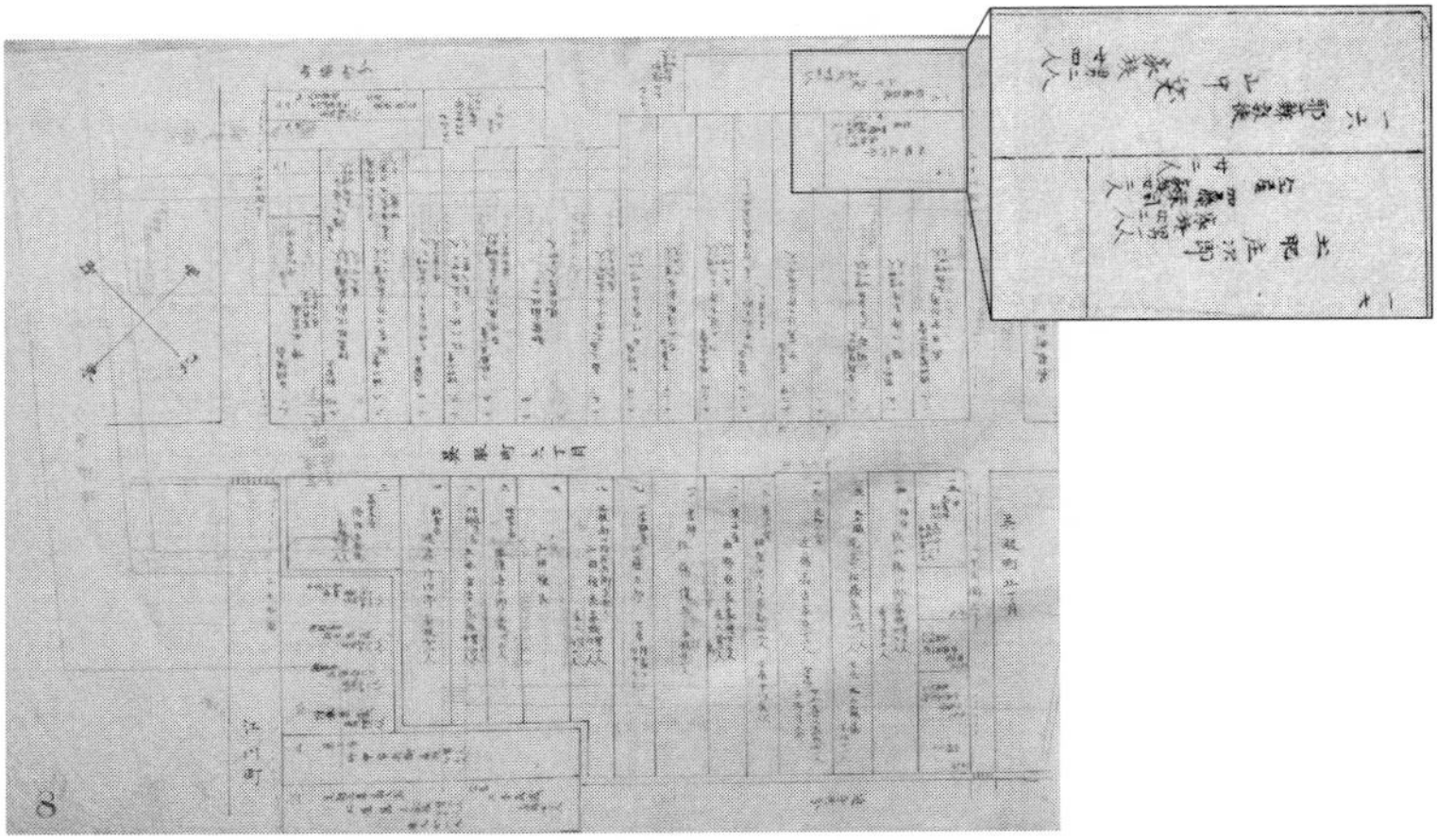

〔静岡市町内絵図〕「呉服町六丁目」明治 20 年、静岡県立中央図書館所蔵
右上の 16 番地、17 番地に山中笑、土肥庄次郎の名がある。絵図の刊行は明治 20 年だが、居住者の情報は明治 17 年以前のものと思われる

ぬぎがあり、そこが玄関で二階は六畳二間位、南側の一間は牧師の読書室、入口の分が応接室であった」（『日本メソヂスト静岡教会六拾年史』日本メソヂスト静岡教会、一九三四年）。ひとり暮らしならば贅沢な広さだが、このとき、山中は男ふたり、女四人の六人家族であった。

呉服町通りを呉服町六丁目と五丁目の境で直角に交叉する通りを俗称玄南横町といった。その玄南横町通り沿い、牧師館の隣に世帯をかまえていたのが露八の一家だった。「静岡市町内絵図」（静岡県立中央図書館所蔵）によると露八の住まいは呉服町六丁目十七番地。

絵図には番地の下に職業が記されていて、山中は耶蘇《やそ》教師とあるが、露八には職業の記載はない。家族の人数も書かれている。土肥庄次郎の家族は男ひとりに女ふたり、露八にお徳とお直だろう。同屋には、加藤栄司という人の男ふたり、女ふたり（地図には女二人、女二人となっているが、それならば女四人と記すべきだから、男二人、女二人の誤植であろう）の四人家族が同居していた。間取りはわからないが、さほど広くもない住居に、七人が生活していたことになる。

明治十五年十月八日、露八宅の隣、山中笑が暮らす牧師館の敷地内、四、五坪のところに教会の会堂が建ち、マクドナルドの司会で献堂式があげられた。『日本メソヂスト静岡教会六拾年史』では、「質素なる西洋擬《まが》ひの木造建築にて幅三間、奥行五間」「玄南横町の会堂は（中略）粗末な西洋館」と、ことさらにその建物が質素で粗末なものであったことを強調するが、それは昭和九（一九三四）年の感覚であって、当時の人たちにしてみれば、キリスト教の会堂で、まがい物にしても西洋風の建物とくれば、新奇にも感じられただろうし、見物も立ったかもしれない。献堂式のあと祝いに十五日まで一週間連日説教会がひらかれた。その最終日、旧幕臣の今井信郎《いまいのぶお》が、山中らとともに按手礼をうけて日本最初の牧師のひとりとなった平山愃保《ひらやまよしやす》からキリスト教の洗礼をうけた。

今井信郎は、旧幕時代、京都見廻《みまわり》組の与力をつとめ、坂本龍馬《さかもとりょうま》と中岡慎太郎《なかおかしんたろう》を斬った男たちのひとりだといわれている。鳥羽伏見から箱館戦争まで戦いぬき、降伏。拘束中、龍馬暗殺のかどで裁判をうけたが、処刑されずに、ほかの箱館降伏者と一緒に明治五年に釈放された。その後、政府の小役人をして露命をつないでいたが、明治十年、鹿児島で西郷叛乱の報をうけるや、職を辞して、一隊を組織し、討伐に加わろうとした（西郷軍に合流しようとしたとも）。が、出撃以前に西郷軍は壊滅してしまった。明治十一年、大井川南方の牧之原一帯の開墾地域である旧榛原《はいばら》郡初《はっ》倉《くら》村（現在の静岡県島田市）に入植し、以後、残りの生涯を茶畑の開墾に捧げ、大正七（一九一八）年六月二十五日、八反《たん》六畝《せ》二十七歩《ぶ》（約二千六百坪）の茶畑をひらき、開墾先で死んだ。

この今井と露八には交流があった。前田匡一郎が平成十（一九九八）年三月から「産経新聞」に連載した「徳川家臣の生きた道」の第五回から第七回に「荻江露八　上中下」として露八が紹介されている。うち「下」にとりあげられた今井信郎の静岡時代の日記「退渓日記」に、露八が登場する。「明治十五年六月二十八日　再、求友亭ニ会飲ス、永田、河村外《ほか》一人、妓延菊外一人、平吉、露八」とある。「退渓日記」は個人蔵で簡単に閲覧することはできない。前田が参考にしたのは、史料を紹介した榛葉禮一の『記録に見る牧之原開墾の曙 覚書』（田中工房、一九九〇年）である。

求友亭は、当時両替町五丁目にあった。「偶々《たまたま》同好の粋友を求め、或《あるい》は佳人《かじん》を携へて会宴を試む、この亭最も好し、瀟洒《しょうしゃ》たるの筵席《えんせき》江戸前の包丁、器具の精撰、酌媛《しゃくえん》の上品なる、当市旗亭《きてい》中第一位を占《しむ》るが如し」（野村鉄太郎・月岡掬香『静岡繁昌記』光風社、一八九三年）という静岡きっての一流店であった。料亭で呑むのによんだ芸者と幇間が偶然にも土肥夫妻、露八とお徳であった、などということはありえない。所属教会の牧師である山中笑から、隣に住んでいる人物はいまは幇間をしているが元彰義隊士で気骨のある人物だから一度会ってみては、とすすめられたとも考えられる。

縁は山中以外からも生じうる。今井の剣術の師は榊原鍵吉である。今井の子孫には、坂本龍馬を殺害したとき、彼は龍馬を斬った刀を、危機がせまる京から江戸へ逃がす妻にゆだねて、榊原にわたした。榊原はしばらくその刀を方々にみせてまわったというが、どうしたことか、けっきょくその刀は今井の手にはもどらなかった、という口伝が残っている（今井幸彦『坂本龍馬を斬った男』新人物文庫、二〇〇九年）。竹刀を交わす機会はなかったかもしれないが露八と同門である。会えば榊原の近況などについても話をしたはずだ。共通の知人、そんな小さな縁でも異郷にある者にはいとしかろう。

それにしても、今井が静岡で露八と会っていたという事実はおもしろい。「退渓日記」にはさらに、「明治十六年八月二十五日晴　出岡、左官昨日同断、午後三時仕舞『浪花亭』ニテ少酌ス、省三、妓三人、及露八」の記述がある。省三というのは今井の実弟で、兄とともに箱館戦争にまで参戦した人物。この記述を引き写した前田はこの浪花亭を露八が経営した小料理屋ではないかと推測している。浪花亭は「静岡新聞」（一八八一年一月四日付附録）の「静岡花くらべ」の割烹店のなかにあり、たしかに所在地は呉服町である。しかし、先ほどの「静岡市町内絵図」（経営者名と職種のみの記載で店名は記されていない）をみると、呉服町に「飲食業」をいとなむ店はあるが土肥庄次郎名義の店はみあたらない。だいたい、過度の江戸贔屓の露八が自分の店を「なにわ」と名づけるとは考えにくい。

今井はキリスト教に入信するに際し禁酒の誓いを立てていた。当時のキリスト教諸派は日本人の道徳心を矯《た》め直すのにまず禁酒を説いた。だが、今井はしばしばこの誓いを守ることができなかった。この日も午後三時に用事を済ませたあと、弟とともに「少酌」という。幇間と芸者三人は、兄弟で交わす昼酒の「少酌」にはやや大仰である。芸者三人は露八の心づくしかもしれない。

山中笑は、明治十七（一八八四）年六月十三日、東京の下谷教会に牧師として赴任するため静岡を去った。

露八は、隣人の旅立ちに、

五月雨《さみだれ》に飛びだして行《いく》蛙かな

という一句をはなむけた。六月の旅立ちに五月雨とは季語がちがうのではと一瞬思うが、季語は旧暦の五月を指し、新暦の六月にあたる。だからここの五月雨は梅雨の雨を指す。山中が旅立つ日、雨模様だったのかもしれない。

森銑三《もりせんぞう》は「松の家露八のこと」（中村幸彦ほか編『森銑三著作集』続編第六巻、中央公論社、一九九三年）の一文をものして、露八についての山中の文章を紹介している。

山中は、大正になって、雑誌『日本及日本人』（臨時増刊「明治大正半百年記念號」七百十四号、一九一七年九月）に掲載された樋口二葉《ひぐちふたば》による榊原鍵吉の撃剣会についての文章中、呼出しをつとめたひとり「土肥露八」を、土肥庄次郎、松廼家露八と同一人物として述べたところ、これを七百十七号（一九一七年十一月一日）で間違いであると指摘したさる読者の記事を読んだ。

その記事というのは、赤坂愛読者という筆名で、「土肥は旧幕臣実名土肥庄次郎にて維新の際徳川宗家と共に府中（静岡）に移住し洒落を以て世を遮晦《しゃかい》せり、慶喜公の信寵《しんちょう》を得公の東京移住迄《まで》は静岡に在り」といったのは思い込みだが、「当時東京の友人は皆土肥庄次郎を以て呼びたり」というところからみて、赤坂愛読者氏の正体は露八の友だちの友だちといったところか。

これを読んだ山中笑は、もしかしたら、赤坂愛読者氏の知ったかぶりを少し不快に感じたのかもしれない。

殊《こと》に彼の音声大なる数丁先の人を呼止むることにても有名なりしゆゑ呼出役に選れしことにぞあらん、彼は彰義隊残党として故宮様士《みやさまし》奥野昌綱《おくのまさつな》氏と静岡へ来《きた》り寺院に身を匿《かく》して居たりしが、其後《そのご》花柳界に出入し幇間を為せしも赤阪《ママ》愛読者の云はるゝ如く尋常の人にてはあらざりし。

とあり、ほのかな苛立《いらだち》ちが感じられる。

ここに宮様士とあるように、奥野昌綱は彰義隊士ではない。上野輪王寺宮づきの納戸《なんど》役であった。上野戦争の日、落ちゆく輪王寺宮を警護して上尾久村《かみおぐ》まで随行したが、そこで、人目を避けるためいったん輪王寺宮一行と離れ、別行動であるじのあとを追って榎本艦隊に合流した。そしていかなる運命か、咸臨丸に乗り合わせることになった。しかし、最後まで行動をともにしたのではない。嵐にあった咸臨丸が下田に漂着すると下船して、陸路で静岡へ潜行。面識のあった新門辰五郎が徳川慶喜に従って静岡に来ていたので、その援助をうけて寺院に潜伏した。奥野は咸臨丸襲撃事件の前後には、菩提樹院（静岡県静岡市葵区沓谷《くつのや》）という寺院にいた。それから露八たちが静岡藩で謹慎しているうちに江戸にもどっているから、露八と行動をともにしたのは、咸臨丸で漂流した数日間ということになるだろう（黒田惟信編『奥野昌綱先生略伝並歌集』一粒社、一九三六年）。

奥野と行動していたわけではないが、咸臨丸が清水港に到着し、乗組員らが次郎長が手配した静岡各所の大家に潜伏したとき、露八はどこかの寺院へ身を潜めたのだろうか。奥野と露八の両者と交流のあった山中は、どちらからも、慶応四年の行動として、上野で戦ったこと、咸臨丸に乗船して静岡に来たこと、寺院に潜伏したことを聞き、行動をともにしていたようにうけ取ったのだろう。

奥野は明治六年、ブラウンよりキリスト教の洗礼をうけ牧師となった。明治十七年五月十八日には玄南横丁通りの会堂にやってきて「熱誠溢るゝ説教を為し百余人の会衆をして多大の感動を起さしめた」（『日本メソヂスト静岡教会六拾年史』）という。とくに賛美歌の編纂に業績がある。

前田の「徳川家臣の生きた道」連載「荻江露八　下」には、露八が、関口隆吉《せきぐちたかよし》と一緒に「廓の恋」という曲をつくったとある。関口が作詞し、露八が曲をつけた。端唄か小唄か都都逸《どどいつ》か。いずれにせよ遊惰な曲名だ。前田があげた出典『牧之原開拓史考』に目を通したが、その記述はみつからなかった。けっきょく、情報は前田の指摘だけで、露八と関口がいつ、どのようなきっかけでこのような曲を合作するにいたったかはわからない。が、曲の題名からして、関口は二丁町遊廓での遊びに、露八をよんで、そのような酔狂をしたのか。のどかで知的な遊びであったことだけは確かだ。

関口は牧之原を開墾するつもりで静岡に来た。しかし、明治四年、新政府に出仕、明治八年から明治十四年まで「敵地」山口県の県令をつとめることになった。明治十七年からは静岡にもどって県令（明治二十年からは県知事）をつとめた。

明治二十二年四月十一日、名古屋出張の異動をかねて、みずからが敷設させた東海道本線の試運転に乗車した関口は、乗っていた汽車が貨物列車と正面衝突事故を起こして重傷を負い、五月十七日に死去した。

自由民権の壮士たち

静岡に移住した旧幕臣たちは極貧の者たちばかりではないし、全員が全員いつまでも貧困に喘《あえ》いでいたわけではない。

露八の旧友、旧旗本の山岡景高《やまおかかげたか》は、幸いにも蓄財の才に恵まれて、それなりに裕福な生活をいとなんでいた。山岡にはこどもが三人いて、長男が昂三《こうぞう》、長女がはま、末っ子を音高《おとたか》といった。音高は幼年時に養子に出されて、鈴木姓を名乗っていた。

文久二（一八六二）年生まれの音高は、明治八（一八七五）年、十四歳で外国語の勉強をしに東京にやられた。フランス語を習得し、しばらく中江兆民《なかえちょうみん》の仏学塾で法学を学んでいたが、明治十二（一八七九）年、学費のつてをなくして帰郷、しばらく小学校の教師や商いをして暮らしたが、蓄えができたのか再度上京して、明治十六年、代言人（現在の弁護士）試験に合格して静岡に凱旋した。

代言人資格は、明治十五年二月十八日の司法省附属代言人制度廃止にともない、試験合格者に免許を与える通常代言人制度に切り替えられていた。音高は明治十五年後期の試験受験者であるから、ごく初期も初期、第二回目の試験の受験者で、しかも受験者八百五十六人中合格者七十三人の十二倍近い倍率を勝ちぬいた（寺崎修「静岡の自由民権家　鈴木音高小伝」手塚豊編著『近代日本史の

新研究　二』北樹出版、一九八三年）。

静岡にもどった音高は、江川町に事務所を開いた。

代言人時代の音高は、豊かな黒髪を肩先で垂らして、美男というほどではないが、丸顔で、笑顔が人なつこく、異性にもてた。

音高は父景高とともに、露八を引き立ててくれ、宴席には必ずといっていいほど、露八がよばれるようになった。

そのころの若者で、多かれ少なかれ、自由民権運動にかぶれないものはいなかった。とくに、世の転変によって未来を失った旧幕臣の子弟たちは、そのやりきれない思いを自由民権運動にぶつけた。音高もまた、代言人試験以前から自由民権運動に熱中していて、代言人になったのも運動の一助となすためでもあった。そして、兄の山岡昂三や、やはり旧幕臣の子弟で同志の湊省《みなとしょう》太郎《たろう》らとともに盛んに演説会を開催した。

ちなみに、湊省太郎の父は、湊信八郎《しんぱちろう》といって、講武所《こうぶ》の剣術の師範であった心形刀流《しんぎょうとう》の名だたる剣客であった。家系図がないとやや複雑な話になるが、省太郎の父、湊信八郎は、旗本三橋《みつはし》家の出身。三橋家から養子に行って、心形刀流宗家を継いだ伊庭秀業《いばひでなり》（軍衛兵）の実兄の息子にあたる。つまり、信八郎にとって箱館で戦死した伊庭八郎はいとこ。省太郎からみて従叔父《じゅうしゅくふ》にあたる。

自由党の静岡支部を岳南《がくなん》自由党といい、音高はその領袖《りょうしゅう》のひとりと仰がれた。若き名士であった音高のもとには、方々から自由党の壮士たちが集まってきた。

そのなかに、横浜から来た井上仁太郎《いのうえにたろう》という少年がいた。のちに講談師伊藤痴遊《いとうちゆう》となるこの少年は、慶応三（一八六七）年の生まれで、このころまだ十代。年少とはいえ、あなどれないことに自由党の結党とほぼ同時に党員になった生えぬきの自由民権の闘士だった。

若き日の痴遊はしばしば静岡の音高をたずねて、露八とも顔を合わせた。幇間だというが、ただの幇間とは様子がちがって、「客に物ねだりをしたり、遊冶郎《ゆうやろう》を唆《そそのか》して、長遊びをさせるやうな事は、更に仕《し》なかつた」という。露八が武人の趣《おもむき》を保っていたので、芸人扱いして「露八」とよぶことができず、「土肥さん」と本名の苗字でよんでいた。なかまうちでも誰ひとり「露八」とよぶ者はいなかったという。槍の腕前も本物で、なにより体が大きく、膂力《りょりょく》が強かったので、相撲取りになっても三役になれるのではないかとみなで噂したほどだった（「亡友の思ひ出　三」『痴遊雑誌』第一巻第六号）。たしかに武士の風格だったのだろう。露八が馬で吉原にきた姿をみた広田星橋は、「立派でした」（『大江戸座談会』）と感想を抱いている。

若者が健全にその青春を謳歌《おうか》するには、若さゆえに蓄積していくある種の鬱屈を何かしらの情熱によって燃やしてしまう必要がある。見方によっては自由民権運動もまた、そうした若者が抱えるもろもろの鬱屈を燃焼するためのひとつの場であったかもしれない。まして、時代の運命によって世の表舞台に出る可能性をせばめられた旧幕臣の子弟たちが、自由民権運動に夢中になったのは無理からざることだ。だが、政府が、この反政府的な活動を若者の遊びとしてみすごしておくはずもなかった。

明治十三（一八八〇）年の集会条例で、各演説会を警察官に監視させることができ、演説の内容が届け出たものを逸脱したとき、あるいは公安に害があると判断したときなどは、警察が解散の命令を出せるようになった。さらに、明治十五年に施行された改定集会条例では、臨監の警察官が解散を命じた演説者に対し、一年以内、地方長官の命をもってその管内で、内務卿の命をもって全国で、政治演説をおこなうことを禁ずることができるとした。これによって、指導者格の同志たちは次々に言論を封じられていったのである。音高も、改定集会条例によって、全国での演説を一年間禁じられた。

言論を封じられた壮士たちは、自由民権は腕力でなければ実現しないのではないかと考え出した。時しも各地で起こる激化事件にあおられ、静岡の壮士たちも武力蹶起《けっき》をもくろむようになった。そして、金策である。寄付をしてくれるような奇特な金満家などいようはずもなく、彼らは、銀行や役場、やがては個人宅を襲って金を強奪するようになった。

そして、明治十七年十一月、浜松の金指《かなざし》銀行を襲い、金を奪って逃走する途中、追跡してきた巡査を殺害してしまう。人を殺して奪った金はたった二十数円だった。

この事件以後、自由党への警察の監視はますます厳しくなった。

追い詰められた音高は露八に現状のすべてを打ち明け、警察の情報を探って流してくれるように頼んだ。

じつは、民権派の御座敷に必ずよばれていた露八の存在に、官憲側も目をつけていた。関係を疑ってのことではない。民権派のどの席へも疑われずに出入りできる露八を密偵としてもちいたいと考えていたのである。だから、官憲に協力するふりをして情報を聞き出し、それを音高側に伝えてほしいというのである。つまり二重スパイだ。

露八もさすがに驚き、即答を避けた。しかし、熟考の末、引き受けることにしたのである。

伊藤痴遊によると、音高が東京に出たのは、露八が、こうして聞き出した情報から、官憲の手がせまっていると助言したからだとする。そして露八は先に東京にもどり、官憲の監視から逃れるため東京に出てきた音高の家の管理人となっている。

どういう経緯で、露八は、東京の音高のアジトの管理人となったのか。

『探偵実話　国事探偵』（金松堂、一八九四年）には、伊藤痴遊が証言するような、露八の自由党員への協力は示唆されていないが、露八の静岡での音高との交流から、東京の家の管理をまかされるようになるまでの経緯が書かれている。この話は、はじめ「都新聞」に明治二十七（一八九四）年一月二十三日から五月十日にかけて連載された。なおひと月遅れに刊行された単行本には、「都新聞」には掲載されなかった事件関係者の捕縛とそれぞれの刑期が記された最終章（其八十七）がある。

著者は新聞連載時は無記名、単行本では無名氏とある。無名氏は渡辺霞亭《わたなべかてい》の筆名のひとつとして知られるが、この作品は高谷為之《たかやためゆき》という元警視庁の警官であった人物によって書かれた。高谷

「探偵実話　国事探偵」第1回（「都新聞」1894年1月23日付）二丁町の宴席の場面。前向き長髪で腕組みする男が鈴木音高（鐸本基高）、遊女ふたりおいて、扇子をもって前のめりに語る坊主頭が露八、右隣の額に手を置く人物が露八の弟子の幇間・平喜

は豊多摩郡高井戸村出身の旧幕臣だった。偏屈な男で、名前を、筆名でさえ、さらすことを嫌ってほとんどの作品を無記名で発表した（蛯原八郎『明治文学雑記』学而書院、一九三五年）。それがため、文学史上、当人の念願どおり無名で終わっている。

明治二十年代、主筆の黒岩涙香《くろいわるいこう》の探偵小説が人気を博して発行部数を伸ばしていた「都新聞」だが、その黒岩が社の所有者となった楠《くす》本正隆《もとまさたか》と意見をたがえ、社をぬけて「万朝報《よろずちょうほう》」を創刊した。「弗《ドル》箱《ばこ》」であった黒岩がぬけて、「万朝報」にざっくり客を奪われた都新聞社は、黒岩のかわりとなる者を探した。しかし、すでに探偵小説は出つくし、凡百の作が横行し、新味にも欠けた。そこで、都新聞社で探訪記者（社会部記者）の長をしていた、元警視庁の警官、高谷為之に「探偵実話」として事件のドキュメンタリー小説を書かせることを思いついた。高谷が「国事探偵」の連載のはじめに、「素《もと》より小説家ならざる編者の事とて筆に花ある筈《はず》なけれど却《かえ》つて筆に花なく只有りのまゝを拾い綴《つづ》る所が面白しとて一編は一編ごとに倍旧の好評を受けたり」（「都新聞」一八九四年一月二十三日付）といっているように、回を重ねるごとに読者の人気が増していった。読者に認知されたこともあるが、高谷の文章が読み物として洗練されていったためでもあろう（以降、内容がおなじなので単行本を参照する）。

『国事探偵』（金松堂版）の登場人物は、ほとんどが仮名《かめい》となっていて（鈴木音高は鐸本基高《すずもともとたか》、湊省太郎は源敏次郎《みなもととしじろう》といった具合）わかりづらいが、犯罪者にならなかった露八は実名（芸名）で登場する。

物語は、明治十八（一八八五）年二月十一日の紀元節《きげんせつ》（神武天皇の即位日としてさだめられた戦前の祝日）を、音高をはじめとした静岡の自由党員たちの宴席からはじまる。その二次会、二丁町の楼閣に幇間として露八と平喜がよばれた。『国事探偵』に記される露八の容貌は、「肥《こ》へ太りたる大坊主にて幇間と云はんよりも寧《むし》ろ昔の品よき医師風あり」とされる。作中、露八は、遊女賤機《しずはた》に入れあげているように感じる友人の息子、音高の素行や身の上を案じてしばしば意見を加えているが、自由民権運動への傾倒を云々《うんぬん》することはない。

明治十八年、静岡をひきあげた露八は、浅草公園第六区に居をかまえた。

十数年も留守にした東京にお得意はなし。加えて女房のお徳が病気になって、日々の味噌、米にも事欠くありさまであった。お徳は静岡で吐血し、それ以来、病みついていた。年の暮れも近くなった十一月末の雪の日、昔のなじみに頼み込んで金を借りようと、赤い毛布を頭からひっかぶって出かけた。しかし、あてにしていた薬種問屋の大阪屋又兵衛は留守、その女房とも知り合いであったが、にこやかに話す女の顔をみていたら金の無心をする気力がなえた。また来るといい残して、みぞれ降りしきるなか、道を引き返した。

寒さに加え、空腹が露八をさいなんだ。しかし、ふところにはわずかに八銭。さすがに縄のれんの店にも入りがたく、さりとて八銭でまともな料理屋に行けるはずもない。薬研堀《やげんぼり》まで来てふと矢の倉町の角のどじょう汁の店を思い出した。そこならば、八銭しかなくとも一杯呑みながら温かい食事にありつける。しかも労働者向けの一膳飯屋というわけでもなく、上等の客も来る繁《はん》盛《じょう》店。さっそく店に駆け込んだ。赤毛布をかぶったまま一人酒をちまちまやりはじめたが、店のなかが騒がしい。奥に若い自由党の壮士らがいるらしく、次々とどじょう鍋を平らげ、茶碗酒をがぶ飲みして、政府がどうのだの、民権がどうだと気焔《きえん》を吐いている。東京にもこうした手合が増えたものだと、なにげなくのぞいていると、みられていることに気がついた書生風の壮士のひとりが「何をみてる」とからんできたのを、「ヤ和尚《おしょう》だ和尚、ドウもアッハ、達磨《だるま》ソックリだ」（『国事探偵』）と聞き覚えのある笑い声が遮《さえぎ》った。鈴木音高であった。

「身の上ばなし」では、なかまの壮士が毛布をかぶった露八の風体をあやしんでじろじろみているところ、露八に気がついた音高が「やア貴様は和尚ぢやないか」と声をかけ、驚いて挨拶をする露八に「我輩等の事より和尚のその形容《なり》はなんだ。全然《まるで》達磨のお化《ばけ》のやうだね、ハ、、、、」といって笑う。実録小説である『国事探偵』は、不思議なくらい個人的な回顧談「身の上ばなし」と合致する点が多い。「露八も一つ話として之を人に物語る事もありしとかや」（『国事探偵』）というから、露八が人によくしていた話かもしれず、あるいは、娑婆《しゃば》にいる数少ない中枢メンバーの関係者として高谷のインタビューをうけたのかもしれない。

ところで、幇間を和尚とよぶのはさほど聞き慣れない。『明治のおもかげ』で、著者の鶯亭金升《おうていきんしょう》が赤羽織谷斎《あかばおり》という野幇間《のだいこ》を和尚とよんでいる例をみたが、誰しもをそうよんでいたわけではないだろう。芸名のほか客が、一般的に幇間をどうよんでいたのかわからない。廓内では「一流の幇間を客は師匠と呼びます。芸者たちは兄さんと呼ぶのが礼儀であり常識です。茶屋の女将や女中は太夫衆《たゆうしゅう》と呼びました。（中略）個人の時は名を呼びます」（『遊廓の世界』）とある。ちなみに幇間を太夫衆とよんだのは吉原だけらしい。桜川忠七は師匠とよばれるのを嫌い、芸名でよばれたがった。露八の場合は、坊主頭で、いかにも大入道のような風体で、いかにも和尚よばわりが似合ったのだろう。新聞でも、露八和尚と呼称されているのをよくみる。

ついでながら、幇間はもともと坊主頭が原則であったわけではない。「頭を昔は豆本田《まめほんだ》と定《きま》つて居たのが、天保の頃から小銀杏《こいちょう》などに結《ゆ》ふに至り、明治八年都民中《みやこみんちゅう》（先代）が贔屓になつた中野梧一《なかのごいち》（引用者注・旧名は斎藤辰吉《さいとうたつきち》。旧幕臣で彰義隊に参加、美加保丸に乗船し千葉沖で座礁するも榎本艦隊に合流を果たし箱館で降伏する。初代山口県令を経て、のち藤田組《ふじたぐみ》に入社、藤田伝三郎《でんさぶろう》を助けて幹部となるが、四十二歳のとき、謎の猟銃自殺をとげる）に五十円で髷《まげ》を売ってから、幇間が散切頭《ざんぎり》になったのである」（垂柳庵「吉原の幇間」『文芸倶楽部』第九巻第四号、一九〇三年三月）というから、江戸期の幇間は剃髪《ていはつ》していたのではなく決まったかたちの髷を結っていたわけである。坊主頭は、室町期の同朋衆《どうぼうしゅう》、江戸期のお茶坊主などに合わせたものだなどともいわれるが、幇間が坊主頭になった理由は、色町で働く幇間があらぬことで客の嫉妬を受けたりしないよう、色事の舞台をおりたもの、客の恋敵にはならないということをきっぱりとあらわしているのであり、ようはひとめで客とのちがいがわかればよかったのである。昭和の幇間、悠玄亭玉介《ゆうげんていたますけ》は、「だから、たいこもちってえのは、昔から、坊主頭にしてるんだ。「あたしは色気なんかありませんよ」ってえ印なんだ」（『幇間の遺言』）という。明治以降は江戸期のように髷のかたちや月代《さかやき》の具合で身分、職業の区別をつけるわけにはいかなくなったから、選択肢として坊主頭が残ったともいえるだろう。

それはさておき。

音高は露八を席に招いて、腹が満ちるまでどじょうを食わせてくれたうえで、呑みなおそうと滞在先の宿に誘い、薬研堀の待合、桐の谷に連れていった。音高は東京に出てきたばかりで、まだ宿屋に滞在していた。伊藤痴遊によると、音高はおなじ薬研堀の宮崎屋旅館、あるいは浅草代地の待合、名倉家を定宿にしていたという。

音高に問われるまま露八は現在の窮状を語った。すると、音高は、宿屋住まいはもの入りで金くれた。

がかかるから、家を借りようと思う、そうしたら留守番として雇われてくれないかともちかけて

そこで、露八は音高にとりあえずの仮住まいを紹介したと思われる。「身の上ばなし」による

と、音高が下宿したのは北庭筑波邸《きたにわつくば》のはなれである。彼は浅草に写真館をつくった日本の最初期

の写真家のひとりで、平米雷《へべらい》という奇妙な号を名乗った（ちなみに本名は伊井孝之助《いいこうのすけ》）。新派の二枚

目俳優、伊井蓉峰《ようほう》の父親である。「木挽町《こびきちょう》の伊勢吉《いせきち》という油店の次男でございましたが、兎角放《とかくほう》

蕩《とう》で、遊里にばかり出掛け、自分の家《うち》は勘当同様になつて終つて、薬研堀に暫《しば》らく所帯を持つて

居りました」という。ともかく「余ほど奇態な人」であったらしい。そして、露八と北庭のあい

だには、もしかしたら因縁の絆《きずな》があったかもしれない。日本画家の山中古洞《やまなかこどう》は露八の死後四十年

あまり過ぎた昭和十五（一九四〇）年、こんな噂を記している。「一体この先生には正妻なるもの

があつたかなかつたか現に蓉峰を生んだ母と云ふのは、吉原の幇間松の家露八がお腹にあるお土

産の儘《まま》先生から頂戴した美人で、このお土産が長じて芳原《よしわら》で左《ひだ》り褄《づま》を把《と》つた、親孝行で知られた

妓である」（「夜鳥庵私記　七」『印刷時報』四月号、百七十五号、一九四〇年四月）。お徳は北庭の妾では

なかったのだから山中のいうことは正確ではない。だが、「お腹にあるお土産」云々はありえな

いことではない。これ以上の詮索はしないが、露八は明治二十（一八八七）年十二月十日に北庭

が病歿するまで交際し、葬儀の際は喪主のひとりをつとめたというから、ただのとおりいっぺん

の客と幇間のつき合いではなかっただろう。

露八は、さっそく翌日から家探しに出て、根岸御隠殿《ねぎしごいんでん》まえの家をみつけ音高を連れて内見したところ、お気に召したので、露八の名で借りて、事務所兼住居のつもりで代言人の看板を出した。痴遊によると、音高の東京の家は、「根岸の御行《おぎょう》松から、少しはひつた所を、左へ曲り、小川に沿ふた、大きい門構《もんがまえ》の家であつた」（「亡友の思ひ出　三」『痴遊雑誌』第一巻第六号）とされる。

御行の松（東京都台東区根岸の西蔵院境内。現在は四代目）は、「薄緑　御行の松は　霞《かす》みけり」と正岡子規が詠《よ》んだ江戸名所にもなった銘木である。人通りが少ない閑静なところであった。

さらに『風雪　2　自由民権の叫び』（ＮＨＫ連続放送、木下宗一解説、人物往来社、一九六五年）にはこうある。

> その隠れ家さがしに一役買ったのが幇間の荻江露八である。彼は仮名垣魯文の伜《せがれ》、熊太郎が住んでいた根岸の家が空家になっていることを知り、音高と一緒にみにゆくと門構えの二階建、それに庭も相当ひろい。御行の松から二、三丁の閑静なところにあり、絶好の隠れ家とあって、露八の名で借りて同志の密会所とした。

「身の上ばなし」では、「当《あて》なしに探して歩くことも出来ませんので根岸の知己《しるべ》を尋ねまして、聞合せ」たとだけある。露八が仮名垣熊太郎に相談をもちかけ、熊太郎が自分の旧宅を世話したのだろう。熊太郎は明治十七年六月、京橋区新富町六丁目十一番地に新居をかまえ、にぎやかな新居披露書画会を開催して転居した。この当時は、父魯文の後援のもと「今日《こんにち》新聞」（「都新聞」の前身）の主宰を任されていた。

露八は、家族を連れてこの家に移り住み管理人として働いた。痴遊によると、この家は、東京における自由党の壮士たちの運動の本部の役割を果たし、地方からたずねてきた同志の宿舎であり、また会合の場ともなった。露八夫妻は、音高のほかに、滞在する自由党員の若者を世話した。「賄方《まかないかた》一切を夫婦にて引受け主人の如く我子の如くに気配り女房が勝手働きをすれば露八は庭の掃除其他《そのた》座敷のふき掃除まで甲斐《かい》〳〵しく為し」（『国事探偵』）たという。さらに、痴遊によると、露八は、別の隠れ家や宿に潜伏する同志との連絡係の役割を果たしていたという。

痴遊は、この御隠殿まえの家で、露八に柔術を教えてもらった。その術は、じつに巧《たく》みであったという。槍をつかってみせたこともあったが、それも感嘆に値するものであった。

「身の上ばなし」によると、この後、役者関三十郎《せきさんじゅうろう》の山谷堀の旧居を露八名義で借りて、音高と、お徳と娘のお直、ほか書生ひとりを連れてひきうつった。明治十九年三月のことだ。待乳山《まっちやま》聖天《しょうでん》のすぐ裏門のところにあった。今戸橋のあたりであろう。音高もそれほど内所が豊かではなかったのだろう。場所柄、露八は船頭を雇って船宿をはじめた。

しかし、この暮らしはわずか数か月で終わりを告げた。音高が逮捕されたのである。静岡事件の関係者は、明治十九年六月十二日に音高が、十六、七日までに全員が逮捕された。

音高と同日の十二日、露八も逮捕された。しかし、自由党の壮士たちは、露八のことだけは絶対に口を割らないと決めていたので、露八は、厳しく取り調べられたが、一週間ほど拘留されたのち、釈放された。

露八が拘束されているあいだにお徳も警察に連れていかれたが、仮名垣熊太郎が迎えに行ってすぐに解放された。「身の上ばなし」には熊太郎がたまたま居合わせたとあるが、音高と露八が警察に拘束されたと聞いて駆けつけたのだろう。

熊太郎は、しばしば文人や芸人、役者を集めたにぎやかな催事をもよおす父魯文とちがって、あまり名が出ることがない。ひかえめで優しげな青年の姿が思い浮かぶ。


露八は、音高らが暴力による政府転覆を企《くわだ》てていることを知っていたのだろうか。

当然ながら「身の上ばなし」でも『国事探偵』でも、露八の自由民権派への共感や幇助を明言してはいない。露八が音高の政府転覆の目的を知っていてもろもろ助力していたと知られれば、彼もまた罪に問われる。それだけでなく露八に手を貸してくれた人たちにも迷惑がかかる。あくまでも、旧友の息子が東京で代言人の看板をあげるため上京したと信じていた建前を保たねばならない。しかし、露八が心を込めて音高らにつくしていたことは確かで、『国事探偵』の末尾、著者の高谷為之は、物語を終えるに際して、語り残したことのひとつとして「幇間露八が義俠」といっている。筋書き上、露八が義俠を発揮するとしたら相手は音高らに対してしかありえない。音高らのために義俠といえるようなことを何かしらしたのだということだ。だが、それがどんなことであったかは高谷が記さなかったため永久に消えてしまった。

実際、露八は自由民権のために力をつくしたのではなく、音高をはじめとした若い壮士たちのために、主義のうえではなく、情のうえで力を貸していたのだ。

音高らに力を貸した露八の心情を想像するとき、山田風太郎の『幻燈辻馬車』の主人公、干潟《ひがた》干兵衛《かんべえ》を思い出す。干潟は旧幕時代は京都見廻組に属した会津藩の生き残りで、会津戦争で妻を亡くし、西南戦争に父子で警視庁の抜刀隊に加わって息子を死なせ、いまは息子が遺した孫娘だけを大切に、辻馬車の御者となって暮らしている。ただひたすら孫娘との平穏な日々を願っているのに、なぜか、破滅に向かっていくかにみえる自由党の若者たちの悲壮な姿に、若いころの自分たちを重ねて、放っておくことができない。

壮士とは、ここ二、三年、東京はもとより地方でも急にふえ出した男たちだ。落魄《らくはく》した元武士、とくに若いその子弟が多く、しきりに自由民権を呼号する。

干兵衛には、その理屈はよくわからないが、彼らが好きであった。おそらく慶応義塾へいっていた蔵太郎（引用者注・西南戦争で戦死した干兵衛の息子）が生きていたら、その仲間にはいったかも知れないという気がする。彼自身としては、自由民権より、同じ敗残者としての共鳴感があった。

（山田風太郎明治小説全集三・四『幻燈辻馬車』筑摩文庫、一九九七年）

という干潟の共感は、音高に手を貸した露八の感情を代弁しているように思う。

露八は、音高らがしようとしていることを知っていて、手を貸していたのだ。だからだろう。伊藤痴遊は露八への感謝を記している。「露八は、男らしい魂の持主であつて、よく同志の為に尽してくれた」（「亡友の思ひ出　三」『痴遊雑誌』第一巻第六号）。

音高らは、裁判の結果、政府転覆をもくろんだ国事犯ではなく、資金を得るためにおこなった強盗殺人罪で裁かれて、懲役十四年の有期刑に処された。音高は北海道の空知《そらち》監獄に送られ、もはや露八の手に届くものではなくなった。伊藤痴遊はこのとき、資金の強奪には加わっていなかったため、拷問まがいの取り調べと長い未決拘留ののち釈放された。

明治三十（一八九七）年一月三十一日、英照皇太后《えいしょうこうたいごう》（孝明天皇の女御《にょうご》）崩御のための大赦で静岡事件関係者も刑期の四分の一を減刑されたが、それでもまだじゃっかんの刑期を残していた音高ほか三名は釈放されなかった。

音高らが放免されたのは、その半年後、司法大臣清浦奎吾《きようらけいご》の特赦申請が承認された七月十二日だった。在監中に鈴木から山岡姓にもどって、山岡音高は、静岡に帰郷したが、翌年、渡米しシアトルに移住した。

獄舎にあること十数年。国の様子はすっかり変わって、かつて同志としてともに地べたをはいずりまわって活動していたなかまの一部は、手の届かないような政府の高官になり、自分が抱いていた民権思想も、もはや世間に通用しない古いものになってしまったことを実感した。むなしくもなり、また、日本社会に息苦しさを感じたのだろう。

かつて盟友であった星亨《ほしとおる》が駐米大使としてアメリカにいることを知り、彼を頼って渡米することを決意した。しかし、その頼みの星は、音高と入れ替わるようにして急遽帰国してしまう。が、音高はアメリカに留まった。以後アメリカで実業に生きるとともに、排日運動のなか、苦しい立場におかれた日本人移民のために働いた。

故郷忘れがたく、明治三十六年に、渡米した奥宮健之《おくのみやけんし》を援助している。明治三十六（一九〇三）年十二月には、シアトルで日本語新聞「新日本」を発行し、シアトルにおける日本人移民の実力者となった。また、伊藤痴遊が排日運動の実態を調査するため、在米の音高に書を通じたときには、涙を流さんばかりになつかしがって、渡米をすすめた。大正十一（一九二二）年、痴遊のシアトル訪問が実現したときには、全力で旧友をもてなし、調査に協力した。しかし、数度の一時帰国を除いては、日本に帰ることなく、大正十三年、シアトルの地で歿した。享年六十三。

時は流れ、昭和二十一（一九四六）年、第二次世界大戦での大日本帝国敗北ののち、極東国際軍事裁判で、日本側の弁護人をつとめたジョージ・山岡はこの音高の長男である。

第五章

明治・東京の名物男

鈴木音高は、政府要人の暗殺未遂の静岡事件の首魁として逮捕された。その後、幇間再勤を決めた露八は荻江の名を返上、金瓶大黒楼主の松本秀造から松廼家の名をもらった。老いたる幇間、松廼家露八であったが、仁王の芸や、にわかで好評を博し、名物幇間として名を馳せた。娘のお直は芸名小菊で吉原仲之町芸者として一本立ちし、妻のお徳は肺患で先立った。七十になった露八は病気のため、明治三十五年、にぎやかな廃業披露会をもよおす。

鬼の勧進

逮捕された鈴木《すずき》音高《おとたか》は覚悟のうえかもしれないが、困ったのは露八である。露八夫婦は一度は警察に拘束され、釈放されたものの、あいかわらず巡査が家のまわりを監視していた。

いまも昔も世間は厳しいもので、犯罪者を出した、あるいはお上《かみ》から疑いの目を向けられているいかがわしい人間が隣近所にいられるのは迷惑だった。近所の圧力もあってついに、家主から立ち退きをせまられた。出ていけといわれても、露八には、引っ越し先のめども立たず、獄中の音高に差し入れの手当てなどもしていたため、金の余裕もなかった。

立ち退きの期日がせまり、なんとか山谷堀《さんやぼり》で空き家の船宿をみつけ、それを借り受けて「荻江」の札をかけて待合茶屋を開き、昔からの知り合いに来てもらってなんとか生活を立てようとした。はじめは音高らを国事犯のある種の英雄として崇拝し、関係があった露八の待合に来る客もあったが、まったく世間とはじつに冷たいもので、音高らが国事犯ではなく、ただの強盗犯として裁かれると、そうした客もぱったりとだえ、どうにも暮らしが立たなくなった。

そうしてその年の暮れ、明治十九（一八八六）年の十二月二十四日、ついににっちもさっちもいかなくなって、金を借りようと、東京絵入新聞社の仮名垣魯文《かながきろぶん》をたずねた。

話を聞くと魯文は、露八を待たせて奥へ入り、しばらくしてもどってきたが、金ではなく、帳面をひとつわたした。「喜捨《きしゃ》」をこうための奉加《ほうが》帳であった。さらに、鬼の念仏の衣を差し出した。それを着て勧進してまわれというのである。まず、その場にいた画家の落合芳幾《おちあいよしいく》が鬼の念仏の絵を描いて、一円寄進してくれた。

露八は魯文にもらった衣を着て、二十四日から二十八日にかけての年の暮れの町を、知人、友人の家をたずね歩いた。そのあとをたどると、「家業に因《より》て狸《たぬき》を愛し狸の形をしたる器具画幅等を蒐《あつ》め奇癖家の一人として風雅の友多く俳句川柳専《もっぱら》に巧《たくみ》にして一種の風流家なり」（「朝日新聞」一九〇三年十一月二十五日付）という露八の風雅の友がわかる。

まずおとずれたのは、浅草栄久《えいきゅう》町に住む画家の松本楓湖《まつもとふうこ》。楓湖は、若き日には水戸の天狗《てんぐ》党に加わった経験をもつ猛者だが、明治六、七年に安雅堂《あんがどう》画塾をはじめ、明治十（一八七七）年浅草に転居してからもよく後進を育てていた。彼は、蓮《はす》の絵を描いて三円寄進してくれた。

つづいては、かつての彦根《ひこね》（現在の滋賀県東部など）井伊《いい》家の家老、岡本黄石《おかもとこうせき》。漢詩人でもあった岡本は月に数回、詩会を開いていたが、このときも幸いに詩会の最中で、出席していた巖谷《いわや》一六《いちろく》（硯友社同人のひとり巖谷小波《さざなみ》の父で著名な書家）らにも一筆したためてもらえた。

次におもむいたのが山岡鉄舟《やまおかてっしゅう》のところである。露八は若いころ鉄舟に、剣術の稽古を評されたことがあった。

私が青年の時分に撃剣《げっけん》稽古中、大兵《たいひょう》であるので、小廻りが利かず、恰《まる》で糸瓜《へちま》を振廻して居るやうだといふので「お前のはヘチマ剣術だ、年中ブラ〳〵している」といはれました。

鉄舟はそのときのことを思い出してヘチマの絵を描いてくれたが、この禅味あふれる剣の天才にして、頼まれるまま百万に達するほど書の揮毫をしていた男も画才には恵まれていなかったのか、はじめ何を描いてくれたのかわからなかった。露八がたずねると「モヂヤモヂヤのやうに見えてもヘチマかな」と書き加えて大笑いした。鉄舟はこの一年半後、明治二十一年七月十九日に胃がんのため歿した。

榊原鍵吉《さかきばらけんきち》のところにもいった。山岡鉄舟が何を描いたのかたずねられたので、ヘチマだとこたえると、榊原もヘチマの絵を描いて、一首添えた。「世の中は何のへちまと思ふべし　けふも一日ぶら〳〵とする」。

芸人なかまでは、噺家《はなしか》の三遊亭円朝《さんゆうていえんちょう》、五明楼玉輔《ごめいろうたますけ》、談洲楼燕枝《だんしゅうろうえんし》、講談師の桃川如燕《ももかわじょえん》。円朝は「からなるも恋のはてなり寒念仏《かんねぶつ》」の句をよせた。円朝が露八の女房の前夫であることを考えると、意味深な一句だ。

武田谷斎《たけだこくさい》という幇間《ほうかん》もたずねている。彼はいつも赤い羽織を着ていたので赤羽織《あかばおり》谷斎とよばれた。本名を尾崎惣蔵《おざきそうぞう》といって、尾崎紅葉《こうよう》のじつの父親である。本職は名人級の腕の角彫《つのぼり》の職人だが、幇間が好きで好きで遊びで幇間をした。素人幇間である。目立つようにいつも赤い羽織を着

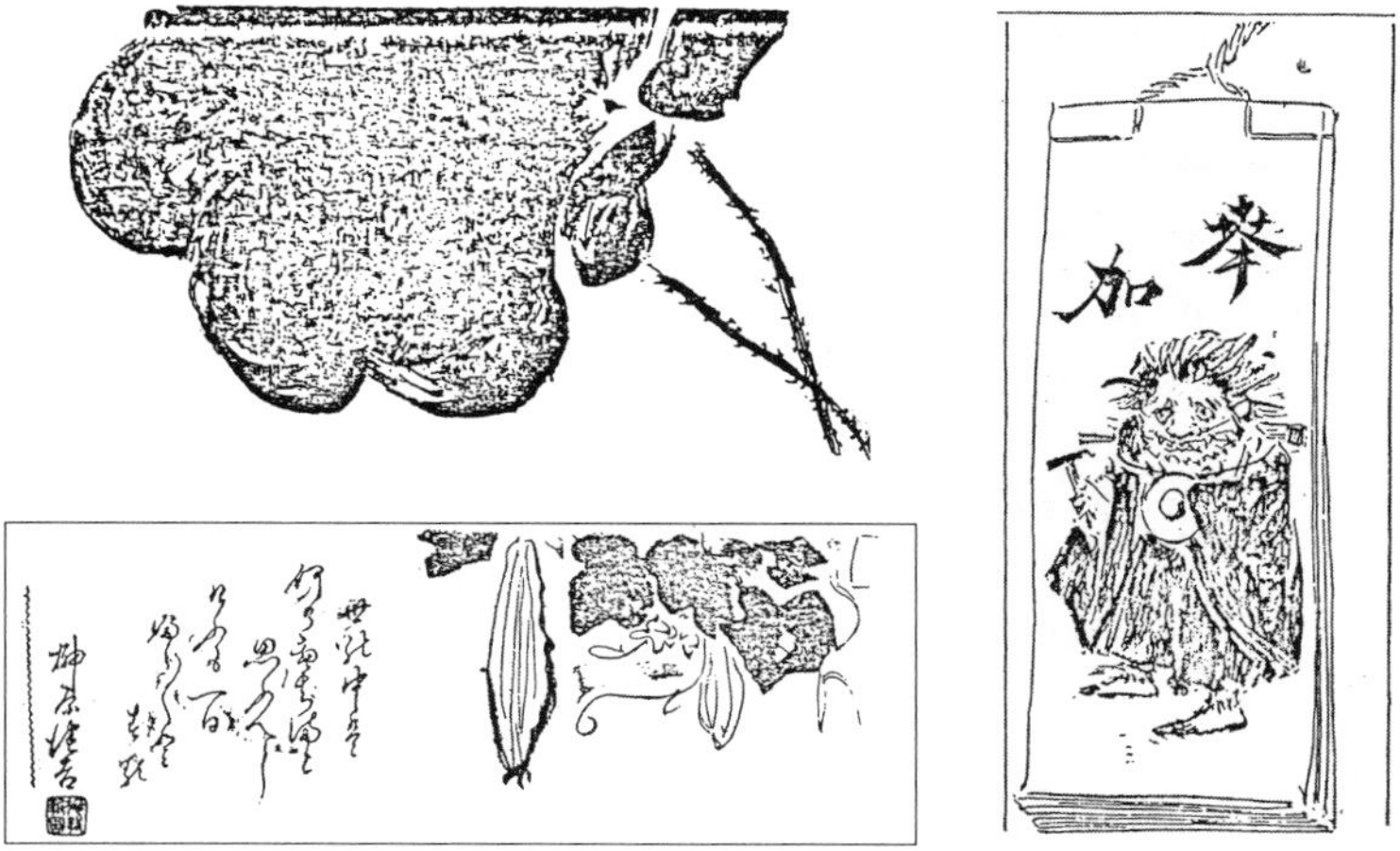

「身の上ばなし」（『季刊 江戸っ子』56 号）に掲載された奉加帳の図
右: 落合芳幾筆の表紙、左上: 松本楓湖の蓮の画、左下: 榊原鍵吉のヘチマの画（ただし、現物から撮ったものか、『江戸っ子』掲載のために描かれた挿絵かは不明）

ていた。露八の記憶する谷斎は、あまり座敷などによばれたことはなく、自分で進んで出たこともない。芝居や相撲《すもう》、盛り場、あるいは葬式などに赤羽織であらわれ、働いてその日ごとの祝儀をいくらかもらった。赤羽織は宣伝かつ目印だった。彼は、宴会などに出ると、お客があました料理やビールの飲みかけまで何でももって帰る。そして、それに自分は一切手をつけず、近所の長屋に住む貧乏人に残さずすっかりふるまった。夜は働かないと決めていて、たまにお座敷などに出ても日の暮れないうちに帰った。朝になると、いつものように芝居や相撲に出かけていって稼ぎ、のんきに日々を送っていたが、明治二十七（一八九四）年、お客と一緒に食べたフグにあたって死んでしまった。

上京してすぐの音高に当時の住まいのはなれを貸してくれた北庭筑波《きたにわつくば》もたずねた。この人について語られる露八の思い出は、鰻《うなぎ》を焼くのがたいそううまかったことだ。漁師に頼んでおいて隅田川で極上品が手に入ると、貴顕紳士のお屋敷にもっていって自分で焼いて御馳走した。後藤象二郎《ごとうしょうじろう》などもおなじみであったという。露八もご相伴にあずかったことがあった。だからといって、いつでも焼いてくれるかというと、露八が、

「彼所《かしこ》に鰻があるが焼いて下さい」

とお願いしても、

「イヤ家で焼くには君と僕ばかり食つても味《うま》くない」

といって焼いてくれなかった。焼くからには家じゅうの人が食べられなければならないという平等思想のもち主であった。

のち、向島から大森に引っ越して、和洋折衷《せっちゅう》の居酒屋を開店し、自分も前掛《まえか》けをして楽しく働いていたが、この翌年十二月十日、四十六歳で病歿した。露八も葬儀の施主となって、谷中天王《やなかてんのう》寺に埋葬した。

五日間の勧進が終わり、七十余円の金を援助してもらえた。

それにしても、この愉快な奉加帳はどうなったのだろう。震災や戦災を乗り越えられず、どこかで灰になってしまったのだろうか。「身の上ばなし」には、この奉加帳のいくつかの図が添えられているが、この奉加帳のからとった画なのか、『季刊 江戸っ子』掲載のため、あらたに描か

れた挿絵なのかわからない。もし現存していて古書籍市場にあらわれたらさぞかし高値をよぶことだろう。

勧進を終えてひと心地ついた露八であったが、安定した収入があるわけでもなく、しばらくするとまた金に詰まり出した。どうしたものかと思い悩んでいると、ふと魯文が露八の家にやって来た。せがれの熊太郎を小笠原に行かせるため迎えに来たのだという。

露八がいるところに熊太郎を迎えに来た、ということは、露八一家のところに熊太郎が居すわっていたのか。

熊太郎の小笠原行きの理由を「身の上ばなし」では、魯文が、

「熊太郎を今度小笠原島へやる心算《つもり》で、彼地《あちら》で一《ひと》修行して見たら真人間になるだらう。何分今まで通りの放蕩《ほうとう》では困るから、彼方《あっち》へやらうと思つて連れにきた」

といっているが、非才と放蕩をとがめた父に島流しにされたなどということではなく、自分の志で一歩を踏み出したのだと考えたい。というのも、出発まえだろうか、熊太郎は、大槻文彦《おおつきふみひこ》著の『小笠原嶋新誌』（須原屋伊八、一八七六年）を松岡好一《まつおかこういち》に書写してくれるように頼んでいる。その松岡好一という人物は、長野の伊那《いな》出身の活動家で、自由民権思想に熱して八丈や小笠原島で教師をしたこともあった。熊太郎歿後のことになるが、三菱高島炭鉱での労働者の過酷な状況を雑誌『日本』に告発したり、榎本武揚《えのもとたけあき》とともに移民政策に入れ込み、みずからも団長となって南方移民団に加わったりした。『小笠原嶋新誌』自体は、気候や地理、風土、歴史などが記された

思想性のない地誌であるが、おそらく熊太郎は松岡との交流のなかで何かしらの志を抱き、父魯文の庇護を離れて小笠原に向かったのだ。少しうがって推測すれば、露八に家を斡旋《あっせん》したり、その後も行動をともにしたのは、父の旧友を助けるということに加え、音高らの活動に共感し、協力していたのではないだろうか。熊太郎も当時の若者らしく自由民権に熱をあげていたとしても不思議ではない。だいたい、放蕩の限りをつくして、幼いころの熊太郎に苦労させた魯文が、せがれが少々遊んだからといってとがめられる筋合いではなかっただろう。

露八は、熊太郎の旅立ちにはなむけて一献交わしたいと思い、熊太郎の出立のまえに、魯文の家をたずねたが、肝心の酒をあがなう金がない。仕方なく魯文にせびろうとすると、魯文は鬼の念仏の衣はまだあるかと聞く。あるとこたえると、それを質に入れて酒を呑もうといった。露八は、さっそく鬼の念仏の衣を質に入れ、その金で別れ酒を酌《く》んだ。そのときの魯文の狂歌は、

懐《ふとこ》ろの余り寒さに磐若湯《はんにゃとう》鬼の衣を曲げてこう飲む（「身の上ばなし」）

であった。「曲げる」とは、質に入れることの隠語。大笑いして酒を呑んで別れた。

この別れ酒は終生の別れとなってしまった。小笠原に行った熊太郎は、運つたなく病を得て、小笠原の宿屋で不帰の客となった。二十九歳だった。明治十九年十月二十一日のことだ。依頼の写本は熊太郎の死のひと月後に果たされ、父魯文にわたされた（現在、国文学研究資料館所蔵）。魯

文の伝記「仮名反故《かなほご》」にはこうある。

長男熊太郎は成長の後ち父と共にかな読、いろは、今日の各新聞社に入り編輯長に署名せしが後ち故《ゆえ》ありて小笠原島に赴《おもむ》き明治十九年病に罹《かか》り父に先だちて同島に歿せり
（野崎左文「仮名反故」青木稔弥ほか校訂『私の見た明治文壇　2　増補』東洋文庫、二〇〇七年）

魯文はそのときの悲しみを「さかさまを見るも浮世か水の月」と詠み、『月の輪』という追悼句集を編んで配った。

愛息に先立たれた魯文は、それから八年あまり生きた。その間、希望であったひとり息子を失って、気持ちが挫《くじ》け、覇気がなく、万事落ち込みがちであったという（興津要『仮名垣魯文――文明開化の戯作者』有隣新書、一九九三年）。明治二十七（一八九四）年十一月八日、六十六年の生涯を終えた。

しかし、とすると、明治二十年の年明け、露八が別れ酒を酌み交わすことのできる人間はすでにこの世にいないことになる。だいたい音高らに判決がくだったのは、明治二十年七月十三日で、矛盾なく考えるなら露八が鬼の勧進をしたのは、はやくとも明治二十年の年の暮れとすべきだ。だが、そうすると、死者の列に北庭筑波も加わって、ふたりの死者と会ったことになってし

まう。さらに一年遅らせると、山岡鉄舟も鬼籍に入り、死者と生者が入り乱れ、ますます収集がつかなくなる。「身の上ばなし」の文脈を崩さず、会った死人を熊太郎ひとりにできるのは勧進をおこなったのを明治十九年の暮れとするしかないからやむをえず明治十九年と断定したのだが、矛盾は繕い切れない。考えようとしては、音高らが逮捕されたあとというのが露八の記憶ちがいで、静岡からもどった明治十八年の冬、やはり経済的に困窮していた露八が魯文を頼ったということだ。

「日出《やま》国《と》新聞」（一九〇三年十一月二十日付）によると、この露八の勧進がおこなわれたのは明治維新後、吉原の幇間として勤務しようとしたとき、「武骨者の新《しん》まい幇間とて痛く仲間の爪弾《つまはじ》きに逢ひしより一策を案じ当時花柳に名を知られし仮名垣魯文の許《もと》に泣附《なきつ》き奉賀帳なるものを拵《こしら》へ各所の紳士紳商に揮毫を乞ひ漸《よう》く《や》資本を得稍々《やや》其名《そのな》を知らるゝに至りぬ」とある。

勧進をしたのは確かだが、時期に関する露八の記憶は定かではないようだ。

話はもどって、魯文の機転で無事新年を迎えることができた露八だが、これはただ一度のことで、あと幾年あるかわからない残りの人生を、妻子を抱えてやりすごす手段とはなりえない。

露八は、幇間として吉原に三度目の出勤をすることを決意した。すでに数えで五十六、七歳、当時では老人といってもおかしくない。ふたたび座敷に出るのはさすがに気が進まなかったが、暮らしのためには仕方がない。露八は吉原に行って幇間なかまや世話方に話をした。ところがである。幇間なかまだけでなく、御茶屋などでも露八の再出勤を認めようとしなかった。本人は、自分は酒癖が悪く、酒が入ると人と口論をしたり、果ては腕力に訴えるといったことがたびたびあったため、嫌われたのだろう、と分析している。当然それもあっただろうが、おそらく、若い世代の幇間たちにとっては露八のような御大《おんたい》は煙たく、また引手茶屋や貸座敷（旧妓楼《ぎろう》）は還暦に近い年をくった幇間を喜ばなかった。酒席がしめると思ったのであろう。

はじめはしぶしぶだったものが、一度決めたことを曲げるのはさらに嫌だったのか、拒絶されてくやしかったのか、ともかく、もう一度吉原で幇間をすることに決めたのだからぜひやりたいと、今度は積極的になって運動した。

そこで、縁のある貸座敷（旧妓楼）の梶田楼《かじたろう》、玉瀬《たませ》のあるじに相談すると、「夫《それ》は困るなれば出勤するも宜《よ》からうけれども、今時は何事も若い者流行《ばやり》、お前のやうな老人が出勤した所で迚《とて》も営業にはなるまいから、何ぞ外《ほか》の事をしたら宜からう」（「身の上ばなし」）といわれてしまった。そういわれても、資本もなし、それに、すでに「外の事」を追求したがしくじって、幇間にもどってきたのである。

ともかくやるだけやってみようと思い切って出勤すると、案外敵ばかりではなく、丸子、尾張、北村、泉忠といった仲之町《なかのちょう》の引手茶屋が贔屓《ひいき》になって引き立ててくれた。

露八が吉原の幇間として復帰したのは、明治二十一（一八八八）年の夏のことだろう。その年の『新吉原細見』には名前が記されていないが、同年九月二十五日付の「朝日新聞」三面で発表された「男仁和賀《にわか》」二の替り（三十日の開催日の後半十五日の開催期間）の演目「拝結手《てにて》布袋川越《ほていのかわこし》」に「布袋（露八）」とあるから、明治二十一年の秋口には吉原で幇間をしていたことは確かである。翌明治二十二年八月版の『新吉原細見』には松廼家《まつのや》露八の名が記されている。

開化の吉原と金瓶大黒楼主松本秀造

露八が吉原を離れていた明治十年代から二十年代初頭にもなると、吉原は江戸、明治はじめのころ露八がかつて働いていた、万事が『助六』ばりの芝居っ気に彩られていたのとは別世界になっていた。文明開化の名で明治中ごろまで日本文化を席巻した欧化趣味が、吉原にも入り込んでいたのである。

仲之町はガス燈の灯《ひ》でこうこうと照らされ、吉原は文字どおりの不夜城となった。大門《おおもん》が木の門から、鉄製になったのは明治十四（一八八一）年である。大門の柱の正面左右、右に「春夢正濃満街桜雲《しゅんむまさにこまやかなりまんがいのおううん》」左に「秋信先通両行燈影《しゅうしんさきにつうずりょうこうのとうえい》」の詩文が鋳造されていた。草したのは遊女時代のお徳のなじみ客であったといわれる福地桜痴《ふくちおうち》である。吉原を代表する季節のイベント、春の夜桜と七月の玉菊燈籠《たまぎくどうろう》のことをうたっている。楼閣の店構えも、遊女たちの装いにも変化があった。江戸町《えどちょう》一丁目の老舗《しにせ》の大見世《おおみせ》、大文字屋《だいもんじや》は入口に洋館じみたアーチを建て、中見世なども二階の手すりを洋館のバルコニー風に改装させた。遊女たちの風俗も変わった。長谷川《はせがわ》時雨《しぐれ》は、幼女のころ、ボンネットに十八世紀のヨーロッパ風の奇妙なドレスを着た遊女たちが張《はり》見世《みせ》に出ていたのを、子守りの女中と一緒に見物したのを記憶している。

開化の吉原のシンボルは、何といっても京町《きょうまち》一丁目の大見世、角海老楼《かどえびろう》の大時計台であろう。

明治十七年ごろ、当時の楼主、宮沢平吉の注文で据えられた。

機械は明治十七年頃という設置年代より考えて、おそらく、外人貿易商館の手を通じて輸入された海外製?であつたと思われるが、ローマ数字の文字板直径約七尺、鐘塔および文字板下部に装飾的手摺《てすり》をめぐらし、その四隅八カ所には灯火をとりつけ、(中略)時打装置をもち、その鐘の音色は高く、かつうるわしかつたとのことである。

(平野光雄『明治・東京時計塔記　改訂増補版』明啓社、一九六八年)

さすが夜の町のシンボルだけあって、時計もライトアップされる仕組みになっていたわけだ。『明治・東京時計塔記』でも紹介されているが、この角海老時計台の鐘の音は、文学作品のなかでも、その美しくものがなしい音色を響かせている。

樋口一葉《ひぐちいちよう》「たけくらべ」(一八九五―九六年)に「……朝夕の秋風身にしみ渡りて(中略)角海老が時計の響きもそぞろ哀《あわ》れの音を伝え」とあり、秋のどこかものがなしい空気が伝わる。

広津柳浪《ひろつりゅうろう》の「今戸心中《いまど》」(一八九六年)では、

明後日《あさって》が初酉《はつとり》の十一月八日、今年は稍温暖《ややあたたか》く、小袖を三枚重襲《みッつかさね》る程にもないが、夜が深《ふ》けては流石《さすが》に初冬の寒気《さむさ》が身に浸みる。

明治後期の吉原仲之町。角海老の時計台がみえる。明治 40 年代撮影
『新撰東京名所図会』第 58 編、1908 年 9 月

少時前《いまのさき》報《う》ツたのは、角海老の大時計の十二時である。京町には素見客《ひやかし》の影も跡を絶ち、角町《すみちょう》には夜を警《いまし》めの鉄棒《かなぼう》の音も聞える。里の市が流して行く笛の音が長く尻を引いて、張《はり》店《みせ》にも稍雑談《はなし》の途断《とぎ》れる時分となつた。

とある。静まってゆく町、かなしい心にこそ鐘の音はより高らかに響く。一葉の「たけくらべ」は読まれても、広津の「今戸心中」を知る人は多くはなかろう。その鐘を聞いた夜、嘘か実か、家を継ぐために故郷に帰らねばならないといって情夫《まぶ》に去られた花魁《おいらん》の吉里《よしさと》は、生きる望みをなくし、やがて吉里のために吉原にかよいつづけて破産した客と今戸橋（山

（谷堀と隅田川の合流点にかかる橋）から身を投げて心中する。大時計の鐘は作中では死をよぶしらべだが、遊客にとっては、吉原という別世界を演出する美しい装置のひとつだっただろう。

町の様子が変わったのは、文明開化趣味だけではなくて、格式が高くて、何かと決まりごとが多く、遊ぶのに割高な吉原は、何でも簡便に事を進めたがる当世人の趣向に合わず、遊廓の王者としての地位を失いはじめていたからでもある。伝統を守るばかりでなく、流行に敏感な（あるいは流されやすい）当世人の心をとらえようと躍起だった。流行に迎合しようとすれば、格式は落とさざるをえない。唯一無二であった夢の国の凋落《ちょうらく》がはじまっていた。

そして、梶田楼や玉瀬のあるじがいったとおり、幇間でもほかの芸人でも、若い連中が幅を利かせていた。おそらく当世風を振りかざして、老いた露八の意見を笑ったり、あなどるようなことがあったのだろう。許し難いこともいくらもあったが、露八はここは我慢して、「客人は勿論、娼妓、芸者、仲間の幇間、茶屋の女中、或《あるい》は妓夫《ぎゅう》に到るまで追従《ついしょう》軽薄をいつて漸《よう》やくの事で取《と》入《い》」（「身の上ばなし」）ったという。落語「つるつる」の幇間ではないから、さすがに猫にまで世辞はいうまいが、露八は相当な忍耐と苦労をして愛想を振りまいて、復帰した吉原に受け入れられる努力をした。

そして、不思議なことに、復帰を倦厭《けんえん》されたこの老芸人が、吉原で名高い名物幇間として明治の世に名を馳《は》せるのである。通客が多い吉原では、若くて元気なばかりの幇間よりも、しっとりと味の出たそれなりに年齢を重ねた幇間を好む客が多かったのかもしれない。

「幇間というのは、芸というより人間の味です。その人間の味が面白くもよくもなるのは、まあ五十からでしょうなあ」

（瀬戸内寂聴「幇間《たいこもち》」『一筋の道』集英社文庫、一九九七年）

と幇間富本半平《とみもとはんぺい》はいう。

それでも、吉原の御茶屋、芸人たちのうちには、露八を煙たく思っていた者もいたのかもしれない。よく考えれば仕方のないことで、露八の性格を考えると、いつまでも若者に世辞をいっていたとは思えず、若い者が当世風に何かことをかたづけようとすると、「昔はこうだった」とか「そんなやり方をするからいまの者はいけない」などと口を出したにちがいない。こうした「長老」のしきたりを笠《かさ》に着た口出しが、仮に正しい意見だったとしても、若者にとってどんなに煩わしいものか、容易に想像がつくだろう。気にくわなければ腕力にうったえるというならなおさらのことだ。

こうした日々の不満は、何か事件があるとたちまちに表面化する。明治二十四（一八九一）年のことだ。新聞に吉原の芸人社会の話題がもろもろ取り沙汰されたことがあった（「朝日新聞」一八九一年七月一日付）。「ある絵入り新聞」に書かれたとあるが、何紙のどのような記事か確認できていない。おそらく、内情に通じた人間でしか知り得ない、そして外の人間に知られたくない情報が載せられたのだろう。一同、内通者がいる、と考えた。そして、その内通者は露八だと疑われたからたまらない。茶屋も芸者たちも、できるだけ露八との接触を避け、機嫌を損ねないよう、敬して遠ざけるという微妙な距離をとってきた。その奇妙な態度の理由を知った露八は大あわてで噂《うわさ》の火だねを消してまわらなければならなかった。復帰後三年のことだ。

しかし、こうした軋轢《あつれき》も、ともに働いて実力をしめすことで解決してゆく。

露八は再勤するにあたって、ながらく使用していた荻江の名を返上し、あらたに屋号を松廼《まつの》家《や》とした。松廼家を名乗ったのは、「師匠の荻江露友《ろゆう》は死亡《なくなっ》て、妻のお幾が後家を張て居たので、相変らず往復《ゆきき》して居る内、少しの事から不和を生じた結果、荻江の肩書を返し、更に金瓶大黒楼《きんぺいだいこくろう》主人松本《まつもと》金兵衛《きんべえ》が松廼家節の家元といふ所から、事情《わけ》を明《あか》して松廼家の屋号を貰っ」（野武士「松廼家露八」）とある。

露八がはじめに荻江の名をもらったのは、四代目露友からではなく、三代目の死後、荻江の名をあずかっていた玉屋《たまや》山三郎《さんざぶろう》からだが、山三郎が万延元（一八六〇）年六月に死去してから、四代目露友に形式だけの子弟の礼をしたものか。そして露友は明治十七（一八八四）年六月三十日に、四十九歳で病死し、そのあと、未亡人のいくが弟子たちの稽古をしていた。露八といくの不和の理由は不明だが、富商のあるじであった露友は、弟子たちから謝礼などはうけ取らず、名取になったら師のほうが羽織を贈るといった工合で、いくにもその風が伝わっていたから、金銭の問題でないだろう。いくは明治三十六（一九〇三）年九月二十五日、五十九歳で亡くなった。その後、荻江は一時絶えてしまったという（岡野知十「荻江代々の考證」『郊外』第七巻第五号、一九二六年十月）。

さて、露八に松廼家の屋号をくれたという金瓶大黒楼だが、露八が吉原の幇間に復帰した明治の二十一年を待たずしておそらく廃業している（明治十三年刊行の『全盛古郷便覧』以降、『新吉原細見』等の吉原の案内書に金瓶大黒楼の名はみあたらないが、「吉原今昔図」葭之葉会、改訂版、一九九三年刊の「明治二十七年時代」地図には、江戸町一丁目に金瓶大黒屋が記されている）。

長谷川時雨の『旧聞日本橋』に、最後の金瓶大黒楼のあるじ、松本金兵衛《まつもときんべえ》のことが記されている。金兵衛の名は、玉屋の山三郎《さんざぶろう》とおなじく代々継承されていた名で、最後の金瓶大黒楼金兵衛の名を松本秀造《しゅうぞう》といった。

秀造さんは吉原の大籬《おおまがき》金瓶大黒の恋婿《こいむこ》で、吉原に文明開化をもちこんで、幾分でも吉原を明るくしたかわりに養家はつぶしてしまった人。

（「最初の外国保険詐欺」『旧聞日本橋』岩波文庫、一九八三年）

と長谷川時雨はいう。松本秀造の兄弟は、銀行家の須藤時一郎《すどうときいちろう》、ジャーナリストの沼間守一《ぬまもりかず》、代言人の高梨哲四郎《たかなしてつしろう》で、そうならば秀造の実家は江戸牛込の幕臣高梨家だった（山口巴の女将、おしほが、「一体、先《せん》の大金（大黒屋金兵衛）に行った養子は、私の血筋のものでした」〔「金瓶大黒の今紫」『漫談明治初年』」と語っているから秀造の出自が高梨家とは確定できない）。兄弟たちとおなじく「秀造さんは眼から鼻へぬけるような才人だった」（『旧聞日本橋』）という。旧幕時代は、上野の僧侶の稚児《ちご》をしていて、振り袖で吉原にかよい、吉原雀の綽名《あだな》でよばれた大変な美男であった。この人に金瓶大黒楼の娘おやすが惚《ほ》れ込んで婿養子に迎えられた。

武士の家に生まれた者にとって、吉原の妓楼主の家の婿になるというのは、大きな覚悟が必要だったろう。松本秀造はどのような理念を、理想をもっていたのか。あるいは野心かもしれないし、妓楼主の家の婿になってもよいと思えるほど金瓶大黒楼の娘に惚れていたのかもしれない。吉原という町を時勢に合うようにひと肌脱ごうと望んだのか、あるいは実家になんらかの事情があったのか。それもわからない。だが、ひとたび妓楼主の婿となった秀造は、金瓶大黒楼の莫大な資産を武器に吉原の改革に乗り出した。

金瓶大黒楼は明治維新当時、今紫《いまむらさき》という花魁を抱えていた。稀有《けう》な美貌と才気で吉原はじまって以来とうたわれる全盛を誇った遊女で、旧土佐藩主の山内容堂《やまのうちようどう》が数々のライバルを押しのけて水揚《みずあ》げしたといわれる。維新の「英雄」たちの豪遊の場となった金瓶大黒楼で、華族となった旧大名や、明治の元勲となった新政府の顕官が連日やってきて派手に金をばらまいた。

金瓶大黒はそうした時代の空気につつまれ、そしてまたその時代のある空気をつくっていた。高位高官の宿坊であり、鬼の金兵衛さんがパリパリさせていた楼《みせ》ではあり、そこへこの新智識の才子が大事の娘の恋婿である。言うことに行なわれないことはない。吉原の改革はズバズバと行われた。（中略）後に金瓶大黒は娼妓《しょうぎ》も二、三人になり、しがなくなって止めたそうだが、浅草観世音仁王門わきの弁天山の弁天様の池を埋めたり、仲見世を造ったり、六区に大がかりな富士山の模型をつくったりした。公園事務所長は初代が福地桜痴居士、二代目が若い方の金兵衛さんだときいた。（『旧聞日本橋』）

ここで長谷川時雨が記しているのは、秀造が公園事務所長としておこなった事業である。では、秀造は吉原の何を改革しようとしたのか。宮武外骨《みやたけがいこつ》の「文明開化」（『宮武外骨著作集』河出書房新社、一九八六年）に金瓶大黒楼の広告が載っている。それによると金瓶大黒楼が中心となって三業《さんぎょう》会社というのを設立させようとしていたため、引手茶屋とのあいだに紛争が起こり、もはや引手茶屋から金瓶大黒楼へは客を送らないという態度をとった。そこで、金瓶大黒楼は、みずからの見世で酒食を提供する割烹《かっぽう》をはじめるというのだ。明治八（一八七五）年十一月とある。

赤線廃止まえまで三業といえば料理屋、待合茶屋、芸者置屋のことで、この三業の経営を警視庁に許可された場所が三業地、遊廓である。娼妓と芸者が完全に分離していた吉原における三業というのは、貸座敷、引手茶屋、娼妓のこと。この三業という区分は、警察側の取り締り、管理のためにあり、遊廓の内側からの自治にかかわることではない。秀造がはじめようとした三業会社についての詳細は不明だが、貸座敷、引手茶屋、娼妓をとりまとめる会社を設立しようとしたものと思われる。しかし、そうなると、客と貸座敷、娼妓をつなぐという引手茶屋がもっていた権利を阻害することになるため反発を招いたのだろう。

しかし、秀造は負けなかった。業務を縮小するどころか、翌明治九年には、三万五千円（企業物価指数によると、明治三十年でさえ貨幣価値は現在の約二千九百倍だから億超えとなる）の費用をかけて、江戸町一丁目に西洋造りの妓楼を建てた。落成すると、お披露目に、明治五年に現役を退いていた今紫をよび、現役の人気遊女たちとともに法被《はっぴ》を配らせた。調度も洋風にあつらえられており、めずらしがった客がおしかけ、順番待ちが出るほど流行った。

淡島寒月《あわしまかんげつ》の『梵雲庵雑話《ぼんうんあん》』（岩波文庫、一九九九年）によると、吉原にガス燈を建てたのはこの人という。ひところ、秀造が東京のガスの一切を取り仕切っていたというからそのためでもあろう。まさしく、物理的に吉原を明るくしたのだった。

その松本秀造が吉原の積立金（税金とも）をつかい込むという事件を起こし、警察に追われる身となったのは、明治十二（一八七九）年生まれの長谷川時雨がまだ赤ん坊だった明治十三、四年のことという。この事件の詳細については不明だが、その後、収入印紙を誤魔化した罪で罰金を支払わされたり、贈収賄事件にかかわって裁判で喚問《かんもん》されたりと金の管理に配慮が足りない人だった。

積立金つかい込み事件のとき、秀造はしばらく長谷川家の蔵の二階にかくまわれ、代言人をしていた時雨の父の弁護を受けた。時雨の父は秀造を自首させ、最終的には無罪を勝ち取ったという。この事件のためか、ほかに障《さわ》りがあったのか、せっかく豪奢《ごうしゃ》な西洋風の建物を建てたのに、秀造は、金瓶大黒楼を廃業させてしまった。

明治十七（一八八四）年一月二十九日付の「読売新聞」には、秀造は金瓶大黒楼のあとに大金楼という貸座敷を建てて、営業開始に際して、遊女たちに手踊りをさせて見物を集めようと計画していたとある。松本家の豊かな財政から、たとえ金瓶大黒楼をやめても貸座敷業から完全に手を引くとは考えられていなかったのだろう。金瓶大黒楼を廃業させたとはいえ、松本家が没落したわけではない。長年しぼり取った女たちの血涙は、妓楼主の生活を贅沢《ぜいたく》に満たすくらいはじゅうぶん蓄えられていたのである。また、吉原には○○大黒を名乗る妓楼が何件かある。たまたまかもしれず、のれん分けしていまは松本家とは関係がないのかもしれないが、もしそれが金瓶大黒楼の支店なのだとしたら、そこからあがる金は莫大なものであっただろう。しかし、その後吉原に、大金楼、さらには松本姓の人の経営になる貸座敷が開業された気配はないから、秀造にふたたびみずから貸座敷を経営しようという意思はなかったものと思われる。

が、貸座敷はやらなかったが起業はした。

明治二十二（一八八九）年には、彼が提唱してつくった浅草の仲見世に「大黒仁王おこし」（「朝日新聞」一八八九年七月二十五日付）という菓子屋を創業した。同日の「読売新聞」では「力興《ちからおこ》し」とあり、仁王門前に店を出したとある。

開店の当日には、秀造によばれた露八は仁王のこしらえで帳場に安置され、元金瓶大黒楼の遊女、今紫も売り場に立って菓子を売り、ともに客寄せに貢献した。

いまも昔も、人気者をよぶことができるのは権力者のあかしであろう。逆に、復帰から二年のこの時期、すでに露八の仁王は、権力者が自慢げに宣伝につかうくらいの名物になっていたことがわかる。

今紫は明治五年、二十歳で吉原を出たから、このとき三十六、七歳になっていた。

吉原時代の今紫のふるまいは俠気《きょうき》のある江戸っ子好みに粋《いき》で豪奢だった。たとえば、平大黒という金瓶大黒楼の支店（？）に小桜というお職《しょく》女郎がいて、士官学校にかよう学生が彼女に惚れてかよい詰めていた。やがてふたりは深く思い合うようになるが、なにせ女は籠《かご》の鳥、逢瀬《おうせ》には金がかかる。軍人のたまごにすぎなかった男はすぐに金に詰まった。そして心中を考えるまでに追い詰められていった。そのことを知った今紫はふたりをよび、五百円の大金と客からもらった金無垢《きんむく》の懐中時計をやって添わせてやった。この話を知って、今紫の心意気に感じた河竹黙阿弥《かわたけもくあみ》（当時は新七）に「開化魁廓達引《かいかのさきがけくるわのたてひき》」に仕立てられた（春の浦人『名妓今紫物語』日新書房、一九一四年）。

今紫が十九歳のとき、百三十人の幇間（というから、吉原だけではないだろう）にちりめんの羽織を一枚ずつ与え、その幇間を率いて道中をした。明治三、四年のことである。その行列に露八が加わっていたかは不明だが、ちょうどそのころ吉原で働いていた露八は今紫の全盛時代をその目でみていた。

マリア・ルス号事件のあった明治五年、遊女をやめたのちの今紫は、砂糖屋の正妻におさまったり、待合の女将をやったりしたが、うまくいかず、失敗を繰り返した。その後、高橋屋今紫と名乗って女役者になり、『壇浦兜《だんのうらかぶと》軍記』に登場する平家の侍大将、悪七兵衛《あくしちびょうえ》景清《かげきよ》の恋人で遊女の阿古屋《あこや》を演じた。かつての全盛の遊女が芝居で遊女の役をするということで評判になった。ちなみに、阿古屋は捕らえられ源氏の武将畠山重忠《はたけやましげただ》の詮議《せんぎ》をうける。そのとき、舞台上で琴、三味線、胡弓《こきゅう》の三曲を実際に、しかも恋人への思いを込めて演奏する場面のある難しい役である。

明治二十五（一八九二）年五月十八日、中村楼で「懇合《こんごう》会」を主催したとき、露八は会の余興のトリに今紫を招いて、阿古屋の三曲を演奏してもらっている。

今紫（撮影年度不明）
『幕末・明治・大正回顧八十年史』
第 12 輯、東洋文化協会、1936 年

長谷川時雨の『近代美人伝』によると相馬事件の錦織剛清《にしごりたけきよ》に恋人としてつくしたこともあったらしい。相馬事件とは、旧相馬藩主相馬《そうま》誠胤《ともたね》が精神に異常をきたしたとして自邸の座敷牢に監禁されたのに対し、錦織が異母弟の家督相続をめぐる陰謀だととなえ、家令の志賀直道《しがなおみち》（志賀直哉《なおや》の祖父）を訴え、

誠胤を救出しようと運動した。明治二十五年に誠胤が亡くなって、異母弟の相馬順胤《ありたね》が相馬家を相続すると、錦織は誠胤は毒殺されたのだといい出し、誠胤の埋葬された亡骸《なきがら》まで掘り出して調査したが、けっきょく毒殺の痕跡《こんせき》は認められなかった。錦織は相馬家から誣告《ぶこく》罪で訴えられ、四年の禁固刑に処された。

今紫が錦織に惚れていたのは、世間から明治最後の忠臣として注目されていたころで、「運動資金」が必要という彼のためにずいぶん金策して貢いだ。

しかし、錦織は、なぜこうもむきになって相馬家にかかわったのか。本当に旧藩主に対する忠誠心だけとも思われない何か病的なものを感じる。出獄してしばらくしたころ、錦織は自分の生前葬をしようと思いついた。そこで、引導をわたす和尚役に選ばれたのが露八であった。客に「露八和尚」と親しまれた輝く坊主頭ゆえに白羽の矢が立ったか。だが、けっきょく露八のいんちき和尚は実現しなかった。錦織は葬列の計画から、配り物まで万端ととのえて実行の日を待っていたが、警察から待ったがかかった。人心を乱しかねない催しを許可するわけにはいかないというのだ。何かをして人に注目されていないと自尊心を保てないタイプの人間だったのかもしれない。

今紫は出獄後の錦織にみむきもしなかった。女役者となって全国を、さらに朝鮮にまで巡業してなんとか生活を立てる今紫であったが、さしもの彼女にも老いがせまってきた。そんな折り、今紫はたまたま出会ったある若い無名の画家を養子に迎えた。この養子関係は、いまはなんとか稼ぎはあるが、夫も子も財産もない先が不安な老女役者と、絵師になりたいが修業の機会をもてない貧しい青年が交わした、いわばバーター契約であった。いま、養って画の師匠につかせてやるかわりに、将来、名をなしたら、老いた今紫を養うという約束であった。青年は松本楓湖に弟子入りし高橋廣湖《たかはしこうこ》と名乗って修業にはげみ、画業に熟した。やがて才能を発芽させ、若手の有望株となって将来を嘱望される画家となった。しかし、今紫との契約が最後まで果たされることはなかった。廣湖は三十八歳で病死してしまったのだ。唯一頼りの息子を失って、今紫は零落した。吉原はじまって以来の美女といわれたかの有名な今紫は、最後はかつて彼女の新造《しんぞう》（高位の花魁のアシスタント）をつとめていた人の家に身をよせさせてもらい、大正二（一九一三）年、六十二歳まで生き、窮乏のうちにこの世を去った。

彼女については、面食いで男に騙されやすかったとか、いつまでも吉原で全盛の今紫のつもりで金の計算ができない人だったなどといわれるが、女がひとり、天地に縛られるものなく自由に生きようとすればこのような最期も覚悟しなければならない時代であった。籠のなかの鳥が、籠のなかで命を終えることも多いのを考えれば、彼女は籠を出た自由の世界を謳歌《おうか》しえた。たとえ、その自由の世界が厳しく、過酷なものだったとしても。

自分だけのいちばんの芸

明治三十二（一八九九）年正月二日、勝海舟《かつかいしゅう》は、氷川の邸宅をおとずれた巌本善治《いわもとよしはる》と談話した。その折り、巌本から話を振られて、幇間のことに話が及んだ。

幇間《たいこもち》では、君太夫などは、六十年もやってる。それは上手なものだ。一見して、チャンと、見てしまうよ。よく話したッけ。「どなたと、どなたが、この間、寄り合って、政談でしたが、アレは間違ってます、アレでは、とてもいけません」などと言ってるよ。（中略）〔松のや〕露八かエ、あれは榎本〔武揚〕の子分だったが、どうも中年からのタイコだから、まだどうも下手だよ。湖月の亭主〔多賀右金次《たがうきんじ》、旧幕臣〕は、元の門弟だが、「何でも、しこたま取ってやります、取ってやればイイのです」と言ってたッけ。

（巌本善治編「清話のしらべ（32・1・2）」『新訂 海舟座談』岩波文庫、一九八三年）

海舟がほめた「君太夫」だが、吉原の幇間には該当する人物がみあたらない。『諸芸人名録』（一八七五年十月発行）の男芸者の欄をみると、柳橋に山彦きみという幇間がいるが、この人物だろうか。海舟の露八に対する評価は低い。「まだどうも下手」といわれても、この談話がなされた明治三十二年には、露八は六十七歳で、すでに引退を考えていた。

この海舟の話に出てくる露八の元弟子という多賀右金次（右金治）だが、「佐賀新聞」（二〇一九年三月七日付）によると、旧幕臣ではなく旧唐津藩《からつ》（現在の佐賀県唐津市一帯）江戸詰めの武士である。江戸期には勝海舟から砲術を学んだこともあったというから「元の門弟」というのは露八の弟子ではなく、海舟の門弟という意味かもしれない。唐津藩は、藩主の世嗣《せいし》、小笠原長行《おがさわらながみち》が箱館にまで行って（箱館政府には加わっていない）抵抗をつらぬいた佐幕の藩だ。多賀も抵抗の意志をおなじくして、彰義隊にも加勢し新選組隊士として箱館で戦死した長行の義弟、小笠原胖之助《はんのすけ》の江戸脱出の際には大刀を献じている。だが、多賀自身は戦いには加わらず、江戸に残って、慶応四（一八六八）年、新橋竹川町に花月楼《かげつろう》という料亭を開いた。戦争には兵力だけでなく金の力が必要であることを知っていたのである。彼は、料亭で稼いだ金を参戦した唐津藩士の家族の保護や武器弾薬を調達して戦場に送ることに費やした。明治以降、花月は伊藤博文《いとうひろぶみ》や大隈重信《おおくましげのぶ》、奈良原《ならはら》繁《しげる》などの明治政府の高官に愛された。多賀は明治五（一八七二）年、おなじ新橋の烏森《からすもり》に湖月《こげつ》という支店を出した。ここも旧薩長の明治政府の要人に盛んに利用された。またしても多賀は、薩長から取り立てた多額の遊興費を旧唐津藩士の支援団体の久敬社《きゅうけいしゃ》などに寄付した。してみると、海舟に「何でも、しこたま取ってやります、取ってやればイイのです」といっていたのは、露八の幇間業とは関係なく、多賀が薩長からしこたま金を取って一種「戊辰《ぼしん》の仇《かたき》」を打つということである。

この主語と話の切れ目がはっきりしない勝の談話をうけて、杉山義法は、東京宝塚劇場で上演された『一、拝領妻始末　一、松のや露八』パンフレット（東宝九月特別公演、一九九〇年）中の解説「余録余話」に、「多分露八は、勝海舟のいうように、芸が下手で、おまけに無愛想で、恐ろしく座持ちの悪いタイコだったに違いない」と書いている。

芝居で登場人物の内面を表現するには、しぐさや行為で表すほかないのだから、そのように演ずるほかはないのだろう。とはいえ、さすがに、客選びをし、嫌いな客の席では、芸も客のあしらいもぞんざいな無愛想な老人を、金を払ってまで酒席によぼうという人間はいないだろう。

彰義隊の生き残りというのは露八のトレードマークではあったが、魅力のすべてではなかった。だいたい露八と似たような身上の人間、江戸から明治の転変で、零落した武士はそれこそ五万といた。彰義隊出身の幇間も露八ひとりではない。たとえば、瀬戸内寂聴のインタビュー集『一筋の道』収録の富本半平の話によると、彼の師匠となって引き立てた菅野米八《すがのよねはち》（幇間塚では米二）という吉原の幇間も彰義隊出身者であった。『たいこもち（幇間）の生活』での、菅野についての解説は「一中節《いっちゅうぶし》菅野派の名取り、彰義隊くずれという」である。一中節は浄瑠璃の一種で、昔から富裕の紳士に好まれておこなわれてきた旦那芸である。この菅野も旧幕時代、手すさびに一中節をやっていたのかもしれない。だが「彰義隊あがり」ではなく、「彰義隊くずれ」である。幇間を含む芸人のなかにはいまや存在さえ伝わらない、戊辰戦争の敗残者、幕臣のなれの果て、旗本くずれ、御家人くずれが大勢いたことだろう。

明治の権力者となった旧薩摩藩や長州藩の人士も、明治のはじめには、そうした人たちを宴席にはべらせて勝者の優越感にひたっていたかもしれないが、それから二十年過ぎ、三十年も過ぎようというころ、遊ぶほうも芸をするほうも代替わりするほどの歳月が過ぎ、敗者をあなどるためにあえて旧幕臣の幇間をよぶ者も絶えただろうし、客たちも零落した幕臣など、巷《ちまた》にいくらでもいた時代、彰義隊の生き残りという過去だけがおもしろい幇間など贔屓にはしないだろう。

では露八にはどのような芸があったのだろうか。

露八の持ち芸について、角町《すみちょう》の中見世、稲弁楼《いなべんろう》の息子、小林栄（明治三十五年生まれ）の吉原回想記『吉原下町談語』（綜合編集社、一九六八年）には、

　明治期の幇間には彰義隊（上野の戦争）の落武者、土肥圧《ママ》次郎から一転して幇間になった松廼家露八、清元栄喜《きよもとえいき》が有名でした。

　この露八は武士あがりとて芸は余り出来ないようでしたが、仁王さまの真似をするのを持芸としていました。

と、露八の芸のレパートリーは少なかったと書いている。

が、野武士は、「武士《さむらい》から早変りにも拘《かか》はらず、却々《なかなか》の多芸家であつた」として、布袋の川越し、妊娠娘《はらみむすめ》、狸《たぬき》の腹鼓《はらつづみ》、仁王、泣虫の子供、仁王の蝦蛙《ひきがえる》、屋根船の提燈《ちょうちん》の五つをあげている。

「都新聞」（一九〇三年十一月二十六日付）の追悼記事であげられているのもこの五つである。どのような芸なのであろうか。名前から、布袋の川越し、妊娠娘などは滑稽《こっけい》な動作でしぐさをまねたものだろうと思われるが、狸の腹鼓、泣虫の子はしぐさと声色をつかうのだろうか。それとも顔芸であろうか。仁王と仁王の蝦蛙はどうちがうのか。わからない。屋形船の提燈は、提燈のまねをするのではなくて、波に揺れる船のうえで提燈をもった船頭の身振りを演ずるらしい。パントマイムのようなものだろうか。

もう少し様子がわかるのは「幇間の隠し芸」（『文芸倶楽部』第六巻第一編、一九〇〇年一月号）で、雛妓《おしゃく》が成田から芝山の仁王へ参詣しているうちに、仁王が憑依《ひょうい》して、

淀《よど》の川瀬は水ゆへ廻る、
私しや悋気《りんき》で気が廻る、実に遣る瀬がないぞへ、
実々遣る瀬がないぞエ、。

という歌に乗せ、歌の切れ目で肌を脱ぎ、頭へ手拭いを乗せて、太った腹をぽんと叩き、ウンウンといい、阿吽《あうん》の仁王の身振りをまねるというものである。歌は「淀《よど》の川瀬の水車《みずぐるま》誰を待つやらくるくると」の替え歌であろうか。大柄ででっぷりと太った六十もなかばを過ぎた男が、十代なかばの小娘のしぐさをする滑稽さと、彼のためにあつらえたようなイメージぴったりの仁王

になるところなど、笑える芸であったのだろう。

富本半平がうけ継いだのがまさにこの芸であった。「この芸を受継いでいるのが現在の富本半平で、彼は明治期に活躍した父の業《わざ》を継いでいる今は得難き幇間といえるでしょう」（『吉原下町談語』）という。露八がやって好評を博したからかは不明だが、仁王の芸は大柄な幇間の十八番《おはこ》で、富本半平も大柄な幇間だった。

露八は布袋《ほてい》のように腹が出て、煙草盆ひとつ取るにも「よっくらしょ」のかけ声が必要であったというが、家にいるときは、まったくちがって、「身軽なこところま鼡《ねずみ》のようだったと、家で会った人は皆口をそろえて言っている」（遠藤幸威「露八供養」『中央公論』第八十二巻第十号）。太って鈍重なのは演技であったわけだ。小柄で痩せていた桜川忠七は商売柄その体格をよろこび「この小柄というのも、そういっちゃあ何でございますが、たいこ持ちには幸いしていたようでございます。お角力さんのようじゃ、「へい、へい」と、身軽るに立ち廻わることもできませんからな」（『たいこもち』）といっていた。幇間は酒席でこまごまと動かねばならない。露八はこまごまと動くことができない仕事に差し障るような不養生な太り方をしたわけではなかったのだ。

露八が太ったのは、生活習慣や体質もあるだろうが、大柄で筋肉質であった彼が、酒席で愛《あい》嬌《きょう》を加えるためと、腹が出ていたほうが仁王や狸などの芸がより様になるためではないだろうか。

しかし、それにしても、幇間の上手、下手というのはどういうことをいうのだろう。たとえば勝海舟は何をもって君太夫という幇間を「それは上手なものだ」とほめたのだろう。もし、君太夫のなんらかの座敷芸のわざをしてほめていたのだとしたら、海舟はまだ本当の粋人《すいじん》ではなかっただろう。

幇間は、ただ、唄や踊りがうまいだけではつとまらない。徳川夢声との対談で、桜川忠七はいっている。

芸があっていいタイコモチか、芸がなくっていいタイコモチかということになると、芸があるからいいタイコモチだとはいえないんです。

(『夢声対談集 第七 問答無用』朝日新聞社、一九五六年)

唄がうまい、踊りがうまい。幇間のなかには、一芸の名取であった太夫《たゆう》もめずらしくなかったが、それをお座敷で披露したところで、客は唄や踊りを目当てで来たわけではないからちっともよろこばない。

幇間の芸の中には、人の心の奥をのぞく、いってみれば、人情の機微に通じる〝芸〟が必要なのである。そのためには、また博《ひろ》い知識が要求される。

縦横にあふれる機知、お客の心をひきつけて、酒席の一切をさばき、「遊んだ」という気分にさせる。その上に、注文に応じて何でもやらなければならない。また、だれにも真似の

明治末期の幇間
客を妓楼（貸座敷）に送る。まえから、女中、客、禿、芸者、客、幇間、芸者、女中。桜川忠七『たいこもち』朱雀社、1959 年

明治末期の幇間
幇間、芸者、茶屋の従業員はかしこまり頭を下げて遊女たちを迎えるのがしきたりであった。桜川忠七『たいこもち』朱雀社、1959 年

できない、自分だけの芸をもたなければならないのが、幇間なのである。

（舘野善二「桜川忠七さんと富本半平さん」『思い出の邦楽人』明治書院、一九七四年）

いまとなれば、露八の仁王や狸の腹鼓が芸として巧みであったか、稚拙《ちせつ》であったか、評価のしようがない。もしかすると、その所作は上手というほどでもなかったのかもしれない。が、露八の風体によく似合って、つまり露八がやるからおもしろいといった類《たぐい》の芸であったのかもしれない。客あしらいがよかったのかまずかったのか、それもわからない。だが、たとえ芸がまずくても、当時の多くの客からして、みて楽しい芸、もう一度みたくなる芸、好感がもてる芸であり、また、気持ちのいい客あしらいで、客をよく遊んだ気にさせ、客がまたお座敷によびたくなるようなとりもちであったことは確かだ。でなければ、名物幇間になりうるはずがない。

露八のいちばんの持ち芸は、「人情の機微に通じる〝芸〟」であった。

伊藤痴遊は露八の芸を回顧してこう述べる。

荻江節は、お徳さんの仕込みらしく思はれたが、その点ははつきりいへぬ。纏《まと》まつた芸としては、その他に何もなく、小唄は巧みに歌つた。当意即妙の洒落は、一家を為して居たが、片言隻語《へんげんせきご》の間に、客の胸倉を捉へる点は、寔《まこと》にうまいものであつた。

（「亡友の思ひ出　三」『痴遊雑誌』第一巻第六号）

ひとことふたことのうちに客の心をとらえる芸であったと。

平岡正明は『志ん生的、文楽的』において、林家正蔵の落語「羽織の旦那」（正確には「旦那の羽織」あるいは「羽織の幇間《たいこ》」）に登場する桜川平楽という幇間の師匠、三楽は、露八がモデルではないかと推測している。では三楽というのはどのような人物かといえば、

その三楽という人物は大柄で、女道楽で鼻がぬけ、かつては常磐津《ときわづ》の三味線弾きだったが、幇間になって座敷に出るようになってからは音曲はやらず、芸は仁王の真似をするだけで、もっぱらしゃべりをもって客をもてなしたというものである。

（『志ん生的、文楽的』講談社文庫、二〇一〇年）

これだけでは、大柄、女好き、仁王の芸といったいくつかの外面的条件の一致だけで説得力がないが、平岡が三楽のモデルを露八としたのは、もっと精神的な事柄による。

「羽織の旦那」には三楽の弟子（つまり平楽の兄弟弟子）の歌公という幇間が登場する。その客に、ウーさんという学生がいた。いまはどうか知らないが、昔の花柳界では、客のプライバシーを守るために、本名ではよばず、必ずあだ名をつけてよんだという。ウーさんというのも、宇野さんとか宇佐見さんとかいった本名であろう。ある日、その学生のウーさんは酒に酔ったあげく、自

た。

分の陰嚢《いんのう》の皮を広げて盃《さかづき》とし、それに酒をついで歌公に呑めとせまった。歌公はこれを呑んだ。が、翌日、酔いがさめたウーさんは、さすがに「人間にあるまじきことをした」と反省して歌公にわびに行った。歌公は謝罪を受け入れ、ウーさんに師の三楽から教えられた幇間の心得を語った。

「一たび座敷に出たら幇間は胸に刃をつきつけられたものと思え、そして座がおわったら、今日一日も死なずにすんだと思え」（『志ん生的、文楽的』）

そういわれたのだという。この三楽の教えを聞いた平岡は「俺はやはり三楽は松のや露八だと思う。「忍」という字は刃の下に心を置くと書くという字義解釈ではなく、維新内戦で白刃の下をくぐり、人を斬りもした露八の渡世だろう」（『志ん生的、文楽的』）といっている。

『林家正蔵全集　下巻』（東大落語会編、青蛙房、一九七四年）に掲載されたこの演目には、ウーさんなる学生の客は登場しない。登場する幇間の名も落語で伝統的に幇間につけられる名前、一八《いっぱち》で、師匠の教訓なるものももう少しソフトである。

「お客がどんな無理なことを言っても、たいこもちは堪忍《かんにん》の忍の字を忘れちゃいけないよ（中略）忍《しのぶ》という字はどういう字だよ。心の上に刃《やいば》が乗ってるよ。いつもここンところへ（と、左の胸を示し）刃物を突きつけられているように、どんな危ないことでもどんな無理なことでも、お客さまの言うことは逆らっちゃいけないよ」。三楽と、一八の師匠のいうことはおなじに聞こえるがおなじではない。一八の師匠の覚悟は、芸人としての覚悟であり、三楽がいっているのは、命の瀬戸際に身をおいたことがある死を知る人間の覚悟である。

尾籠《びろう》な話におつき合いいいただき恐縮だが、そういえば、ウーさんのこの酒盃のエピソード、露八が幇間なかまと酒宴をもよおしたとき、「杯盤狼藉《はいばんろうぜき》、例の睾丸《こうがん》酒などがあるやうな訳」(「身の上ばなし」)といっている。なかま同士の飲みのおふざけでやっていたということだ。「例の」ということは、べつに相手の人間としての尊厳を傷つけるような特別のことではなく、当時の男性が悪酔いの果てにやる一般的なご乱交であったのだろうか。

おもしろいことに、山田風太郎もこのエピソードを『幻燈辻馬車』に取り入れている。無粋な客（じつは遊廓に入り込んだ自由党員を装った警視庁の警部）が宴席に出ていた芸者に自分の陰嚢を広げて酒をつがせ、呑めとせまる。困惑する芸者衆をかばってそこに颯爽《さっそう》とあらわれ、その不浄な酒を「甘露、甘露」と呑みほしたのは誰あろう露八である。そして、「御返杯」と、空になった客のその部分に酒をついで呑めとせまる。たじろいだ相手に、露八は、

「人間には、出来ることと出来ないことがあるのを、やっとおわかりでございますかな」

とやんわりおどしをかける。

酸いも甘いも嚙みわけて、清濁、金盃の酒もあわせ呑む度量と度胸をもち、人としての誇りをつらぬく露八の姿である。

ところが、田村七痴庵《たむらななちあん》「兆民先生金玉話」(『彷書月刊』二〇〇一年十一月二十五日)によると、この男性身体を活かした酒盃をもちいた人は誰あろう中江兆民《なかえちょうみん》先生で、呑んだ人は露八ではなく、

御座敷に出ていた芸者なのである。田村が引用した「中江兆民奇行談」によると、さる宴席に出ていた兆民は酒がまわって「立ち上がり、両手でもって自分のきんたまを引き広げてほとんど杯のようにし、酒を注いで芸者にのませた。芸者もさるものさ。ありがたそうに、うやうやしくそれをグッとひと飲みに干してしまい、さっそく先生ご返杯いたします。婢《ひ》を呼んでお燗のすこぶる熱いやつを取りよせ、先生が陰嚢の杯へツーと注いだ」という。ちなみに、その部分の皮を広げることは兆民先生の得意技であったらしい。

少し酒盃の話に拘泥《こうでい》しすぎた。

そういえば、明治二十九（一八九六）年から三十年のあいだに出されたシリーズ絵「東京自慢名物会」の百三枚のうち一枚に、「松乃家露八」「生蕎麦万盛庵　平野勝三郎」「新吉原仲の町まちたや花子　町田幾舞」「見立模様一ッ目弁天織」というものがある。この「東京自慢名物会」は、歌舞伎の見巧者連《みごうしゃれん》・松駒連の幹事である野田安、みなの夫妻が、連中のすすめもあって製作させたもの。版元は、錦絵《にしきえ》新聞「絵入東京日日新聞」を刊行した具足屋嘉兵衛《ぐそくやかへえ》の息子で、地本屋具足屋を継いだ福田熊次郎。

「東京自慢名物会」は一枚の作品のなかに、東京の流行りの芸人の名（題字の下の扇の欄）、おすすめの料理物屋（上半分）、旬の芸者や役者、見立模様（名所、名物に取材した染織の意匠）を配している。料理屋と芸人、下段の芸者の図は広告に類するものだが、とはいえ選ぶにあたって、連中

「東京自慢名物会」明治 29 年
「松乃家露八」「生蕎麦 万盛庵 平野勝三郎」いな葉千秋、「新吉原仲の町まちたや花子　町田幾舞」豊原国周ら、「見立模様一ッ目弁天織」梅素薫案。東京都立中央図書館所蔵

自身のめがねにかなわない店や人物を「自慢名物」に入れはしないだろう。「東京自慢名物会」の製作にあたって「見立模様」を描く中心となった人物のひとりに梅素薫《ばいそかおる》（本名は関根竹二郎）がいる。この人物は、芝居の見巧者連である六二連の主力メンバー。本職は図案家であった。芸術家というより職人である。彼は明治二十三年に、新富座《しんとみざ》で彰義隊の上野戦争を芝居に仕組んだ「皐月晴上野朝風《さつきばれうえののあさかぜ》」が上演されたとき、引き幕を描いて贈っている。

明治二十九年のことだろうか、戸川残花《とがわざんか》は、吉原の露八の住まいをたずね、その人生のインタビューを試みている。

明治三十年四月、残花は、雑誌『旧幕府』を創刊した。『旧幕府』とは、「賊」とされて苦渋をなめてきた旧幕臣たちの名誉挽回のため、旧幕時代の証言や資料を集めた雑誌である。その準備の素材集めとして、残花は、証言者になりうる老齢になった旧幕臣をたずね歩いていた。

露八は、雑誌『旧幕府』に口頭の証言を収録するために戸川残花がたちあげた「旧幕府史談会」の会員となり、証言こそしなかったが会に出席している（『旧幕府』第四巻第五号、一九〇〇年五月三十日）から、こののちも定期的な交流があったと推測される。

残花が露八の住まいをたずねたときの印象が『日本及日本人』（五百四十九号、一九一一年一月一日）「風変りな侠骨」に記されている。いつのことかは不明だが、明治二十九年の夏であると仮定しよう。露八の住まいは、吉原廓内の京町一丁目二十一番地、路地裏の一番奥まったところにあった。京町一丁目は、大門から入ると、江戸町、揚屋町《あげやまち》を通り過ぎた裏門側の一番奥の通りである。

門口から一目に見渡せる様な三間ばかりの狭い棲居《すまい》に居る、夫《そ》れが好《よ》く掃除してあつて塵《ちり》一筋も見えぬ、其《そ》の中に露八が裸になつて、団扇《うちわ》づかひか何かで話す処は、天真爛漫であつて実に心地が好い、先づ一世の俠骨世をすね通した方であらう。

遠藤幸威が入手した絵図の写しによると、露八の家は、「下は六畳と三畳が畳の、あと四畳半ほどが板場で台所。二階四畳半」（「露八供養」『中央公論』第八十二巻第十号）であった。

ひととおり話を聞き終えたのち、残花はたずねた。

「なぜ、幇間に？」

露八はこうこたえた。

「幇間は恥《は》つ可《べ》き業なりと雖《いえど》も、余は他に為す可き業なし、まづい物を食ふて生きてるのは、いやデス」（「露八」『文学界』第四十七号）

しかし、残花は露八の返答を言葉どおりにはうけとらなかった。「何と感じてか、幇間になった、深い原因は解らぬが何でも時勢の変遷に憤慨し、自分が幇間にされるよりも、客を幇間として、一世を白眼視せんとした考から出たものであらう」（「風変りな俠骨」『日本及日本人』五百四十九号）。

残花の目には、露八は世を笑うために笑われる者となり、笑うことを通して世を泡沫と化しているようにみえた。おなじように世を泡沫とみなしながら、露八ほど自由人たりえなかった残花は、露八の人格に強烈な魅力を感じたはずである。

帰路、残花は考えた。

「露八の生計には表裏なし娟《えん》を呈すと雖《いえど》も偽善を粧《よそお》ふに非《あら》ず、諂《へつら》ふと雖も偽善を気取るに非ず、客を欺《あざ》むくに似て明々白々なり、客を誑《たぶら》かすに似て露堂々《ろどうどう》なり、嗚呼露八は眇《びょう》たる一幇間なり伯爵に非《あら》ず侯爵に非ず子爵に非ず家に万金を積む者に非ずと雖も洒々《しゃしゃ》たる所に掬《きく》す可《べ》き情泉あり、落々《らくらく》たる辺に愛す可き情火の潜熱あり」（「露八」『文学界』第四十七号）

残花がうけた露八の印象は、本多晋《ほんだすすむ》が彰義隊時代から長年の交流をへて述べる露八の人物像と非常によく似ている。

彰義隊の発起人のひとりであった本多は、露八が幇間をなりわいとしたことに対して、はじめ、賤しみの目を向けていた。露八が世を去ったとき、じゃっかんの悔いを込めて哀悼《あいとう》を捧げている。

余嘗《よかつ》て翁の業を賤《いやし》みしことありしが、倩々《つらつら》方今《ほうこん》の世間を見れば、所謂《いわゆる》顕官紳士《けんかん》なる者五斗米の為めに其腰を屈め、朝に卿党に驕《おごり》て、夕に権門に阿附《あふ》し、賄《まかない》を収めて公事《くじ》を私し、巧《たくみ》に法網を潜《くぐり》て靦然《てんぜん》耻《は》ぢざる者少からず翁や平素紅粉の輩に伍し、客を迎て頭を低るゝは其分《そのぶん》なり、諛言《ゆげん》を献ずるは其業なり、弦歌舞踏は其芸に糊《のりす》るなり、一も世に耻ることあるなし。余が是《これ》を賤みしは洒々楽々たる其心事を知らざりしのみ、今や翁逝《いき》て再び相見る能《あた》はず、嗚呼悲哉《かなしいかな》。一言以て悼《いた》む。

可齋居士　本多晋敬白（『彰義隊戦史』）

「洒々楽々」。残花と本多が露八をあらわすのにともにつかった言葉だ。ものごとにこだわらないさっぱりした性格。執着がなく、あっさりした気質や態度をいう。本多は交際をつづけていくうちに、芸は彼のなりわいであり、その心は自由でまったく汚れていないことに気がついた。まるで「江戸っ子は五月の鯉の吹き流し」のいい換えのようだ。

残花や本多が「洒々楽々」と述べたのは、歳をとって幇間をする露八に、こだわりも卑屈な影もなく飄々《ひょうひょう》と幇間をしている姿がじつにさわやかに映ったからだ。さらに、魂まで「幇間」になりさがってしまう者が多いなかで、露八はけして魂を貶《おとし》めることなく、あくまでも芸人として誇り高く芸を売っている姿勢に、幇間に対して習慣的にもっていた賤しみの気持ちを向けることができなくなってしまったのだ。

帰路、歩きながら、残花はさらに思った。

「物むづかしき世を軽るく送るも面白からずや」（「露八」『文学界』第四十七号）

いやな仕事をして生きることと、まずいものを食って生きる、つまり貧乏をすること。どちらも人間にとって、等しくつらいことである。どちらのほうがつらいか秤《はかり》にかけて、それでいやな仕事をするか、まずいものを食って生きるか選ぶ日がくる。しかし、たいがいの人間は、どちらかを選択したつもりで、あるいは選択し切れず、けっきょくいやな仕事をして、まずいものを食って生きている。

露八がたいこもちになったのは食うことをべつにしても、「わたしにはこれしかできません」からなのである。勘当されたときの露八はたいこもちを自分で選んだ。もちろんそのときは忠誠心もなにもなかった。ただ世を楽しく送るための方法としてたいこもちを選んだのである。しかし、徳川家にたいする忠誠心を自覚した維新後の露八には、たいこもちしかそれを保って生きていく道はなかったのである。

（寺井美奈子「松廼屋露八」『ドキュメント日本人9　虚人列伝』學藝書林、一九六九年）

露八が明治維新後、幇間だけでなく、静岡では芸者の置屋のような商売から、小料理屋、清掃業まで起業してみたこと、東京にもどってからは、家の管理人や、待合茶屋や船宿をやったこと。生きていくため、あるいは義理のためにさまざまなりわいに手を染めたことは、これまで語ったとおりだ。露八なりにさまざまな人生を模索したのである。だが、もろもろの試みはうまくいかず、徳川への忠誠や亡き戦友への思いを別としても、年齢的に新しいことを試みるのはむずかしくなった。たしかに、けっきょく幇間しかやれる仕事はなかったのかもしれない。

しかし、だが、露八は、本当に日々生活のためにそれしかできない仕事として仕方なく幇間をしていたのだろうか。彼が幇間としてすごした日々をみると、それはそれとして、天真爛漫に楽しんでいたように感じるのだが、どうであろう。

でなければ、露八が芸人としてかかわった人たち、おこなった芸、すごした日々のすべてを否定することになってしまう。

楽しき芸人生活

鶯亭金升《おうていきんしょう》の『明治のおもかげ』に、

明治の吉原には好い幇間がいた。善孝《ぜんこう》、孝作《こうさく》、露八も好かったが、民中《みんちゅう》は近眼と生酔《なまよ》いが愛嬌になって贔屓の客が多かった。

（『明治のおもかげ』岩波文庫、二〇〇〇年）

といって、都《みやこ》民中の愛嬌の思い出のひとつとして、女中をよぶため呼び鈴を押しているつもりで唐紙（障子戸《しょうじど》）の引手を押していた、という逸話を記している。

露八はこの愛嬌ある人気者の民中（金升がいう民中は先代民中の可能性もあるが）をぶん殴ったことがある。明治二十二（一八八九）年、にわかの開催の少しまえ、出演の順番を決めるくじ引きのため集まったのち、幇間たちが無駄話をしていた。そのとき、まだ幇間になってまもない（「朝日新聞」一八八九年八月三十一日付にはある）露八の弟子の平喜《へいき》が、何か失態をおかした。それを民中が叱った。ところがそれを聞いていた露八は「脇口を利いた」と立腹し、民中にくってかかった。二、三言口論を交わしているうちに、ふたりとも頭に血がのぼった。年をとれば誰でも丸くなるというわけではない。還暦近くになっても露八の短気は少しも変わっていなかった。ついに殴り合いになり、露八は若いころの武術に鍛えられたたくましい腕で民中の横面を殴り飛ばした。居合わせた幇間たちに止められてそれ以上の乱闘にはならなかったが、おさまらないのは一方的に殴られた民中である。「露八になぐられて左右の腕が動かなくなったから今度のにわかへは出勤できません」とごねた。もうにわかの開催まぎわで、演目はすべて警視庁に届けて許可を得ているのだから、いまさら変えられない。けっきょく、桜川善六《さくらがわぜんろく》、善孝、清元栄喜《きよもとえいき》太夫《だゆう》など、当時の幇間の大御所たちがやってきて、民中をなだめ、両者を和解させて、明治二十二年のにわかには、予定どおり三組十五名の幇間が出演、九月一日から無事開催された。

ところで、露八のもとには、門人は大勢いたが、大成しないうちに死亡したり、廃業したりして、最後まで残ったのは、平喜、魚八《ぎょはち》、喜作《きさく》、虎八《とらはち》の四名であった（「都新聞」一九〇三年十一月二十六日付）。

平喜は、「国事探偵」に、静岡時代、露八と一緒に音高の座敷によばれている場面がある。場面は明治十八（一八八五）二月十一日の紀元節、だから先の「朝日新聞」に書かれたような新入りのペイペイではなかろう。二〇五頁に掲載した「国事探偵」連載第一回の挿絵をご覧いただきたい。坊主頭の露八の右隣で芸者に酌《しゃく》をされ額に手を当てて恐縮しているのが平喜である。平喜は、「デコ助のヒョウキン面にて幇間には打て付け」だとある。不思議なのは平喜という芸名である。師弟関係にある芸人は、たいがい師の芸名の一字をもらった芸名を名乗る。が、平喜というのは露八とまったく縁のない名だ。平喜は、『静岡市産業百年物語』には、「露八の弟子に平喜があってこれも安倍川町で稼いでいた」とある。もしかすると、露八が静岡に行ったころ人気だった幇間、桜川平内の弟子だったのではないだろうか。そして、何か事情があって露八が引き受け、弟子ということにして東京に連れてきた。あるいは東京に出てきた平喜を身元を引き受けるために弟子とした。名目的弟子だから屋号だけ松廼家で芸名はそのままなのだろう。だから、平喜が民中に叱られたとき、民中と争ったのは、弟子の教育に口出しされたからというより、東京の座敷や吉原のなかまうちのしきたりに慣れない平喜をかばったのかもしれない。

「身の上ばなし」によると、静岡に行ったとき、露八はずいぶんと土地の幇間に助けられている。推測にすぎないが、当時同業者間における相互扶助のような関係が、土地を越えて存在していたのではないだろうか。社会保障のない時代、生き残るためには、せめてなかまうちで助け合う必要があろう。幇間《たぬき》にもたぬき同士、守らねばならない道義《おきて》があったのだ。

平喜は一度、この道義を破って、なかまうちから追放されかけたことがあった。

幇間界の大御所、清元栄喜太夫はかつて今戸橋際で材木兼船宿業をいとなむ十一屋という商家の主人であったが、幇間に取りまかれて遊ぶうちに泥水に沈んで、みずからもたいこもちとなった。それでも商才は本物だったのか、幇間をしながらやがては吉原でも屈指の資産家となった。六十歳のとき長患《ながわずら》いしてついに医者も匙《さじ》を投げた。

平喜は、京橋区に木屋という宿屋を開業するにあたり、栄喜太夫から百五十円借りたが、その経営はうまくいかず金を返すめどが立たなかった。そこに栄喜太夫が病んで老い先いくばくもないという噂を聞いた。死んでしまえば金を返す必要もなくなると、これ幸い、金を返済しようともせず、見舞いにさえ行かなかった。栄喜太夫は病床で平喜の不義理を恨み、死んでも死に切れないといった。この話を聞いた引手茶屋の久大和、松いせ屋、幇間なかまの露八や桜川浜孝、善孝は平喜の仕打ちを憎み、制裁を加えることにした。なかまうちから放逐するのである。たんなるなかまはずれではない。日本中津々浦々の色里に回状を送られ、そうなると、吉原だけでなく、もはやどこへ逃げても幇間をすることはできなくなるという恐ろしい制裁であった。放逐を宣言される直前に、制裁が準備されていることを知った平喜はあわてて客をまわって金策し、栄喜太夫を見舞って金を返したという（「朝日新聞」一八九八年八月一日付）。

もうひとりの弟子の喜作は、もともと噺家《はなしか》を目指していて、三遊亭円生の前座に出たりしていたがつまらなくなり、幇間になろうと思い立って平喜に弟子入りした。だとすると露八にとっては孫弟子ということになる。『芸壇三百人評』（森暁紅、小林新造、一九〇七年）によると「故円生の前座を幾日かやツて鹿面白く無しと感じ故平喜の弟子となつて狸と変じ、夫《そ》れが性に合つたかメキ〳〵と売出して当時吉原一番の流行太鼓、大派手な座敷の取廻し、咽《のど》は褒めて云へば錆《さび》が有り、踊りはしツかりとして軽く、人のかゝア何んとやら云ふ踊りは、慥《たし》かに俗客をヤンヤと云はせるもの、併《しか》し金襖《きんぶすま》向きの幇間では決して無し」。にぎやかで愉快だが、品格のある芸ではなかったということか。のちに松廼家の家元となって多くの弟子を巣立たせた。

魚八は、本名を富取近蔵《とみとりきんぞう》という。もと日本橋檜物町《ひものちょう》（現在の東京都中央区日本橋と八重洲の一部）に

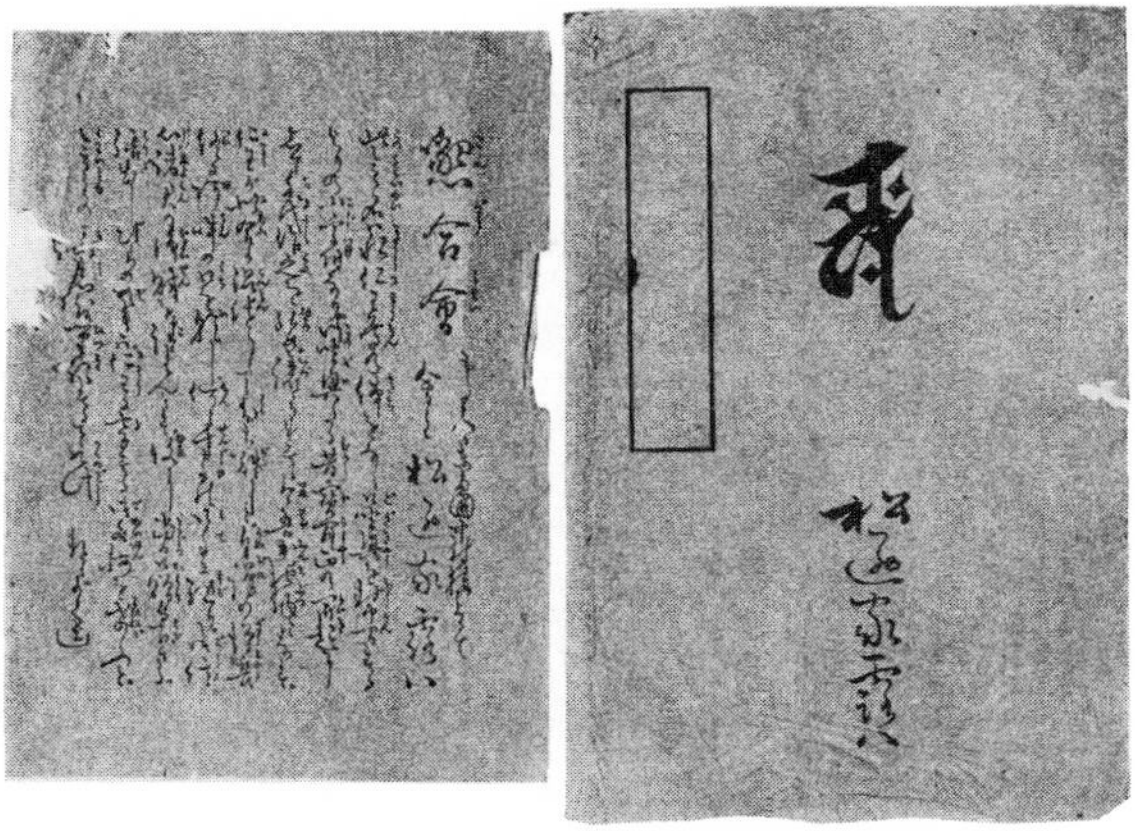

露八の懇合会の案内状（『学苑』515号、1982年11月）

5月18日　東両国中村楼上にて

会主　松廼家露八

此会名は私仁王尊の体《かたち》をなし御坐輿を幇間するよりの小字附《こじつけ》なり。

紅葉という鳥屋を出していたが、のち鮮魚屋に転業した。それが「先ごろから松廼家露八の弟子となッて現はれた」（「都新聞」一九〇二年十月三十一日付）とある。この記事が出た明治三十五（一九〇二）年当時、四十歳。商売に失敗しつづけ、年齢を重ねてから幇間の道に入った。この記事が載ったころ、魚八は小高という芸者と恋愛関係にあった。出会ったきっかけは、そのころ魚八が世話になっていたさる芸者が客の優男にでれつくのをみてぐれていた折柄、ふとひとり芸者が熱い視線を送ってくるのに気がついた。魚八はやけに「目レキ」（視線で異性にアプローチすることをこういったらしい）をかけてくると思い込み、声をかけた。みつめられていたと思ったのは、小高が斜視で視線がずれていたための勘違いだったが、女のほうも魚八が好みであったのか、恋愛関係になった。その後どうなったかはわからないが、魚八はのちに所属を吉原からよし町にうつしている。

虎八については記録がみつからない。露八の葬儀にも参列していないから、はやくに廃業したのかもしれない。

また、幇間《たぬき》はたぬき同士で化かし合って遊んだ。

幇間なかまのひとり、揚屋町に住んでいた桜川浜孝の家には稲荷《いなり》が祀ってある。芸人という稼業はことのほか縁起を大事にするから、当然、その稲荷も、お怒りを招くことなどないよう鄭《てい》重《ちょう》に祀っていた。その浜孝が仲之町を越えて、通りひとつ向こうの京町二丁目に転居することになり、当然、稲荷も新居にお移りいただく予定だった。そこで、露八が勧進帳をこしらえて、新居での稲荷の祠《ほこら》を建てるべく、喜捨を募《つの》った。ともかく、金も集まって、新しい祠も建てられ、引っ越しも終え、稲荷も無事新しい祠にお移ししたということで、手伝った幇間なかま一同集まり、新築の祠のご開帳におよんだところ、肝腎のお狐さまの姿がない。じつは露八がなかまを驚ろかすべく、こっそり隠したのだった。そうとは知らず、浜孝は大あわてで警察に稲荷の紛失届けを出したという（「朝日新聞」一八九二年三月二十九日）。その後どうなったのか不明だが、何か世間の笑いを誘うやり方で、お稲荷さまは還御《かんぎょ》遊ばされたにちがいない。

じつに愉快な幇間社会だが、幇間を座敷によんで遊ぶことができたのは、いまも昔も変わらない。まずはそれだけの財力に恵まれた者たちだけに限られる。だが、その芸のおもしろさを、万人が、それこそこどもでさえ体験することのできる機会が、吉原には年に一度あった。にわかである。

吉原のにわか過ぎたる夜寒かな

吉原には三大節《せつ》というものがあった。春、四月は夜桜見物。その季節になると吉原の仲之町のまんなかに植えられる豪勢に咲き誇る桜の花を見物する。夏、七月は玉菊燈籠。享保年間に亡くなった中万字《なかまんじ》屋の遊女、玉菊の追善のためにかかげられたのがはじまりで、そののち、廻り燈籠や、幻燈など、茶屋がそれぞれ趣向をこらした燈籠をともして客を集めるようになった。そして、秋、八月がにわかであった。

『新吉原画報』（『世事画報　臨時増刊』一巻四号、一八九八年九月）によると、にわかは毎年八月から九月の吉日を選んで、前半十五日、後半十五日（後半を二の替りといった）に分けて開催される。雨の日は順延で、休演日は、開催日数にカウントされない。

本項の見出しは、明治三十一年四月の郵便句会「十句集」に出された、題「遊廓十句」の正岡《まさおか》子規《しき》の句である。現代人には、八月、九月の夜に肌寒さを感じるというのは実感がないだろう。しかし、当時の東京人には、にわかが終わればそろそろ今年も冬になるという季節感があった。

樋口一葉の「たけくらべ」には、にわかのにぎわいと、それが終わったころの季節感が表現されている。

春は桜の賑ひよりかけて、なき玉菊が燈籠の頃、つゞいて秋の新仁和賀には十分間に車の飛ぶ事此《この》通りのみにて七十五輛と数へしも、二の替りさへいつしか過ぎて、赤蜻蛉田圃に乱るれば横堀に鶉《うずら》なく頃も近づきぬ

（「たけくらべ」『文学界』一八九五〜九六年連載）

一葉がながめる道に、吉原に向けてひっきりなしどころか、絶え間なく人力車が通るほどの、にわかのにぎわいの喧騒に酔ううちに、二の替り、後半十五日の開催日程もいつのまにか過ぎて、狂騒は終わる。季節は赤とんぼの飛ぶ中秋に、そして、晩秋に、やがて鶉が越冬のためわたってくる冬の気配を感じるようになる。

明治の人の季節に対する肌感覚は、おそらく旧暦のそれを脱していなかった。旧暦ならば、現在のこよみより、ひと月以上の遅れが生じる。明治のにわかが九月はじまりが多いのは、季節感覚を旧暦時代に合わせるためであったかもしれない。

秋風立ちはじめるころ、にわかは開催される。

吉日を選んで、警察に届け出て、開催の許可がおり、開催日が決まると、出演者は全員会所に集まってくじを引き出演の順番を決める。会所は水道尻《すいどじり》の裏門から出て、吉原病院の手前あたりにあった。

みどころは、まず、女芸者による獅子木遣《ししきやり》だろう。獅子頭と獅子幕を手古舞《てこまい》姿の芸者たちが

もち、獅子の運びに合わせて木遣り節をうたいながら練り歩く。これに出演できるのはなかまうちでも先輩格の姉株《ねえやかぶ》芸者に限る。

獅子木遣りをやるものは、男髷《おとこまげ》にし、手古舞姿。この男髷を格好よくするために髪を切った芸者までいた。吉原角の上着（紬《つむぎ》地に藍鼠《あいねず》色で染めぬき）の片肌を脱いで、なかに襦袢《じゅばん》を着た。この襦袢は重ねる枚数以外、布地の指定がなかったので、自分の女を引き立てるため、旦那たちが散財した。獅子木遣りは一組十二人で六組、七十二人となる。出られるかどうかは、人気や実績によるので、みなこぞって出たがったというが、七十二人の人選に漏れるほど、当時そんなにたくさんの芸者がいたのだろうか。ということで明治二十八（一八九五）年の『新吉原細見』をみてみる。一等が四十二人、二等が八十五人、三等が三十六人で計百六十三人の芸者がいた。半数以上のものが獅子木遣りには出られなかったことになる。では獅子木遣りに出ない女芸者たちには出番がなかったかといえばそうではなく、彼女たちは踊りをやった。踊りの振付は毎年、新作とするのが決まりで、イメージがさだまると、花柳壽輔《はなやぎじゅすけ》に依頼する慣習になっていた。

男芸者は江戸のころとかわらず、滑稽茶番をやった。古顔の幇間が世話役となって一座を組織し、趣向を考え、思いつくと、脚本作家にわたして脚本を作らせ、それに所作をつける。

順番を決めるくじ引き日のあとの十日間、出演者たちは朝から夜六時まで稽古する。そのあいだは、いかなる客によばれてもけして招きに応じてはならない。というのは破る者のない厳しい掟《おきて》であった。この稽古のあいだの昼飯は、どうしてか、鰻丼と決まっていた。獅子木遣りも踊りも、男芸者の茶番芝居も、稽古の決まりはおなじである。

この日程が終わると、出演者一同は茶屋を借りて、衣装を身につけ、総ざらいをする。これを「鳴物《なりもの》入《い》り」といった。

開催日になると、午後四時、「支度太鼓《したくだいこ》」が打ち鳴らされ、会所から仲之町をまわる。

各茶屋は、仲之町の通りの両側に木の柵をもうけ自家の屋号を記した朝顔行燈《あんどん》をともしておく。また大門側に「全盛遊」と記した高張桃燈《たかはりちょうちん》を立てる。ちなみに、太鼓が鳴らない日、「全盛遊」の高張桃燈が立たない日は休演のしるしだ。にわかは雨の日はもちろん、雨がやんでも足下がぬかるめばその日も休演となる。

毎夜七時、日の入りごろから、にわかがはじまる。

広さ三間（約五・五メートル）ほどの車輪つきの舞台に乗って芝居や踊りが演じられた。わずか三間の舞台で芝居ができるというのは、半畳でのお座敷芸に慣れた幇間だからこそかもしれない。高さはそれに準ずるというだけでどれほどかわからないが、客が茶屋の二階で酒を呑みながら眺めたというから、二階からみおろし、通りからみあげてちょうどよいくらいの高さだと想像いただきたい。舞台上に絹や紙を張って背景を描き、舞台は行燈などでライトアップできるようになっていた。三味線などの地方《じかた》は舞台のうしろにつづく屋台に集められた。日ごろ恩顧のある茶屋を儲《もう》けさせるためにおこなわれていたのだから、通りには尻を向け、御茶屋の客のほうを向いて演技をした。舞台は二軒の茶屋のあいだに止められて、前後二軒から芝居が見物できる仕組み

明治末期のにわか
桜川忠七『たいこもち』より転載

明治のにわか、1908年撮影
小林栄『吉原下町談語』より転載

であった。

演技のはじめは、獅子木遣りも男女のにわかも等しく、拍子木《ひょうしぎ》（撃柝《げきたく》）によって知らせた。そして、終わりにも拍子木が鳴らされ「おやかましゅう」と挨拶《あいさつ》して次の茶屋へ移動する。

これを繰り返して夜十時になると会所から「お茶」とふれがあって、休憩に入る。ちょうど演技をしていた場所のまえの茶屋が出演者にお茶などを供する。そこで、日ごろ親しくしている娼妓や、客から送られた弁当（結び煮染《にしめ》）や菓子があれば食べる。

開催中、出演者に客から惣揚《そうあげ》（店の全員をあげての宴会）のお誘いが紙札に書かれて届いた。女芸者は、それをかんざしに結わえて、数を競った。お誘いがないのは恥とされた。

夜十一時、会所から「貰《もら》ひ」とふれが来てその日のにわかが終わる。

翌日からは、また開催前にくじで決まった順番で茶屋をまわったが、毎日おなじ出演者ではつまらないし、不平等や不義理を出さないよう、日ごとに右まわり、左まわりと、まわり順を入れ替えた。後半十五日になると演目がかわった。

ちなみに、にわかが開催されるのは晴天三十日と述べたが、これは万人の見物に呈されるもので、雨が降れば茶屋のなかで非公式で個別におこなわれた。

これを「雨降り仁和加」と言って、客が嬉しがったものも理《ことわ》り、幇間連が思い思いに工夫した独り茶番を演《や》る。その趣向の面白いのは座敷へ呼ばれる事になるのだから、幇間は飯の種として智恵袋を絞らねばならぬ。（鶯亭金升『明治のおもかげ』）

茶屋にとってはかっこうの客集め、幇間たち、芸者たちにとってもよい芸の宣伝の場となっていたわけだ。

吉原の幇間となったばかりの安政年間の若かりしころ、露八は、にわかで茶番に出演し、客の笑いをさらった。だが、それがために父にみつかるはめになり、はるばる西国をさすらうきっかけになったことはすでに述べた。それから四十年の歳月を経て、年をとった露八の劇も好評だった。こどもたちにも知れわたっていた。「秋は九月仁和賀の頃の大路を見給へ、さりとは宜《よ》くも学びし露八が物真似、栄喜が処作、孟子の母やおどろかん上達の速やかさ」（『たけくらべ』）というように、吉原周辺で育った早熟なこどもたちは、露八の劇や、栄喜の所作を驚くべき上達のはやさでまねた。こどもがまねるのは人気のあかしともいえる。

では、露八が出演したにわかはどのような演出であったかといえば、明治二十五（一八九二）年九月二十一日付の「朝日新聞」に、その年の二の替りの男にわかのあらすじが載っている。露八が出演しているのは、題を「花艶睦公園《はなもみじむつむこうえん》」といい、世話役は清元栄喜太夫である。

舞台は淡島に銭亀弁天の社（浅草公園を想起させるのか）と、池の書割。公園内の観音堂の体裁である。六地蔵が安置されている。参拝の茶屋の女房に扮した吟平が地蔵に線香を手向《たむ》けて願をかける。地蔵に扮した富本半平が、線香の煙で燻《いぶ》されたり、水をかけられたり、これじゃあ火責め水責めだと泣き言をいい、おなじく地蔵姿の栄喜が、水をかけられたらしく鼻をすすりながら、地蔵の顔も三度までだ。衣装を新調せねばならない。と愚痴をいっているところに、仁王の格好をした露八と桜川正楽が登場する。

草津の温泉につかって帰ってきたところで、地蔵たちと仁王たちは、いつからここにいるかなどと無聊《ぶりょう》に任せて世間話を交わす。

「門番は退屈だ」と、露八があくびをし、正楽が伸びをすると、ちょうど阿吽《あうん》のかたちになる。阿吽の仁王像をみて参拝客が、ありがたがって柏手《かしわで》を打つ。

落ちは、

栄喜 「こりやあんまり水を掛けられたのでビツショリになつた」

露八 「水を掛けられても仕方がない」

一同 「そりや又なぜ」

露八 「水ハ公園の器物《うつわもの》」

この落ちの笑いどころの意味がよくわからないのだが、猪隈入道《いのくまにゅうどう》が「吉原にわか」で「元来男俄《にわか》は、幇間の命で己れの持芸を、引台の上で演じるのが山であつた」（『写真画報』第二巻第十二偏、一九〇七年十月）というとおり、この劇の筋の一部が、露八お得意の仁王の阿吽を披露するために展開していることはわかる。つまり出演者の人気の芸を入れ、それぞれの見せ場をつくっていたということだろう。客は、ストーリーのなかにちりばめられた贔屓の幇間の十八番をみて、笑い、満足した。

明治三十二（一八九九）年の男にわかでは、露八が世話役になった。「色変雪松樹《いろかえぬゆきのときわぎ》」というもので、平家物語の平清盛が開いた福原の都を現代の吉原に移し替え、常盤御前《ときわごぜん》を牛肉店、常盤の女とした。

常盤御前とは源義朝《よしとも》の側室で、今若《いまわか》、乙若《おとわか》、牛若《うしわか》の三人のこどもの母である。夫義朝が平治《へいじ》の乱に敗れ殺害されたのち、こどもとともに清盛にとらえられ、伝説では、清盛に身をまかせることでこどもたちの命を救ったとされる女性だが、「牛肉店常盤の女」としては、どのような設定にされたかはわからない。

記者にとって印象的であったのは、露八の登場姿で「先《まず》常の服装《こしらえ》で大菩薩を語り早拵《ごしら》へにて牛若と為り円頭《ぼうずあたま》へ紗《しゃ》の縁取頭巾《へりとりずきん》を冠り産衣《うぶぎ》仕立の上絵模様の服《きもの》を着てミルク飲の護謨《ごむ》管を啜《しゃぶ》りながら出るといふ趣向遉《さすが》ハ色変ぬ松の家露八なり」（「朝日新聞」一八九九年九月十二日付）と、赤子の牛若の扮装をしてみせた。「ミルク飲の護謨管」は、哺乳瓶の乳首の部分であろうか。これは、なかなか気の利いた扮装として好意的にうけとられたようだ。「仁和賀ハ総《すべ》て斯《こ》う軽い事に往《いっ》て貫ひたし」というこの記事からすると、へんに高尚ぶらず軽口の笑いを目指したあたりが好評だった。

明治三十四年九月十日から開催されたにわかは、どうしたわけか、なかなか警察の許可がおりなかった。九郎助《くろすけ》稲荷の祭礼に合わせて奉納するという名目は江戸のころからかわらないのに、このときは奉納に七日間は長すぎるといって日程を短縮するように命じられた。にわかをおこなうには、準備や支度に金と時間がかかる。あまりに開催日を短くされてはわりに合わなくなってしまう。なんとか算段がついて開催されることになったが、露八はその年に「忠臣蔵十一段返し」の世話役をしたのを最後ににわかの舞台から姿を消した。忠臣蔵十一段目といえば、クライマックスの討ち入りの場である。もちろん真っ当に討ち入りの場面を演じたのではあるまい。

にわかの風習は、さほど長くつづかなかった。官憲に歓迎されなかったということもある。明治三十九（一九〇六）年には風俗壊乱の可能性があるとして警視庁から開催の許可がおりなかった。安藤林蟲「仁和賀の話」（『春泥』第七号、一九三〇年九月）によると、昭和五（一九三〇）年当時、夜桜も玉菊燈籠も微かに昔の名残をとどめて開催されるが、「唯、俄の行事だけは、明治四十四年の大火以後、一と年行はれただけで、今は全くその跡を絶つてしまいました」という。

女房と娘と女房のせがれ

明治二十八（一八九五）年一月十六日の紋日《もんび》（佳辰《かしん》祝日のことであるが、客はこの日は昼夜合わせた揚代を支払わねばならなかった。遊女たちはこの日、客に来てもらうため懸命な手練手管で誘った。一月の紋日は松の内、十一日、十四日から十八日、二十日、二十八日）はとりわけ引く手あまたで、露八は角海老《かどえび》の座敷を締めに、中引《なかび》け（妓楼の営業終了時刻。これからのちは新規の客を入れない。明治期は午前零時）過ぎ、疲労と酔いでよろめきながら家に帰った。京町一丁目角の角海老は、露八の住まいから目と鼻の先である。お座敷の口がかかったら起きようと仮眠のつもりでひと寝入りしたが、頭を枕につけるやいなや大いびきでぐっすり眠ってしまった。しばらくして、飼い猫が外から帰ってきた気配にお徳が目を覚ました。猫は泥のついた足で座敷に梅の花のようなあとを点々とつけ、寝入っている夫のピカピカ光る坊主頭のかたわらで寝た。お徳はそれをみて、まるで頭の輝きを隠すつい立てのようだと、おかしくなってくすくす笑ったが、ふと雨戸が一枚開いていることに気がついて、あわてて洋燈をつけた。寝ている隙に露八の座敷着をはじめ、値の張る衣類ばかり何点かなくなっていた。泥棒に入られたと驚いたお徳が声をあげると、ようやく目を覚ました露八がむっくり起きあがって悔しがった（「朝日新聞」一八九五年二月十八日付）。

お徳は静岡にいたころ、結核に罹患《りかん》して吐血した。吉原の田圃《でんぽ》にある大金という料理屋に頼んで特製の鳥のスープを作ってもらい、栄養価の高い食事をして命をつないでいたが、病状は徐々に悪化し、明治二十九年三月一日、死去した。五十二歳だった。辞世の句として伝わるのは、

咲く花を見もせで啼《な》て帰る雁《かり》

である。

お徳の死の翌年の明治三十年、露八は、ともに入るつもりの墓を円通《えんつう》寺に築き、お徳を葬った。露八が建てた墓は、睡蓮《すいれん》のつぼみのようなかたちをした瀟洒《しょうしゃ》な墓石で、正面に「土肥氏墓」とあり、向かって左側面に「明治三十年三月建」と建立の年月が刻されている。

お徳がみられなかった「咲く花」とはなんであろう。日々美しくなっていく娘のお直のことか。露八とお徳の娘、お直は母の死の前年、十八歳で吉原の仲之町の御茶屋、いづ虎から名ひろめして、芸者松廼家小菊《こぎく》として一本立ちした。『東都全盛芸娼妓評判記』（国保達曹編、苦楽堂、一八九四年）によると「正札付掛値のなき代物なり」という。芸は売っても身は売らない、誇り高き仲之町芸者である。

芸名は、母の芸者名が延菊《のぶぎく》であるからその娘の小菊であろう。その容貌は、佳人であったという母から受け継いで美しい。細面で端整、きりりとした意志の強そうな面差しをしている。性格は父に似た。物心つくまえから花柳の世界に生き、芸を磨き、十三歳で半玉《はんぎょく》（芸者見習い）として

はじめてお座敷に出た。一本立ちしてからは二十歳そこそこで「何所《どこ》までも気転が利いて、お座敷の面白さと来たら、恐らく此嬢の右に出づるものは沢山あるまいヨ」（『団団《まるまる》珍聞』一二九四号、一九〇〇年十一月十七日）と評判になったつわもの。

あるとき、お直がお座敷によばれていくと、気障《きざ》な客が、芸者風情にはわかるまいと、わざわざ難解な漢語をつかって、ごちゃごちゃと彼女の評価をはじめた。いらいらしたお直は、客をあざ笑って、

「そんなくだらない漢語なんか喋らずと、日本人同志は日本語をお使いなさい。人面白くもない。それほど漢語がお好きなら、私がお相手になりましょう！」

といって、漢語をまくし立てた。しかもそれがじつに正確だったので、さすがに客も舌を巻き、降参した。

松廼家小菊
『団団珍聞』第 1294 号、1900 年 11 月 17 日表紙

その後、その席にいた客のひとりが、友人に、

「小菊という芸者はなかなかえらいもんだ」

とそのときのことを語ると、事情通のその友人は、

「ヘン！　それを今頃ご承知か。あの妓《こ》は漢語幇間露八先生の娘だよ」

と得意げに教えてやったという。

父親から漢学の知識を仕込まれていたのだろう。先に紹介した『日本及日本人』（七百十七号）に投書した赤坂愛読者氏は「相当漢学の教養あり言ふ所気概あり縄墨《じょうぼく》あり、世の幇間者流と大に撰を異にせり」と露八をほめている。

漢学は武士の素養のひとつであるが、祖父、新八郎が書家であったということもあり、土肥家ではとりわけ厳しく躾《しつ》けていたのだろう。弟の八十三郎も相当に文字に深かったという。その伝統から、露八は娘のお直にも漢学をさずけていたのだろう。

松廼家小菊の仲のよい吉原芸者に、ひとつ年上の桜川お歌がいた。父は幇間の桜川正孝《しょうこう》（三代目桜川善孝）である。この人物はすでに何度か登場している。もとは幕臣の家の生まれ。慶応四（一八六八）年、艶文《つやぶみ》にガマガエルの絵を描いたことに怒った庄次郎に乗り込まれた仮名垣魯文とともに宴席にいた人であり、榊原鍵吉の撃剣会の呼出しをともにつとめた人である。いまは幇間なかまとなった元武士の父たち、その娘たちはともに左褄《ひだりづま》の艶《あで》姿。だが、彼らに暗いものは感じない。

哀れをさそうのは、お徳と円朝の子、出淵朝太郎《いずぶちあさたろう》である。

朝太郎の人生は、きまぐれな立志と酒のせいで挫折《ざせつ》の連続だった。

伝説では、円朝は、どうにかそれなりに朝太郎に身を立てさせようと、英語が得意であったことから、学校を買い与えて校長をやらせてみたが、しばらくすると、泥酔して生徒のまえに立つようになり、信頼をなくしてつぶしてしまった。また、妻帯させて煙草屋をはじめたが、やはり酒びたりになってつづかなかった。ともかく、酒のせいで人生に滑りつづけ、とうとう明治三十二年、病床にあった円朝に、自分の死後、弟子たちに迷惑をかけないよう、百円の手切れ金をわたされ、親子の縁を切られてしまった。ただの心情的な勘当ではなく、一切の相続の権利を奪う廃嫡《はいちゃく》であった。

明治三十年の「朝日新聞」（一月二十八日付）によると、ある日、朝太郎は露八の家にやって来たが、ちょうどそのとき、露八は運動のため庭で槍をしごいていた。朝太郎は、その勢いに圧倒され、ほうほうの体で逃げ出したという。新聞にはこづかい目当てであったという。世間には大人になっても親やそれに類する人に金をせびる人間など五万といる。かりにそうであったとしても、なにも新聞に書き立てるようなことではないのだが、朝太郎が露八宅に来たという明治三十年、すでに母のお徳はこの世にいない。母が死去したことを知らなかったのか、それとも母の死を知っていて、なおも母の夫である露八に会いに来たのか。露八と朝太郎のあいだには、義理の親子のような絆《きずな》があった。

「万朝報」（一九〇〇年八月十四日付）には、「朝太郎は露八宅にも出入りして露八も我子の如く愛し居たりしかば朝太郎の不身持を憂《うれ》ひて折檻《せっかん》を加ふることもありたりき」とある。朝太郎が悪さをすればじつの息子のようにぶん殴って叱ることもあったということだろう。

「円朝逸話」（「朝日新聞」一九〇〇年八月十五日付）によると、八月十三日、円朝が死去したことを知ると、朝太郎は、露八に泣きついて焼き場に連れていってもらい、亡骸に対面して父を悼んで泣いたという。露八は列席者に向かい、

「仏も朝太郎の為には死ぬ迄《まで》苦労しましたが今日私は此児《このこ》を連れ仏の前へ出て是《これ》からすつかり改心をさせるから今迄の不孝を許して呉《く》れと拝んで来ましたから皆さんも何様《どう》かお見捨なく」（「万朝報」一九〇〇年八月十四日付）

といってとりなした。朝太郎はすでに三十を過ぎた大人である。それを「此児《このこ》」というところに愛情を感じる。朝太郎にとって、実母の夫である露八は、円朝の不出来なせがれとしてしか自分をみてくれない父の弟子たちなどより、よほど親しみやすく、頼りになったのだろう。

「円朝逸話」の記事にはその後、朝太郎は父の弟子たちに改心を誓ってわびを入れたとある。この弟子たちに迷惑をかけないためという名目で父に捨てられ、縁を切られた父の死後にまで、父の弟子たちに謝罪させせられたのだとしたら、じつに気の毒なことだ。

円朝の三回忌、朝太郎は姿をみせず、一行が円朝の墓に向かうと、墓にはすでに美しい花が供えられてあり、鉛筆で「円朝せがれ」と書かれた小さな札が添えられていたという。

その後、チンドン屋の旗持ちをしている姿をみたものがいる。森銑三によるとチンドン屋でなく広目屋《ひろめ》というべきとのことだが、「そんなはかない暮らしをしてゐる朝太郎の気持は、存外明るかつたのではあるまいか、とも思はれる」（「円朝と朝太郎」『円朝考文集　第七』同刊行会、一九七七

年）という。だとしたら、幸薄く思える彼の人生もわずかながら救われる。そして、最後に彼の姿が認められたのは、大正に入ってからで、九段の坂の下でたちんぼをしていたという。このたちんぼというのは、坂をのぼる人の荷物をもったり、背を押してやったりして、はした金をもらう賤業だった。明治元（一八六八）生まれだとすると、もう五十代に達していたことになる。

関東大震災後、ぱたりと姿がみえなくなったという。震災で亡くなり、身元がわからずじまいとなったほかの数多くの死者とともに葬られたのだとしてかたづけてしまった。幼いころ朝太郎と知己があった藤浦富太郎は、「彼にしてみれば今まで散々他人に迷惑を掛けたから、せめて死ぬ時位はお世話をかけませんと、黙ってあの世へ旅立ったのかもしれない」（「一子朝太郎のこと」『随録三遊亭円朝』円朝考文集刊行会、一九七四年）といっている。

山田風太郎は朝太郎の生涯を通覧して思う。

人の世に情けはあるが、運命に容赦はない。（『幻燈辻馬車』）

だが、本当に人の世に情けはあるか。

いとしの妻狸

幇間、たいこもちの別称を「たぬき」という。そんなこともあってか、露八はみずからを「狸《たぬき》和尚」と自称するほどの狸好きであった。狸好きといっても、生き物の狸を好きというのではなく、表象としての狸が好きであったというべきで、狸の置き物や焼物、画幅などを熱心に集めていた。その蒐集品のなかでも、いちばん愛着をもっていたものに狸の面《めん》がある。天保三（一八三二）年三月、金沢の人武田有月の作という。

武田有月。本名を武田秀平《しゅうへい》といって、本業は加賀藩（現在の石川県南部・北部と富山県の一部）につかえた九谷焼の陶工であった。陶号を民山という。多才な人で、書画にも優れ、とくに木彫の才能は一級だった（有月は木彫をおこなうときにもちいた号）。現存する彼の木彫作品をみれば、現物の所在は不明ながら、この狸の面がいかに表情に満ちた魅力的な作品であったか推測できる。どうしてこのような希少な秀品が露八の手元にあったかといえば。

ある日、露八が榎本武揚の邸宅によばれて参上すると、うやうやしく床の間に飾られていたのがこの狸の面。ひとめで惚《ほ》れて、猛烈に欲しくなった。ねだり取ろう、と思った。それで、榎本にその来歴などをたずねたが、榎本は、のらりくらりとかわしてじらすばかり。あまりに熱心だから、露八が面を欲しがっていることがおのずから伝わって、

「このような品をお前にみせておくのは毒だから」

といって面函《めんばこ》を取り出してしまおうとした。

しまわれてはおしまいと、露八は思い切って榎本に所望した。おそらく、榎本も露八にねだらせるつもりで、露八がひとめ惚れするような品をわざわざ床の間に飾っておいたにちがいない。

しかし、榎本は、

「ほかのものならくれてもやろうが、これは簡単にはくれてやれない。だが、和尚の考えひとつではやらぬでもないが……」

と、もったいぶる。露八のねだり方が気に入らなかったのか、もう少しじらして楽しもうと思ったのか、

「なに、難しいことではない。そんなにこの面が欲しいのなら美人をとりもってくれ」

といって大笑いしてはぐらかし、ついに狸の面をしまってしまった。

その後もたびたび榎本邸によばれるつど、露八は狸の面のことをもち出したが、榎本は笑うばかりでとり合わなくなっていった。露八は狸の面に心を残していたが、もはや自分のものにはならないものと、かなしくあきらめて日をすごしていた。榎本も譲るタイミングを逸してしまっていたのだろう。ある日、榎本邸から使者が来た。榎本が狸の面を送ってよこしたのだった。夢心地でうけとって、以降、他人の手に触れさせるのを惜しむほどに愛玩したということだ（「朝日新聞」一九〇〇年八月二十六日付）。

類は友をよぶ、ではないが、露八の友人に、洲崎《すさき》の遊廓（現在の東京都江東区東陽一丁目）の幇間で、桜川梅孝《うめこう》という男がいた。洲崎遊廓は明治二十一（一八八八）年に根津遊廓を移転してつくられた新しい遊廓だった。

梅孝もまた有名な「狸癖《ぐせ》」の男で、その座敷に入れば、額面、掛け物、扇面、置き物、すべて狸にあらざるものはなく、火鉢や急須《きゅうす》といった日常の品から、煙草入れまで、みな狸の意匠のもので揃えていた。そんなふうであったから梅孝の狸好きは知れわたり、なじみ客であろうか、日本橋の顔役の古賀吉という男が、田舎から牡牝の狸をもらったといって、梅孝に送ってよこした。梅孝は、生きた狸はめずらしいとよろこんで、平生から狸にちなんだ珍品・名品が手に入ると、みせ合ったり、交換したりして楽しんでいた露八に一匹ゆずろうと思いついた。しかし、ただ贈るのではつまらない。

そこで、一計を案じた。

ある日、梅孝の弟子、花孝《はなこう》が羽織袴《はかま》姿で露八宅をたずねてきた。その口上によると、細君を亡くされ、もろもろご不自由であろうから、うちの師匠が新しい嫁を斡旋すべく連れてきたというのである。

後妻などもらう気はなかった露八は正直迷惑に思った。が、連れてこられたものを追い返すわけにもいかず、ともかくも家に招き入れることにした。ところが、花孝が人力車から花嫁として連れてきたのは、なんと箱に入れられた一匹の狸だった。さらに引き出物に定番の鰹節ではなく、お祝いと「細君」の常食をかねた鰊《にしん》一箱を贈られた。露八は「兎《と》に角《かく》頂戴いたし置く」ということで、狸と祝いの品をうけとった。

数日後、近所の幇間なかまをよんで婚礼の祝宴を開いた。幇間たちは、新郎新婦の末永い幸せを祈って、狸囃子《ばやし》の踊り（三〇二ページ参照）を捧げた。

宴が果て、なかまの幇間たちが三々五々帰ったあと、ひとりになった露八は、「狸に牝なし貉《むじな》に牡なし」と会席者がいっていたことを思い出し、妻となった狸を調べてみることにした。結果、その狸はともかくも牝で、それなりに人にも馴れているようだった。

女房に例の「八畳敷き」がないことに安心した露八だったが、堪えられぬほどに獣臭が強い。とても座敷や縁側の近くで飼うことができないので、庭に穴を掘ってすまわせることにした。

ところが、ある日、狸が鎖を切って逃亡してしまった。臭いに閉口していた露八も、さすがに「細君」に逃げられたと、あわてて方々を探したがみつからない。

そのころ狸は、検査場の囲いに迷い込んだところを車夫たちにとらえられて、狸汁にされる運命にあった。だが、幸いにも、それをみた近所の人が、露八のうちで飼われている狸ではと思いあたって知らせてくれた。駆けつけると、狸は、まさに殺害されんとするところ。露八の姿をみつけた狸は、飼い主とわかったのだろう。必死に飛びついて、股ぐらに隠れた。その様子にぐっと愛情が湧いた露八は、命乞いして連れ帰り、もとのように庭の穴で飼っていたが、困ったことに、露八のほか狸の世話をする人がいない。同居していた娘のお直は、狸の獣臭に堪えられず、線香を焚《た》くくらいだから、率先して世話をするはずがない。露八が留守にすると、えさを与えられないことさえしばしばあった。だいたい、鰊ではえさ代もばかにならない。えさはすぐに人間の食べ残しになった。かわいそうに思った露八は、狸を「出稼ぎ」に出すことにした、というが、ようは、もてあまして、動物を扱っているところにあずけてしまおうということだ。

はじめ、上野公園が候補にあがったが、出稼ぎ先は浅草の花屋敷に決まった。

浅草花屋敷は、日本ではじめてできた遊園地で、嘉永六（一八五三）年の開園当初は植物や庭園を売りにしていたが、明治三十年ごろには、鳥獣を飼って見世物に供していた。

当時の花屋敷は現在の遊園地に匹敵する存在でした。敷地内は小型の動物園といえるほど、たくさんの動物や鳥類も揃っていて、余興場もありました。

（中村芝鶴『遊廓の世界』）

という。

明治三十年に刊行された『新撰東京名所図会』（第四編、一八九七年四月）には、ヒグマや虎、猿や鹿、狐などが檻に入れられて飼育されていたほか、鷹、鶴、孔雀などの珍鳥、金網の円籠に文鳥や珍種の鳩などを集めて飼っていたことが記されている。当時としてはいっぱしの動物園だ。植物園、建物園、動物園をかね、そのうえ、入園料も大人三銭、こども二銭と安価であった。

「浅草公園花屋敷の図」山本松谷画
『新撰東京名所図会』第 4 編、1897 年 4 月

嫁いでからわずかひと月、新しくあつらえられた飼育用の籠《かご》に入れられて、妻狸は浅草の花屋敷にやられてしまった。

人里近くに棲息する狸は、当時、見世物とするほどめずらしい動物ではなかったかもしれない。だから露八は、「露八妻狸」として、「狸とは下から読めばきぬたなり共に仲よく腹鼓打つ」という狂歌を添え、「狸」ではなく、けものへんに妻という字をあてた「［犭＋妻］」という新しい生き物として見世物に出してもらうことにした。元来、臆病で警戒心が強い狸にとって、見世物とされることが幸せかどうか。ただし、食物には恵まれて、おもしろがった客にかわいがられて、ふんだんにえさをもらえた。むくむくと太って、しばらくすると、「以前に倍増するほどの大兵《だいひょう》の狸」になったという。

見世物に賃料があったのかどうか、あずけたといって、じつのところは花屋敷に売ってしまったのかは不明だが、この妻狸の出稼ぎ代は、「夫」たる露八のふところをじゃっかん潤したようである。

明治三十（一八九七）年、にわかの季節のことである。

当時ではすでに高齢者のなかま入りをしていた男やもめの露八だが、まだ男性としてすっかり枯れ切っていたわけではなかった。六十歳を過ぎた露八は、枯れるどころか、艶聞《えんぶん》が絶えなかったのである。

たとえば、露八に気がありげな女がいて、待合で待っていたが、待てど暮らせど顔もみせない。腹を立てた露八が、どうあってもよんでやろうと、部屋を出たところ、ちょうど静岡二丁町で芸者の置屋のようなことをやっていたとき、そこに身を置いていた芸者、福田屋秀子とばったり出くわした。十数年ぶりの偶然の再会に驚き、よろこんで、昔話に花を咲かせながら杯を交わすうちにわりない仲になって……と新聞（「朝日新聞」一八九七年三月六日付）に語られる。

真実は本人たちにしかわからないことだが、こんな艶聞が新聞をにぎわせているのは、還暦過ぎの露八に、三十七の年増盛りの芸者をものにしてもおかしくない男の色香が残っていたからだろう。

明治三十一（一八九八）年、身体は壮健ながら、耳が遠くなったといい、小川町の耳鼻科に通院していたが、一向によくならない。よくならないのも仕方がないことで、病院に行くと偽って、三崎町に住む桃川燕林の未亡人で東京座の茶屋、布袋屋の女将、山内お波（五十歳）のもとにかよっていた。噂になっていたのは彼女だけではない。「その以前、静岡で我が家に置いていた土地の芸者の小島屋の秀竜、今は独立して、新橋で稲屋のお秋、本名は飯野お花（二十六歳）に、烏森の待合池田屋で逢い引きをしているという」（根岸良衛『女藝者の時代』青蛙選書、一九七四年）とある。おなじく静岡時代に芸者として置いていた女性ながら、先の福田屋秀子とは年齢がちがうから別の女性だろう。

あくまでもゴシップで事実とは限らないが、同時に複数の玄人《くろうと》女性と関係をむすんでいたことから、たがいに大人の遊びであったにちがいない。女なしではいられないタイプの男だったのだろう。とはいえ、逢い引きの現場を知人に知られるのはさすがにバツが悪かった。ある日、烏森での逢い引きの途中、吉原の知人にみとどめられて、どちらへと声をかけられた。とっさに「日影町の日比谷稲荷に耳の願がけ」とごまかしたというが、これはみえすいた言い訳だった。日比谷稲荷（東京都中央区八丁堀）は、鯖《さば》を捧げて祈願することから、「鯖の稲荷」と通称され、歯の病に霊験あらたかと庶民に信仰されていたが、耳の病に効くなどといわれたことはなかった。

ところで、桜川梅孝のもとに残された牡の狸の運命はどうであったのだろう。

狸を愛してやまない梅孝は、古賀吉から狸をもらって、生きた狸というのでことさらによろこんでかわいがり、なでさすり、人手に任せることなく愛情を込めて飼育していた。かわいそうに思って鎖でつなぐことをしなかったので、狸は、月夜になると、外に遊びに出るようになった。狸はもともと夜行性の動物だが、野口雨情《のぐちうじょう》作詞の童謡「証城寺《しょうじょうじ》の狸囃子」にあるように、月夜になると腹鼓を打つとか、毛皮を干すとかいわれており、とりわけ月夜に怪異をあらわすと信じられていた。だから、梅孝の家から月夜に遊びに出た狸をみた遊廓の客のあいだで、洲崎の遊廓には化け狸が出ると噂が流れた。これでは客の入りにかかわる。さすがの梅孝も、泣く泣く狸を鎖でつなぐことにした。ところが、自由を失った狸はみるみる間に元気をなくし衰弱した。心を痛めた梅孝は狸の縛《いましめ》をといた。

鎖をとかれると狸はたちまちに元気になり、以前に増して遊廓に遊びに出るようになった。あるとき、行方不明になったかと思ったら、病院に夜な夜な狸があらわれると入院中の遊女たちから苦情が出た。この当時、狸は、いたずらもせず、もちろん変化もしておらず、なんら怪異を起こさずとも、狸である限り、そのままの動物の姿でも妖怪としてうけとられたらしい。おびえた遊女たちは院長に狸の駆除を要求した。院長から小使いにいたるまで、銃器をもって狸退治に乗り出した。情報を得た梅孝は気が気ではなく、裏工作してとらえられた狸を生きたまま返してもらった。

さすがにこのような問題を起こされては自由にさせておくわけにはいかない。箱に閉じ込めんばかりのきつい拘束をした。狸はまた衰弱した。梅孝は耐えられずふたたび狸を解放。狸はしばらく大人しくしていたが、ふたたび外に遊びに行くようになった。こうして梅孝は、狸が何かやらかすたびに、放蕩息子をもった父親のように心を痛めた。

この狸は、茶屋の軒下に居ついて、狸が住むのはじつは縁起がいいと梅孝に騙された女将にかわいがられたり、梅孝宅の裏の長屋に住む老婆に愛されてえさを貢がれ、老婆は近所から「狸婆さん」のあだ名で冷やかされたりと、洲崎遊廓でずいぶんと浮名を流したが、ついに法事のついでに梅孝の実家があった砂村（東京府南葛飾郡、現在の東京都江東区東部）に連れていかれ、野に放たれた。

去り際はにぎやかに

明治三十一（一八九八）年十月、向島の榎本邸（現在の墨田区向島五丁目）で開催された碧血会《へっけつかい》に露八も参加した。

碧血会は、箱館戦争関係者の会である。箱館戦争の際、旧幕府軍の戦死者たちの亡骸《なきがら》は、清水港の海に投棄された惨殺者同様、埋葬することが許されず、路傍に腐るがままになっていた。これを哀れんで亡骸を集めて市内の実行寺に埋葬したのが、清水次郎長とおなじく、地元の侠客、柳川熊吉《やながわくまきち》だった。そして明治八（一八七五）年、この柳川の尽力もあって函館山の中腹に、旧幕府軍の戦死者の遺骨を集めて祀る立派な慰霊碑が建設された。義に殉《じゅん》じた武人の血は死後三年をへて碧玉《へきぎょく》に変ずるという中国の故事から、慰霊碑は碧血碑と名づけられた。そして、関係者がつどう会の名を碧血会とした。

その碧血会で酒席になり、宴たけなわのとき、急に露八は、ろれつがまわらなくなり、体がうまく動かなくなった。会席者たちは驚き、榎本は、折りしも碧血会の最中であったから、

「三十年前に官軍が放った弾丸がいまにおよんでたぬきを傷つけたのだろうか」

などと冗談をいいながらも心配していたらしい。露八はすぐに川向こうの浅草三丁目にあった後藤病院に運ばれた。中風《ちゅうふう》だという。症状が軽かったのか手当てがはやかったのか、大事にはい

たらなかったが、以後、病みがちとなった。それからは、稼業を休んでは復帰、休んでは復帰を繰り返した。

しかし、最終的には医師に酒を禁じられ、さすがの露八も仕事の継続をあきらめた。廃業を決め、明治三十五（一九〇二）年十月二十九日、日本橋常盤倶楽部で廃業披露の宴《うたげ》を張ることになった。

当日の催しは、荘司賢太郎（京扇堂サイト内のブログ連載「松廼家露八」二〇一一年九月十四日公開、現在ブログは閉鎖）が入手したプログラムによると、

一、松の栄　松迺家連中
一、キヤリ　千秋万歳　中山長吉
一、同　富士見西行　大野鎌吉
一、同　恵比寿　平山銭五郎
一、野呂松人形　大隅平次郎
　鬼の宝　蟲翁　亀遊
　松翁
一、同　庭見物　気楽翁　三翁

松翁
亀遊
帰天斎正一
帰天斎正一

一、奇術　狸の赤玉
一、同　露の飛玉
書画先生席上揮毫
茂林寺《もりんじ》見立抹茶

以上

三十五年十月　会主　松廼家露八
補助　富本半平
桜川孝作
哥沢芝喜太夫
都民中
狸囃子　桜川〆孝　桜川孝八
桜川遊孝　桜川正孝
桜川延孝　桜川長寿
松廼家喜作
松廼家魚八

松迺家平喜

素七書　印

である。

このプログラムの見開きには、松本楓湖《まつもとふうこ》による狸の面の画が描かれていたという。その面は武田有月の作とあるということ。ということは、惚れて惚れてようやく榎本からもらった例の狸の面である。露八はこの一世一代の狸づくしの会のプログラムを飾るのに、愛蔵の狸のなかでももっとも愛着の強い品の画を選んだ。狸の面を描いてくれた絵師の松本楓湖は、露八が三度目に吉原の幇間になる少しまえ、金に詰まった露八が仮名垣魯文がこしらえてくれた奉加帳をぶらさげて、浅草の家をたずねたことがあった。その後も交流がつづいていたのだろう。

プログラムの内容を読んでも、いまやどのような出し物であったのか見当がつかないものが多い。西洋奇術の帰天斎正一《きてんさいしょういち》は、二代目で、あとに述べる、円通寺で毎年おこなわれていた戊辰東軍戦死者大法会《だいほうえ》の余興に定番でよばれていた。このころはすでに人気が落ち目であったが、この会によばれたということは、大法会の余興によばれていたことも、露八が帰天斎の芸を気に入っていたからかもしれない。野呂松人形は人形芝居であるが、人形浄瑠璃のように洗練されたものではなく、より古典的で素朴なものである。芥川龍之介の「野呂松人形」を読むとその上演の様子がわかる。

芸の披露だけでなく、庭見物や書画の先生たちによる揮毫、抹茶のふるまいまで用意された一日遊べる会であった。抹茶というのも、狸が化けた文福茶釜伝説で知られる曹洞宗の古刹《こさつ》の茂林寺（群馬県館林市）にある文福茶釜を借りて、露八みずからがそれをもちいて茶を立てて来客にふるまった（「報知新聞」一九〇二年十月十一日付）。

会の締めくくりには同業の幇間なかまが、露八の引退の祝いに狸囃子の踊りを献じてくれた。

「お月様出てくる、狸が小坊主に化けたとさ、寝ぼけた野末の八畳じき
しよぼ〳〵雨に酒買ひに、徳利通ひにはツちよ傘はヨイ〳〵ノピヨイ
銀の眼むいてトツテツトンチヤン」（「朝日新聞」一八九七年九月十九日付）

めでたいのかめでたくないのかわからない歌詞だが、狸をめとった祝宴に出席した者たちが踊ったのもこれである。

実質的には廃業披露であったが、名目上は快気祝いであり、さらにいうならば、お世話になった人たちを招いての「狸会」という趣味の会であった。

酒席はしめってはいけない。にぎやかに、愉快に、愉快に。

以後、幇間を引退した露八の短い隠居生活がはじまる。

第六章

おれはさむらい

明治二十三年、新富座で『皐月晴上野朝風』が上演され、にわかに彰義隊ブームが巻き起こるが、露八はたんたんと毎年円通寺で開催される戊辰東軍戦死者大法会で世話役をこなし、より内輪な会、彰義隊親睦会を楽しみにした。生涯旧彰義隊士としての矜持を保って、七十一年の人生を過ごした。

芝居になった彰義隊

露八は死後、かねてからの当人の希望によって、彰義隊士を含む戊辰戦争の戦死者の墓がある三《み》ノ輪《わ》の円通寺《えんつう》に埋葬された。

露八が父祖が眠る菩提寺《ぼだいじ》の浄輪寺《じょうりん》ではなく、円通寺を選んだことについて、寺井美奈子はこう述べている。

露八を孤独に追いこんでいる根本的な原因は、幕府の滅亡とともに死んでいった仲間のことである。かれはわざわざ遺言に菩提寺でなく、かれらのねむる円通寺を選んだのは、幕府を守るために幕府とともに生命を棄《す》てた死者たちとのつながりが切れなかった証拠である。露八がただ旧時代の武士道を心に保って生きてきたような人間であったなら、代々幕臣の家であった土肥家の墓に葬られてもよかったのである。上野の戦争のとき、露八は生家に復縁して、土肥庄次郎の名で彰義隊に参加している。それをわざわざ円通寺と指定したのは、新しい時代になって忘れさられていくかつての仲間と心をひとつにしていくことで、維新後のかれは生きてきたといえる。

（「松廼家露八」『ドキュメント日本人9　虚人列伝』）

精神の奥底の本質的孤独についてははかり知れない。だが、実生活に関していえば露八はけっして孤独ではなかった。露八の人生を通覧してみて、戊辰以来の行動のすべてが、ずっと戦死者のほうを向いていた、つまり一種、永遠の喪《も》に服した状態で生きていたとは思えないのである。小川椙太《おがわすぎた》（興郷《おきさと》）のように戊辰の死者をとむらうこと、ただその一事のためにのちの人生をつかったものもいる。人の真摯《しんし》な生きざまに甲乙があろうはずもなく、どう生きたら尊いかなど凡愚の身にはわからない。だが、露八はそうした人生を選ばなかった。

しかし、過去、彰義隊であったということは、アイデンティティの大なる部分を占めており、彼の人生の苦難のときの支えとなっていたことは確かだ。

だからこそ気になる。明治二十三（一八九〇）年に彰義隊リバイバルともいえることが起き、巷《ちまた》の話題をさらったとき、露八はどう思ったか。

じつは、彰義隊は戊辰が遠くなるにつれて、右肩さがりに世間から忘れられていったわけではない。

彰義隊戦死者の墓は、亡骸《なきがら》が荼毘《だび》に付された上野の山王台《さんのうだい》と、遺骨が埋められた三ノ輪の円通寺の二か所にある。

円通寺のほうは先に説明したとおり。山王台の彰義隊士の墓は、寛永《かんえい》寺の塔頭《たっちゅう》のひとつ上野山内の寒松院の清水谷慶順と護国院の多田孝泉が新政府をはばかりながらこっそりたてた小さな墓石にはじまる。正面には「慶応戊辰五月十五日　彰義隊戦死之墓　発願《ほつがん》回向《えこう》主《しゅ》沙門《しゃもん》松国《しょうこく》」（発願回向主の名、松国は寒松院と護国院の一字ずつからとられている）と刻まれている。この墓石はひところ円通寺の境内に移されたことがある。円通寺の住職仏磨が相談なくおこなったことであったのか、不本意に思った三河屋幸三郎《みかわやこうざぶろう》は、円通寺からとりもどし、一時、榊原鍵吉《さかきばらけんきち》が自宅であずかっていたことがあった。

明治七（一八七四）年、寛永寺は当時の東京府知事大久保一翁《おおくぼいちおう》に墓碑建立の許可を願い出た。許可はおりたが、幕府の後ろ盾を失った寛永寺には建立資金を負担できず、旧彰義隊士の小川椙太らが旧大名家から寄付金を募《つの》り、銅製の墓を建立した。

苦心の末ようやく建立なった墓だが、その料金を払い切れず、銅製の墓碑は借財のかたとしてもっていかれてしまった。

その後、大乗寺住職の鶏渓日瞬《けいけいにっしゅん》が負債を完済し、ふたたび建立の願書を提出、許可を得て、明治十五（一八八二）年にようやく再建にこぎつけた。最初の「松国」が建てた小さな墓は、もとの場所にもどされ、現在は、コンクリートで新しい墓石のまえに据えられている。新しい六・七メートルの墓石には山岡鉄舟の筆で、ただ「戦死之墓」とのみ刻まれている。遺骨はすべて円通寺に移されたという建前（前述のとおり、焼き切れなかったり、円通寺に運び切れなかった遺骸、遺骨はその場に残された）であるので、当時、正式には墓ではなく彰義隊戦死者碑であった。

こうして新しい墓石が建ったが、時の流れはいかんともしがたく、「苦情のため折角の銅碑をも取除き一度《ひとたび》は無縁の有様なりし上野彰義隊の墓は其後《そのご》有志者の尽力に依《よ》りて再建をなせしも近来は参詣するもの極めて少く邂逅《かいこう》旧記を案じて香花を手向《たむ》くる者あるに過ぎざりし」（「読売新聞」一八九〇年六月十六日付）というありさまであった（銅製の墓碑が取り除かれたのは前述のように「苦情のため」ではないが）。

ところが、このまま忘れ去られるかと思っていた彰義隊が衆目を集めることになるのである。時しも明治二十三（一八九〇）年のこと。四月一日から七月三十一日にかけて、上野公園を会場として、入場者数百二万三千六百九十三人の記録を出した大イベント、第三回内国勧業博覧会が開催された。上野に注目が集まったのに加え、ちょうどこの年は、彰義隊の二十三回忌の年であった。昨、明治二十二年には大日本帝国憲法発布の恩赦のため、朝敵とされてきた戊辰の死者たちの名誉が回復された。それまで目立たぬように遠慮して祭事をおこなっていた「賊軍」の供養がおおっぴらにできるようになったのである。

それに、東京人から上野戦争自体の記憶が消え去っていたわけではない。「世紀の大事件」がせいぜい月単位で消化されてしまう現代とはちがい、江戸っ子、東京人にとって、上野戦争の記憶は、わずか十年や二十年の歳月で消し去れるようなものではなかった。

上野の戦争は時代が新らしくて記憶が生々しい上に、戦争といふのは余り大袈裟《おおげさ》過ぎる小舞台であつた。が、三百年の長い将軍政治の没落に殉した江戸の武士のラスト・スパークだつたから、戦局は小さかつたが歴史的意義は深かつた。戦国時代の群雄割拠の一興一亡の乱戦混戦よりも遙《はるか》に悲壮なドラマチックのものだつた。

（内田魯庵「下谷《したや》広小路」久保田金遷編『下谷上野』松坂屋、一九二九年）

と内田魯庵《うちだろあん》がこう記したのは、二十三回忌どころか、関東大震災を通り越した昭和になってからのことだ。魯庵は上野の車坂に生まれた。かつていまの公園口のあたりに、柵門のひとつ車坂門があった。上野のお山とは目と鼻の先のところだ。魯庵の父親は幕臣だった。彰義隊には参加しなかったが、開戦の砲声、銃声が聞こえると、戦地に飛び行って、上野東照宮のご神体を護った。戦闘が終わっても父は帰らず、母はもう死んだものとしてあきらめ、仏壇に燈明をあげてとむらっていたころ、方々に潜伏していたといってぼろぼろの姿になった父がひょっこり帰ってきた。魯庵は当時まだ乳飲み子であったので記憶はないが、そのときのことは、両親から聞き、父母の思い出として、大切にしていた。

昭和に入っても上野戦争を経験した者（当時幼児であったとしても）がまだ生存しており、生まれていなかった者にとっても、実際に体験した親や肉親などが語った上野戦争の思い出が東京人の心のなかにまだなまなましく生きていた。

さらに、少しまえにあった戦争ということで現実味のあるかっこうの残酷絵の素材であり、猟奇趣味を満たす題材となっていたことで記憶に留めている人もいた。淡島寒月《あわしまかんげつ》の『梵雲庵雑話』

によると、安政六（一八五九）年生まれの彼がこどものころ、「私の子供の時分は、丁度御維新当時でしたから、錦絵《にしきえ》はいずれもそれを当て込んだものが多く、彰義隊だとか新徴組だとかいったような、当時の戦争を背景に、紅《べに》に漆《うるし》を交ぜた絵の具を使って、生々しい血糊《ちのり》の附いた首などを描いた絵が喜ばれました」（「幕末時代の錦絵」『梵雲庵雑話』岩波文庫、一九九九年）という。それが錦絵屋の店先に吊るされて売られていた。政変と戦争の直後で世情も人心も殺伐としていたのだろう。

それぞれの人にとって、それぞれ思い出深き上野戦争。

加えて、明治の世が盤石になるにつれ、江戸がまた遠くなる。東京人のなかに、江戸を懐旧する心情が生まれていた。体験が過去となるだけの時がたち、世の中が安定して、昔をなつかしむ心と生活の余裕を得たというべきか。

そんな明治二十三年、東京人の心理を読んで、新富座《しんとみざ》の五月興行で、『皐月晴上野朝風《さつきばれうえののあさかぜ》』と題した彰義隊を描いた芝居が上演されることになった。

東京人に思い出の多い上野の彰義隊一件を脚色して上演した興行政略が再び図にあたって、新富座では上野の戦争をするという評判が開場前から市中にひろまった。勿論、座方の方でも種々の宣伝に努めたらしく、上野の宮様を福助が勤めるとか、その当時まだ現存していた下谷の湯屋の亭主を菊五郎《きくごろう》が勤めるとか、なんとか彼《か》とかいう噂《うわさ》が毎日の新聞紙上を賑わしていた。

(岡本綺堂「新蔵と鳫次郎」『明治劇談　ランプの下にて』岩波文庫、一九九三年)

台本は竹柴其水《たけしばきすい》の書き下ろし、おもな出演者は、五代目尾上《おのえ》菊五郎、初代市川左団次、四代目中村福助《なかむらふくすけ》など一流の有名どころ。尾上菊五郎は湯屋の主人と、天野八郎《あまのはちろう》の二役を演じた。

湯屋の主人というのは越前屋佐兵衛《えちぜんやさへえ》(塚谷《つかや》佐兵衛)という。この佐兵衛は上野陥落後、宮様(輪《りん》王寺宮《のうじのみや》)を担いで逃げたという。『戊辰物語』(東京日日新聞社会部編)「維新前後」によると、佐兵衛は「髪なんかは粋《いき》ばって、ぐっと鬢《びん》を引き締めた八丁堀風にしてはいたが、どちらかといえば湯屋の主人というよりは、商人《あきんど》のように見えた。いつも番台へきちんと坐っている。その目の高いこと驚くばかりで、板の間を稼ぐ(引用者注・銭湯などの脱衣場で、着物や金品を盗むこと)ものなんか一度だってなかった」という。その佐兵衛が下谷竹町で経営していた湯屋は、江戸一といわれる有名な湯屋だった。佐兵衛はしばしば「べらぼうめ、普請場《ふしんば》の木っぱを貰《もら》ってわかしている能《の》登《と》っぽの湯屋とはわけがちがうんだ、一本選《え》りの薪《まき》をたいているんだぜ、はばかりながら俺ア江戸っ児だ」(『戊辰物語』)だと啖呵《たんか》を切った。

戦争があった十五日払暁、佐兵衛はいつものように湯を沸かしたが、客がやってこない。仕方がないから上野のお山のほうへ行って、客寄せをした。近辺に、人足たちが集まっていることを知っていたからである。山中の彰義隊の陣地作りを手伝っていた、わ組(江戸町火消「いろは四十八組」のうち下谷、上野界隈を受けもっていた)の三次郎が、佐兵衛のさそいにのって湯につかってい

豊原国周画「梅幸百種之内」の「天野八郎」
上段に描かれた「天野賢次郎 市川左団次」の天野賢次郎（架空）は八郎の弟。劇中、兄に反発して学問のため洋行する。旧時代に殉じた兄と新時代を生きた弟の対比をするために造形されたのか

ると戦闘がはじまった。まだ客寄せをしていた佐兵衛は、山中に駆け込んだ。「折しもこれへ駆けて来たは下谷の青石横町《あおいしよこちょう》にゐる越前屋佐兵衛と云ふ湯屋の主人、これは上野へ始終出入りをしてゐることゝて宮様の御身を案じ其《そ》の御先途を見届ける為めに参つた。ところが召したこともなき草鞋《わらじ》を召されて出水の中をお出《いで》になる、佐兵衛はこれをお見上げ申すとワッと声をあげて泣き仆《たお》れた」（山崎有信編『戊辰回顧　上野戦争』上野彰義隊事務所、一九二九年）という。佐兵衛にかかわるこうした記憶は「これは明治二十二《ママ》年新富座で古人菊五郎が此の佐兵衛と天野八郎を演じた場面もありましたが未だに目に残つてゐることで（後略）」（『戊辰回顧　上野戦争』）というとおり、芝居の場面の記憶が現実とあいまって脳裏に張りついているのだろう。

この佐兵衛の役作りのため菊五郎は、舞台道具を担当した十四代目長谷川勘兵衛《はせがわかんべえ》と狂言作者の其水の三人で、佐兵衛に宮様を背負って逃げたルートを案内してもらっている。長谷川の記憶によると、

先年新富座で上野の戦争の芝居を致した事がありますが、其時音羽屋《そのときおとわや》（引用者注・菊五郎）が湯屋の佐兵衛の役を勤める筈《はず》、例の宮様を背負つて落延《おちの》びる三河嶋《みかわしま》村の道具を拵《こしら》へると云ふので、下谷の湯屋の佐兵衛さんが案内で音羽屋と作者の其水と私と三人一緒に参りまして其佐兵衛さんが宮様をお連れ申したと云ふ百姓家へ参りました、併《しか》し其家はまだ危いと云ふので其処《そこ》から又田舟に乗つて先きの百姓家へ参つたと云ふ話――夫《そ》れから私共も其家へ参りま

すと其処に爺さんが居りまして、此爺《この》さんは官軍の為め宮様の居所を教へろと云つて非常に責め擲《たた》かれた為め耳が聞えなくなつたさうで、其頃は別に農業も出来ませぬから家に一人で留守番をして居りました――
（「芝居の大道具」「時事新報」一九〇一年二月二十四日付）

先に引用した『戊辰回顧　上野戦争』によるならば、この「爺さん」は、下尾久《しもおぐ》村の豪農、小原長兵衛《おばらちょうべえ》という人物ということになる。佐兵衛が「お爺さん今度新富座で上野の戦争の芝居をすると云ふのでお前の家や何かを調べに来たよ」と声をかけると、よほどひどい拷問をうけたのだろう。老人は、不自由な耳にわずかに聞こえた「お前を調べに来た」という言葉と、菊五郎の洋服姿をみて、ふたたび官憲が自分をとらえに来たのだと勘違いして裏口から逃げ出した。

調査だけでなく祭祀もぬかりなく、開演に先立ち、尾上菊五郎と竹柴其水は、揃って上野の墓に詣でた。彰義隊が殉じたのは徳川への忠義であって、大きくいえば江戸文明であるかもしれないが、国粋思想ではないのだから、べつに身なりにこだわる必要はないのだが、万事和風にあつらえ、五つ紋の紋付きに袴《はかま》。髷《まげ》はないから帽子をかぶるという、珍妙ななりで彰義隊士の墓前にぬかずいた。

尾上菊五郎は、其水を連れて、円通寺の彰義隊の墓にも、小塚原に埋葬された天野の墓にも詣でている。

もちろん、劇に登場する亡き人々の御霊《みたま》に仁義を通し、舞台成功のご加護を願うというのが墓参りの主眼だろう。だが、こうしたおこないの対象は死者だけではない。役者たちの行動のひとつひとつが芝居の広告の役割を果たしていたのはいうまでもない。

公開された『皐月晴上野朝風』は、とくに、戦闘の場面でのリアリティーを追求し、本雨（本物の水をつかった雨）を降らせ、新しく開発した火事の表現をつかったという再現がじつにリアルで迫力があり評判をとった。銃撃、砲撃は花火をつかって再現した。鏑木清方《かぶらききよかた》の「上野の戦争」（『褪春記《たいしゅんき》』双雅房、昭和十二年）によると「凝《こ》り性の菊五郎が何も彼《か》も写実で、本雨を使つて南京《なんきん》花火や鼠《ねずみ》花火でポンポン、パチパチ、女子供は耳を押へて見物する、今なら新国劇そこのけの大活劇だつた。（中略）五月雨《さみだれ》時の水田続きに、上野の杜《もり》のクッキリと黒い向うに、根本中堂《こんぽんちゅうどう》の伽《が》藍《らん》の焼け落ちる火の手が挙がる。今日のやうな装置ではないとしても、何処《どこ》までも写生で真に迫つてゐた」という。清方が当時、輪王寺宮を守って上野を脱出した過去をもつ疋田二郎《ひきたじろう》にたずねると「あの通りだつた」といって涙をうかべたという。

興行は大成功であった。

「都新聞」の社員一同が借り切って見物しただとか、榊原鍵吉《さかきばらけんきち》一門の総見のはなしや、旧幕臣二百人が静岡からやってきて観劇したなど豪勢な話題がつきない。

榊原はその観劇のとき、門弟一同に稽古着に野袴を身につけさせたという。しかしなぜ稽古着か。彰義隊は、慶応四（一八六八）年のわずか数か月存在したにすぎない組織のため、隊服など揃えるいとまはなかったが、いちおう水色の麻のぶっさき羽織と決まっていたらしい。だが、榊原も門弟たちに仮装をさせたかったわけではないだろうし、高村光雲が開戦間近に目撃した彰義隊士には、ぶっさき羽織にまじって稽古着姿の者たちもあった（「彰義隊余燼」『江戸時代文化』第二巻第二号）というから、稽古着は体操服ではなくてある意味戦闘服だったのである。榊原は、芝居の内容となったできごとに敬意をあらわすため、戦闘服を着て、戦いのときのように全意識を傾注してみるべきものとしたわけだ。

しかし、この芝居をみた旧彰義隊士から抗議があった。子母沢寛はこう記録している。

明治二十三年五月上野博覧会に因《ちな》んで新富座で「皐月晴上野朝風」といふ芝居を竹柴其水が書いて上演した。その時に、上野を脱出した天野八郎（五代目尾上菊五郎）が金魚屋九郎兵衛（尾上松助）の手代に化けてゐるところがある。さあこれが出ると、旧同志は大騒ぎで「天野先生はそんな変装をしたりする卑怯な人ではない。如何《いか》なる場合にも白昼堂々と顔をさらして歩かれた」

と抗議が出た。

（「彰義隊の井」『別冊　文藝春秋』五十七号、一九五七年四月）

というのである。こうした抗議をした人のうち、ひとりは誰であるか知っている。上野の彰義隊の墓を守る小川椙太である。「八郎が金魚屋の手代となり其家《そのや》にて捕はれしと為せども、是《こ》れ甚《はなは》だしき虚妄なり、同人常に謂《おもえ》らく、捕吏《ほりせ》逼まり所志を陳《の》ぶるも理不尽に手込とせば云云《うんぬん》せんと、曾《かつ》て一刀を脱せしことなく、又変形せし事なし、何ぞ手代とならんや」（「小川興郷の彰義隊演劇に対する批評」『彰義隊戦史』）と指摘している。

誇り高く自死を覚悟していた天野が、芝居のせいで町人に身をやつして生き延びようとするような怯懦《きょうだ》な態度をとったように世間に記憶されるのがしのびなかったのだろう。

しかし、大方の関係者にとって、こうして彰義隊のことがとりあげられるのは、やはりうれしいことであったろう。しかも緞帳《どんちょう》芝居（格式の低い劇場で演じられる小芝居）や、素人芝居ではない。場所は新富座、そして、演じるのは当時抜群の人気であった千両役者である。

容易に想像がつくことであるが、年をとって、なかば人生にあきらめて暮らしている人がいるとして、それが突然、自分が若いころに命がけでやった、忘れ去られていたと思っていたことがクローズアップされる。そのときに命を落とした友人を著名な役者が演じ、世間がわっと騒ぎ出す。枯れ果てたと思っていた花がふたたび咲いた心持ちであっただろう。だから、たいがいの人は、多少の嘘や誤謬《ごびゅう》は、芝居の演出として目をつぶる。

これは何んとか諒解《りょうかい》がついて、劇中の人物で現存の人やその子とか親戚とかから、その役を勤める役者へ記念の品を贈るといふやうな事になつて、この興行は大成功ををさめたといふ。

（「彰義隊の井」『別冊　文藝春秋』五十七号）

しかも、この「記念の品」というもの。多くは、ただあつらえた品物ではなかった。

彰義隊の子孫ではないが、越前屋佐兵衛は、自分が芝居にとりあげられ、菊五郎に演じられることを名誉に思っていた。菊五郎に、輪王寺宮が逃走時にはいていたという泥のついた草鞋《わらじ》や、「知足《ちそく》」と書かれた輪王寺宮直筆の書を贈った。菊五郎がそれを大切にしていると聞いて、さらに上野戦争時に拾った焼けた中堂の菊の紋のついた瓦を贈ったという（「読売新聞」一八九〇年五月二十五日付）。彼だけでなく、身内を演じた役者に対して、死んだ兄弟の形見の刀だとか、遺品を贈った遺族がいる。新聞でも、親族と役者のうるわしい交流をとりあげ、墓参をした尾上菊五郎に、天野の娘が礼状を送ったとか（「読売新聞」一八九〇年五月二十九日付）、小団次が小林《ママ》鉄次郎（山王台で戦死した後藤鉄次郎《ごとうてつじろう》の誤り。芝居の四幕目に登場し市川小団次が演じた）を演じたのを、おなじく彰義隊に参加していた弟の後藤鉄郎《てつお》という老翁がみて、亡き兄の面影を思い出し、兄弟の義をむすんだとかいう（「読売新聞」一八九四年八月二日付）。

ただし、その交流もとこしえに、というわけではない。

当事者や戦死者の遺族にとって、上野戦争は生涯消すことのできないできごとであり、誇りにしろ、悔いにしろ、かなしみにしろ、心の繊細な部分を永遠に占めつづけるできごとだ。しかし、役者にとっては、生涯数多く演ずる演目のひとつ、人物のひとりでしかない。けっきょくは、通り過ぎてゆく者なのである。どんなに心を砕いて熱心にその人物やできごとについて知ろうとしているようにみえても、それは役者という芸に忠実なのであって、当事者や遺族とおなじものをみているのではない。たとえば菊五郎は、『尾上菊五郎自伝』（時事新報社、一九〇三年）で、この芝居のことにひとことも言及していない。記者の伊坂梅雪《いさかばいせつ》が話題を向けなかったということもあるかもしれないが、彼の役者人生において、語り残しておきたいと思えるほどの作品ではなかったのだ。薄情だといっているのではない。人によってものごとの軽重がちがうのはあたりまえのことだ。だが、それを知ってか知らずか、本来ならばみずからの子々孫々に、思いとともに伝えていくべき品を、ただ通り過ぎてゆく人にゆだねてしまう当事者、遺族の可憐さがかなしい。

子母沢寛の『彰義隊始末』には、佐兵衛のその後が語られている。自分の事跡が芝居にとりあげられる、しかも自分の役を菊五郎が演じるとあってさすがの佐兵衛もうかれた。「毎日芝居へ詰め切って、近所隣りの人を招待し、当時の金で五円も、下足番のおやじに祝儀に呉《く》れたという。それ位だから、役者などにも思い切って呉れる」（『子母沢寛全歴史エッセイ集1　彰義隊始末』新人物往来社、一九七二年）。その浪費のせいかどうかはわからないが、その後、家も地所も湯屋の株もすべて人手にわたって、自身は北千住の奥に引っ込んだという。不遇だったのだろう。それからしばらくたって、わ組の三次郎が偶然、両国で佐兵衛の妻に遇った。かつての面影もないほどやつれ果てていたという。

「佐兵衛さんはどうしています」

と三次郎が問うと、

「成田山の行者のような事をやっていますよ」

と佐兵衛の妻はこたえた。いずれの訪問を約束して三次郎は別れたが、それからすぐ、佐兵衛が卒中で死去したと風の噂で知った。

芝居が上演された年の五月十五日、上野の彰義隊の墓前で供養祭がおこなわれ、六月十六日には、円通寺で二十三回忌の法要がおこなわれた。「読売新聞」（一八九〇年四月十八日付）には、「沢太郎左衛門、後藤鉄郎外《ほか》二三名の発企にて来《きた》る六月十五日を期し第二十三回忌の追悼会を執行する趣《おもむき》にて、当日は榎本文部大臣を始め旧幕臣の諸氏も出会《しゅっかい》せらるゝ由《よし》」とあり、旧幕臣が主体となっての追悼会を計画していた。それが、榎本武揚、沢太郎左衛門、田辺太一ら旧幕府の関係者に加え、芝居の出演者、菊五郎、家橘《かきつ》、小団次、栄之助《えいのすけ》、栄次郎《えいじろう》、狂言作者の竹柴其水、守田勘弥の代理の者など梨園《りえん》の人々が参列し、計画よりもずっと華やかな会となった。

この芝居が流行したとき、「彰義隊の生き残り」という肩書きが枕詞《まくらことば》のようについていた露八には、当然、お座敷で客から話題にされ、感想を求められることがあったにちがいない。希望する、しないにかかわらず、商売柄、みていないとも考えづらいが、この芝居に対する露八の感想は一切伝わらない。

芝居について露八が何か語ったという話は残らないが、関連していうならば、小塚原の天野の墓に、二十三回忌に際して建てられた石碑にかかわる逸話がある。石碑の建設に際して尾上菊五郎は正面に「施主　五代目尾上菊五郎」と彫らせた台石を贈った。ところが、その翌年、天野の石碑は三ノ輪円通寺に移築された。その折りに、台石を地中に深く埋めたので、菊五郎の名も土の下になってみえなくなってしまった。それを菊五郎が不快に思っているということを聞いた天野の親戚たちが、わざわざ台石を掘り出したという。このことを知った露八は、狂歌を一首。

俳優の其名《そのな》は音に菊五郎
　掘出しものと世の人ぞ云ふ
（「朝野新聞」一八九一年七月五日付）

掘り出しものとは、思いがけなく手に入れためずらしいものや、思いがけなく安い値段で入手できたものをいう。幸田露伴《こうだろはん》によると、掘り出しものというのは「元来が忌《いま》わしい言葉で、最初は土中冢中《ちょうちゅう》などから掘出した物ということに違いない。悪い奴が棒一本か鍬一挺で、墓など掘って結構なものを得る、それが即ち掘出物で、怪《け》しからぬ次第だ」（「骨董」『幻談・観画談』岩波文庫、一九九〇）ということ。掘り出しものという言葉には、どこかいかがわしい印象がつきまとう。台石は死者に献じたもの、どのように扱われようと口出しすべきことでもないのに、自分の名前を掘り出させた菊五郎を風刺《ふうし》した一首だ。

俳優の名をもっておこなわれた寄進が純粋な追悼であるはずがない。みずからの名前の宣伝であることはもちろんのこと、その寄進が豪勢であればあるほど人気や財力の証明となる。気前よく粋に散財できるかどうかが、その人の価値と評価に直結する。おなじような価値観の吉原で生きる露八にとって自明のことであろう。それでも皮肉をいわずにはいられなかった。

だが、もしかしたらこれは菊五郎にとってあらぬ汚名かもしれない。「朝日新聞」（一八九〇年五月二十三日付）には、菊五郎が天野の墓参をした折りに、碑の台石が大破しているのをみて、さっそく石工に修繕を依頼したという。もしかしたら、そこで石の状態をみた石工に、これなら直すより新調したほうがいい、といわれて寄進におよんだのかもしれない。そうなると台座の寄進は芝居の宣伝より菊五郎の誠意であることを強調すべきで、心を込めた贈り物を土中に埋められれば、少々不愉快に感じたとしても仕方がないだろう。

この天野の石碑と菊五郎が寄進した台座は、円通寺の彰義隊の墓所に行けばいまなおみることができる。石碑は二メートルほどの細長い円筒状のもので、そこに天野の戒名などが彫られている。台石ということはその石碑を乗せる用途でつくられたということだろうか。たしかに土台を地中深く埋めねば安定しなさそうな石碑だ。現在、石碑のほうは頑丈そうな岩に足下を固定され、掘り出された「明治二十三年五月　施主　五代目尾上菊五郎」と刻まれた台座は、石碑の下ではなく、まえに置かれて、香華を立てる台とされている。

露八は天野をどう思っていたのだろうか。末弟の鑑吉《かんきち》が天野の彰義隊参加をあまり歓迎しなかったことはすでに述べた。天野と対抗して彰義隊から弾き出されたかたちとなった渋沢成一郎の信頼を得ており、彰義隊壊滅後、渋沢のよびかけにこたえて飯能に駆けつけた露八もまた、天野を快く思っていなかったという可能性もある。

他人の心ははかり知れないことながら、露八の天野への思いは、明治二十三年十一月に建立された「天野君八郎碑」の裏面に刻まれた榎本武揚を筆頭とし、本多晋《ほんだすすむ》（敏三郎《としさぶろう》）、丸毛利恒《まるもとしつね》（貞三郎《ていざぶろう》）、前野利正《まえのとしまさ》（権之進《ごんのしん》）、寺沢正明、三河屋幸三郎ら、旧彰義隊士や関係者のなかに土肥庄次郎の名も連ねていることからうかがわれる。

もちろん善し悪しではないが、数多くの碑の建立にかかわって、必ず発起人や世話人、施主のなかに名を連ねている人もいる。しかし、露八は、多くの碑の建立にかかわっているわけではなく、円通寺の三十八基ある墓碑、石碑（うち二基は露八自身の碑とみずからが建てた土肥氏墓で、さらに露八の死後に建てられたものも含むが）のうち、露八がかかわった碑は「天野君八郎碑」のほか一基しかない。よほど思い入れがなければかかわろうとしなかったのだろう。

ちなみにもう一基というのは、明治三十三（一九〇〇）年に建立された「中田正広之碑」である。碑文によると中田は旧幕臣であり、「陸軍撤兵差回収」をつとめ、慶応四（一八六八）年四月三日、上総《かずさ》（現在の千葉県中部）木更津で戦死した。碑文を記したのは山岡鉄舟の息子、山岡直記《なおき》である（「二世鉄舟書」の署名と落款《らっかん》が刻されている）。中田の弟、竹村新太郎という人物が、兄の遺品の刀を寺におさめて碑を建て、亡兄の供養をしている。露八は「旧幕士」の世話人として、鈴木寛長、久保田以政と名を並べている。しかし、供養されている中田正広も、その弟の竹村新太郎も、露八とともに世話人をつとめた鈴木寛長、久保田以政も少々の調査であたりがつくような著名人ではなく、どのような人物か、なぜ露八がこの碑の建立にかかわったのかもわからない。鈴木寛長は鉄舟の偽筆の名人であったというが、この碑に関しては、実際に鉄舟の息子が碑文を書いているのだから、「二世鉄舟書」はさすがに、にせ鉄舟書などという洒落ではないだろう。

もうひとつ。

これは芝居とは何の関係もないが、明治三十二年、上野公園の場所も場所、山王台のてっぺんに西郷隆盛像が建てられた。

建像の費用は募金に頼った。募集すると、さっそく二万五千人が募金に応じ、二万数千円の金が集まった。

西郷には写真がない。制作責任者に任じられた高村光雲は、若かりし日の西郷が写るという集合写真をわたされたというが、不鮮明で顔もわからず、仮にわかったとしても若すぎて役に立たない。高村によると「銅像なんてものは顔は兎《と》角《かく》としてちよつと見た眼がその人物らしくなくちやいけねえ」（「上野の銅像は山狩り姿」馬場鉄中著『南洲手抄言志録解　増補訂正』松陰道社、一九二八年）という。だから体型と服装にこだわった。

最初に出した陸軍大将の軍服姿の案は却下、次に韮山笠《にらやまがさ》にぶっさき羽織姿を提案したがこれも元老たちのお気に召さなかった。けっきょく、薩摩犬を連れて兎狩りをする日常姿が採用された。

落成直後、見物が押しかけた。

そのとき、見物にまじった坊主頭の大男が、

「薩摩芋食《くら》ひ肥《ふと》つたさいご屁ははなの前ではどうぞ御免を」(「読売新聞」一八九九年十二月六日付)といい捨てて立ち去った。

露八であった。あからさまな憎悪と侮蔑である。

公園側に背を向けて、東京の町を睥睨《へいげい》している西郷像のまさに尻の鼻先にあたる場所には、彰義隊士の墓がある。露八にとって戦友の墓にケツを向けて、その征服者たる西郷の像がそびえ立つなど、許しがたいことだった。

西郷像は、はじめ楠正成《くすのきまさしげ》像とおなじく宮城前の広場に据えられるはずだった。高村光雲は「はじめは宮城前の広場へたてるつもりで宮内省へ願ったがいろいろな槍が出て西郷どんとは縁故の多い上野といふ事になる」(「上野の銅像は山狩り姿」『南洲手抄言志録解 増補改訂』)といっている。大日本帝国憲法発布の特赦により許されたとはいえ、一度は国に叛旗《はんき》をひるがえした者である。それで宮城前は却下され、「縁故」のある上野が選ばれた。

それではどういう縁故かといえば、べつに何もないのである。『太陽』の無記名記事(高山樗牛《たかやまちょぎゅう》か)でも「南洲は上野公園と何等の歴史的因縁を有するものに非《あら》ず、東京附近に於て彼と多少の因縁ある土地を求めなば、夫《そ》れ唯勝海舟と江戸城明渡の談判を遂げたる品川乎《かな》、所詮吾人《しょせんごじん》は国民の景仰《けいこう》に適《かな》はず、又其《その》土地と何等の縁故もなき南洲の銅像を上野公園に立てたるを不倫の所為として難ぜざるを得ざる也」(「西郷南洲の銅像を評す」『太陽』第五巻第二号、一八九九年一月二十日)という。

けっきょく、何が縁かといえば、それはやはり慶応四（一八六八）年、薩摩藩兵を率いて激戦地であった黒門口をぬいて彰義隊を下したことしか考えられず、それが、西郷の生涯のなかで大きな栄光とみなされたということだ。そして、江戸城開城に加えて、彰義隊を壊滅させたことが、象徴的な意味において江戸を征服するということと同義であったことの証左でもある。

わすれじの

露八は幇間をしながらも、かつての戦友に連なる人々とのつながりを保ち、また、戊辰戦争の生き残りとしての役割を果たそうとした。旧幕臣関係の宴席にできうる限り出席していたのもそのひとつだ。

旧交会、碧血会《へっけつ》、彰義会其《そ》の他宴席等へは相変らず出《い》で、皆様の御末席を汚して居ります。其の節は幇間でなく、土肥庄次郎の資格を以つて出で、一座の者が露八どうだい一杯やれなどと仰しやると、いつも榎本武揚先生が、イヤ今日は露八ではない、土肥庄次郎で交際玉《つきあいたま》へといつて下さいまして、其の時ばかりは腸《はらわた》の洗濯をいたす心持がいたします。

（「身の上ばなし」）

榎本の気遣いに感謝しているという面はあったかもしれない。だが、露八はこうした戊辰戦争の戦死者の追悼会や旧幕臣の交流会の席で、幇間の松廼家露八ではなく、土肥庄次郎として扱われることに、それほどこだわっていたわけではなかったように思われる。

それは、円通寺で毎年おこなわれた鳥羽伏見《とばふしみ》の戦い以降、彰義隊戦争、箱館戦争にいたるまでの戊辰戦争で戦死した旧幕府側（東軍）にくみした兵士らをとむらう大法会《だいほうえ》「戊辰東軍戦死者大法会」での働きをみれば、露八の心情は汲み取れる。

戊辰東軍戦死者大法会は、三河屋幸三郎が明治十一（一八七八）年六月、彼の向島の別邸で祀っていた死節之墓を、円通寺の彰義隊の墓（墓石には何も刻まれず香炉にただ戦死墓とある）の隣に移設して以来（「読売新聞」一八七八年六月十五日付）、円通寺の檀家総代となった三河屋幸三郎が世話してきた。死節之墓には彰義隊に加え戊辰戦争で戦死した人々の名が左右側面、背面にびっしりと刻まれている。

昭和30年ごろの円通寺境内と黒門
『新修荒川区史』下巻、荒川区役所、1955年

しかし、明治二十二（一八八九）年に幸三郎が亡くなると、翌年から供養は旧幕臣らにゆだねられることになった。その初回が明治二十三年の芝居公演と重なり、千両役者たちが参列した回ということになる。以来、旧幕臣らによって継続された。

明治三十（一八九七）年六月六日の戊辰東軍戦死者大法会には、榎本武揚や大鳥圭介《おおとりけいすけ》、沢太郎左衛門らと、戦死者の縁故ら千五百名が参集した。このとき露八は、桜川善孝《ぜんこう》や、下谷の顔役〝閻魔《えんま》の常〟とともに接客につとめた。幇間露八として客をもてなす役割をになったわけだ。

法会では供養だけでなく、余興がおこなわれた。このときは、講談師の桃川如燕《ももかわじょえん》と、燕林《えんりん》、松林伯知《しょうりんはくち》に、落語家の三遊亭円遊《さんゆうていえんゆう》がよばれた。奇術の二代目帰天斎正一《きてんさいしょういち》も出演している。講談は、余興とはいえ、戦さや戦死者のいさおしを読んで往時を偲《しの》ぶこともできるが、三遊亭円遊は何を噺《はな》したのか不明だが、もともと愉快な手振りをまじえたステテコ踊りで知られるにぎやかな芸風で法要という雰囲気ではない。また、帰天斎正一の奇術は、初代が洋行した（事実は不明）折り、西洋からもち帰ったもので、切った鶏の首をつないでみせたりといったじゃっかん猟奇的なネタを披露した。供養という目的とも、仏教の教外《きょうげ》とも関係がない純粋な余興であった。ほか、無念流の神刀館一門が撃剣《げっけん》を奉納して、夕方六時に散会した。

この大法会には地元の料亭、花柳界も協賛して、下谷広小路の割烹《かっぽう》料理屋、鳥八十《とりやそ》から奉納の生け花が贈られた。ほかに、吉原やよし町の御茶屋、芸者屋からは提燈《ちょうちん》が奉納された。

ところで、下谷広小路の鳥八十といえば聞き覚えのある方もおられるだろう。箱館で戦死した伊庭八郎《いばはちろう》が常連で、八郎に惚《ほ》れ込んで心形刀流道場に入門し、北海道まで八郎に付き従って行き、その死をみとった料理人、荒井鎌吉《あらいかまきち》が働いていた店だ。

少し寄り道する。

荒井鎌吉は、明治三十二（一八九九）年九月、上野東照宮でおこなわれた旧幕府史談会に、八郎の実弟、伊庭想太郎《そうたろう》とともに出席し、脱走以降の八郎の消息を語った。そして、八郎の死については、

先生は函館の病院へ入れ松前の殿様の着た蒲団《ふとん》なんどを掛けて御世話をしましたが、何分気性の勝つた方ですから大砲の玉が響くと、死にかゝつて居るに飛び上がる勇気ですゆゑ、お医者が麻薬で精神を落ち着かせてヤット御死去になつた程です。

（『旧幕府』第三巻八号、一八九九年十月）

という。ところが、彰義隊頭並《かしらなみ》、春日左衛門《かすがざえもん》の養子、田村銀之助《たむらぎんのすけ》が語る八郎の最期は、鎌吉の話とただひとつ状況がちがう。春日左衛門は負傷し、降伏の前夜の五稜郭《ごりょうかく》内で、八郎の隣で仰臥していた。

五月に入りまして榎本等が愈々《いよいよ》戦闘力が尽きて明日は割腹と云ふ覚悟を定《さだめ》しました時に、榎本自身に毒を入れた薬椀を持つて来て、我々も直ぐ後から行くから貴公は一と足先きに行つて呉《く》れと言つて薬を進めました。時に伊庭は毒薬と云ふことを悟つて完爾《かんじ》と笑つて綺麗に飲

み乾して間もなく眠るが如くに落命致しました
（『史談会速記録』大正十年三月十三日談、三百十四輯）

田村の証言では薬をわたしたのは医者ではなく榎本であった。春日左衛門もおなじく、榎本から与えられたモルヒネを飲んで死んだ。田村銀之助は最期の瞬間まで養父のかたわらにいた。

じつは鎌吉が語る八郎の死の状況は相手によってちがう（想太郎の養子、伊庭孝《たかし》には傷の療養中、流れ弾に当たったと語っている。「伊庭の事ども」『江戸』第四巻、立体社、一九八〇年）。想太郎が榎本と親密であったためであろうか、鎌吉は、想太郎にも孝にも八郎の死に榎本がかかわっていたことを隠したがっているように感じられる。

鎌吉は「のちに東京の上野池《いけ》の端《はた》で屋台の焼鳥屋をやっていて、客があると泣いてこの話をしたのだけれども」（子母沢寛「剣客物語」『剣客物語』春秋文庫、一九八八年）という。「この話」とは、八郎の死ではなく、箱根の戦いで八郎が右腕切断という負傷をしながらも奮戦した話だが、そこで話をやめるとも思えない。「つづきはまた明日」と連続読みの手腕で、はからずも常連客を得ていたかもしれない。鎌吉は屋台の酔客に八郎の最期をどのように語ったのだろう。鎌吉の果ては知れない。

話をもどす。

自分と戦死した友という関係から、父と昔戦死した父の友、さらには亡き父とその亡友と、時と世代を経るに従って関係は遠くなり、当然供養に参加する側の気持ちも変わる。供養というより親睦会、さらにはとむらわれる人とは関係のない、余興目当ての大衆を集めて、あたかも地域のお祭りと化していくなかで、露八は、上野戦争当日の装束、さしこの稽古着に、小倉縞の袴《はかま》姿であらわれ、ただ当時よりも突き出した便々《べんべん》たる腹をゆすりながら、ホストとして役割を果たすことに専念していたように思われる。

明治三十二年五月十四日の三十一回忌「戊辰役戦死者大法会」では、余興として空也念仏や撃剣、桃川燕林、松林伯知の講談、三遊亭円遊の落語、帰天斎正一の奇術に加え、「幇間露八一座の茶番あり」（「読売新聞」一八九九年五月五日付）とある。戊辰戦争の生き残り、追悼の当事者である土肥庄次郎が、幇間露八として余興の出し物をつとめたのだ。

その後の三十三回忌は大沢常正《おおさわつねまさ》（旧彰義隊士で箱館で戦死した大沢修三の関係者か）と露八が発起人をした（「読売新聞」一九〇一年三月九日付）。新聞で報じられた名は土肥庄次郎ではなくて「幇間松の家露八」である。余興の催しものはおなじで、よし町の芸者たちから提燈が奉納されているのもまた例年どおりだ。

昭和に入ってからであろうか。円通寺での法会を露八の末弟、土肥鑒吉（頼継）が毎年積極的に世話していたと子母沢寛はいう（「蝦夷物語」）。彰義隊最後の生き残りとしての役目を果たしていたのだろう。だが、彼が昭和十三（一九三八）年に歿すると、その後は絶えてしまったようだ。

当事者が死に絶えたうえに、昭和十三年といえば日中戦争のさなか。それから、日本は泥沼の戦争に突入し、戊辰戦争の死者をとむらっている余裕がなくなったのだろう。

現在でも毎年五月、円通寺では檀家の施餓鬼《せがき》供養と合わせて彰義隊の慰霊祭がおこなわれる。いつおこなってもよい施餓鬼供養があえて五月におこなわれるのは、昭和のはじめまでつづいてきた彰義隊の追悼会の影響だろうか。ただ、現在は、慰霊祭とはいえ、特別なことはなく、経文に供養の対象として彰義隊士が加えられるだけだ。当然のことで祖先の供養に参集した檀家たちに、彰義隊の墓に眠る人たちの直接の子孫はもういないのだという。

人をもてなすためではなく、露八が本当に楽しみにしていたつどいは、彰義隊親睦会だった。本当に親しい者だけが集まる十人から二十人ほどのこぢんまりした会だ。

明治三十（一八九七）年になって、それまで不定期に開催していたこの彰義隊親睦会を、この後は、会期をさだめて春と冬に開くことに決めた。会期をさだめたのは、出席者の参加の都合をつけやすくするためであり、また出席者もみな老齢のこと、次の親睦会でもう一度旧友と会うまでは生きることを目標とするためでもあったのかもしれない。

会期制となった最初の冬の親睦会、第七回の彰義隊親睦会は明治三十一年十二月十一日に開かれ、露八と、上野戦争から飯能《はんのう》戦争、咸臨丸漂流、静岡藩での謹慎まで戊辰戦争を通して、ずっと行動をともにした前野権之進（明治以降は利政と名乗る）が幹事となった（「読売新聞」一八九八年十二月十三日付）。上野の池の端、無極亭に、彰義隊の発起人であった本多晋、花俣正直（残敵掃討で殺害された花俣鉄吉の義弟、当時は川井直三郎の名で彰義隊に参加）ら十数名が集まった。露八はこの十月末の碧血会で体調をくずし、会場の榎本邸から病院に運ばれてからわずかひと月半。体調不良をおして出席したのは自分が幹事であるという責任感もあっただろうが、なにより、古い戦友たちとつどうこの機会を逃したくなかったのだろう。

今回の親睦会の目的のひとつは、上野公園の桜ヶ岡にあった上野パノラマ館をおとずれることであった。その日、無極亭に集合した参加者たちは、まず上野パノラマ館の社長、寺島大造の案内で上野戦争大パノラマを観覧した。

上野パノラマ館では、この年の三月二十七日から「戊辰之役――上野戦争大パノラマ」展を開催しており、「読売新聞」（一八九八年三月二十日付）に掲載された広告には、「当時実地を踏みし古老の話に徴《ちょう》し歴史に照し画伯東城五性田小林氏等の筆に成る観客一たび茲《ここ》に臨まば殆《ほとん》ど身現場にあるの感あらしむ」とあり、古老の証言などに基づいて展示を一新したようだ。おそらく、その証言を求められた古老のなかに、親睦会の出席者たちもいたのだろう。露八もいたかもしれない。

上野戦争大パノラマは、上野戦争のそれぞれの要所を、彰義隊士や新政府軍の名の知られた人物（故人、存命の人とも）を登場させながら、一から五十二景で、ぐるりと一周描かれていた。パノラマで再現されたかつての戦場をみながら、旧彰義隊の老人たちは、背景の絵などを指して、それぞれの記憶を語るうちに、「何《いず》れも其《その》戦友が戦死の当時を想ひて坐《そぞ》ろに懐旧の涙に咽《むせ》びた

「上野パノラマ館」『風俗画報』臨時増刊第123号、1896年
このときのテーマは日清戦争の旅順攻略

り」（「読売新聞」一八九八年十二月十三日付）という。

ところで、パノラマ館と聞いて、すぐにどのようなものか想像がつく方は少ないのではないか。パノラマ館とはサーカス小屋のような内部ががらんどうになった円形または多角形の建物で、「人形や模型、それに絵画を組み合わせて、あたかも実際の風景のように見せる仕掛けである」（平井聖監修「明治の大空間　日本パノラマ館の検証復元」大林組プロジェクトチーム）という、建物そのものが装置となったかなり大がかりなものである。円形の建物内部の壁に絵をぐるり一周めぐらせ、前面に人形や模型を配して立体的にみせた。観客は、中央の閲覧台から三百六十度展望できるようになっていた。

パノラマという装置がどれほどの臨場感を当時の観客に与えたのか。山本笑月《やまもとしょうげつ》は「やがて開場となると観客殺到、これが入口から三、四十間（引用者注・約五十五〜七十三メートル）は暗闇の長廊下でまごまごしながら階段を上り、中央の観覧台へ出るとパッと明るく、物凄い戦場が眼前に展開する」（『明治世相百話』中公文庫、一九八三年）という。当時の観客にとって光と錯覚を利用したじゅうぶんに感動をもよおす装置であった。

戦場の場面がいちばん相性がよかったのかパノラマの題材につかわれることが多かった。上野パノラマ館は、明治二十三年の第三回内国勧業博覧会に合わせて建設され、五月七日に開館した。そのときのテーマは「奥州白川大戦争図」であった。同年五月二十二日には、浅草の日本パノラマ館ができた。テーマはアメリカ独立戦争である。

上野パノラマ館について山本は「上野公園にも彰義隊激戦のパノラマが出来たが二の矢は利かず、さびしく終った」（『明治世相百話』）としている。二の矢というのは、山本笑月がこの上野パノラマ館を、浅草の日本パノラマ館の後塵を拝していると思い込んでいるからだが、これは上野パノラマ館が、明治二十九年におなじ上野公園内の桜ケ岡に移築し再オープンしたゆえの勘違いだろう。寂しく終わったというが、入館者数は不明ながら、再オープンした上野パノラマ館は活動写真に圧《お》されて明治四十一（一九〇八）年に閉館するまで、十二年間は存続していた。

さて、旧彰義隊の老人たちは、文明の魔術、パノラマ見学を終えたあと、ふたたび無極亭にもどって飲食しながら、夕暮れまで懐旧話に花を咲かせた。

その席で、戊辰以来三十年の星霜《せいそう》を経て、消息が知れなくなった戦友が多く、会を開いても新規に参加するものが絶えてしまったことが話題になった。そこで、今後は、所在がわかる人がいれば積極的に誘い合おうと約束し、ついでに、近ごろ旧彰義隊士を騙《かた》る人たちがあらわれて大きな顔をすることがあるから、あらぬ汚名をこうむらないよう、気をつけようと注意を喚起して終わった。

彰義隊の懇親会は、春冬の会期に従って継続した。明治三十三（一九〇〇）年二月十七日の春季彰義隊会は、とりわけにぎやかな会となった（「読売新聞」一九〇〇年二月十九日付）。開催場所はやはり上野で、見晴亭《みはらしてい》という料亭であった。常よりも多い二十名ばかりが集まった。目新しくは、関口新心流の柔術家にして旧彰義隊の器械係組頭であった鈴木杢右衛門の娘の香梅《こうばい》女史（香《か》梅子《めこ》）と円通寺の長老三名、なかでも故小川椙太（興郷）の娘、志賀《しか》は妙齢の美人で会に花を添えた。明治十三（一八八〇）年生まれで、このとき二十一歳。父の小川椙太は、桃井春蔵《もものいしゅんぞう》の士学館《しがくかん》で鏡新明智《きょうしんめいち》流の剣術を学び、慶喜の床机廻《しょうぎまわり》役に任じられた。彰義隊には、本多晋の檄《げき》にこたえて茗荷《みょうが》屋でおこなわれた第一回目の会合から参加した。上野戦争では天王寺詰《てんのうじづめ》組頭として戦い、敗走中、湯島天神《ゆしまてんじん》で捕縛された。二年後に釈放。静岡藩への帰順を画するが、けっきょく東京にもどって、亡き戦友らの墓を上野に建てることに尽力し、念願叶って建墓なってからは、生涯その墓守として生涯を捧げた。明治十三年にりていと再婚、一男（夭逝《ようせい》）一女を得た。その一女というのが志賀だ。

志賀は山岡鉄舟の未亡人、英子《ふさこ》を文武の師と仰ぎ、剣舞の腕前は一流の名手といわれた。彰義隊の追悼会では、薙刀《なぎなた》の演舞を奉納したという毅然《きぜん》たる美女だった（「都新聞」一九一〇年三月六日付）。

まず、次回の彰義隊懇親会の責任者の選挙がおこなわれ、幹事長には、全会一致で本多晋が選ばれ、幹事には、彰義隊という隊名を発案した阿部弘蔵《あべこうぞう》と、露八の長弟、土肥八十三郎が選ばれた。名が報道されることはないが、八十三郎も兄とともに常々懇親会に出席していたのだろう。

その後、宴にうつって、酒が入ると、みなそれぞれに、扼腕《やくわん》して往時の苦闘を語り、戦死した旧友を思い、生き延びてしまった老残の身をなげいた。そこで、彰義隊第八隊の副長であった寺沢正明が、

雨風にうたれて散らぬ桜哉《かな》

と句をよむと、露八が即座に、

糊《のり》ばなれせぬ雛《ひな》の名作

と下句をつけた。

やがて酒気満ちて座はさばけ、寺沢が進み出て扇子を広げて、志賀の美貌と才気を讃《たた》える漢詩

を吟じ、「良縁何未結英雄（りょうえん　なんぞ　いまだ　えいゆうとむすばず）＝すぐに良縁を得て英雄と結婚してしまうにちがいない」というと、老人たちは気持ちが若やいで、「その英雄になりたいものだ」などと冗談を交わしたが、このうら若く美しき娘は誰ともむすばれることなく、生涯を墓守として送ることを運命づけられていた。志賀は、父が死去してからは、母とともに上野の彰義隊士の墓を守り、誰にも嫁《か》さぬまま大正八（一九一九）年、母より先に逝《い》った。享年三十九。

俳句、和歌、漢詩。まるで高雅な武士のつどいだ。このときばかりは浮き世を忘れ、時の経過を忘れ、心は若かりし日、戦友たちと上野にこもった日にもどっていたのかもしれない。

ちょうどあわ雪が降り出した。露八は、

　春なれや娘手伝う雪まろめ

と一句。歓をつくして、十七時に散会した。

いつのことだろうか。碧血会で、榎本武揚は、露八をつかまえて、

「貴様も江戸ッ児の面汚しだ、何日迄《いつまで》道楽者のたいこを叩いて居るよりは、土手の辺りへ庵室《いおり》を結んで引込み、道哲《どうてつ》を気取たことにしたならば、鉦叩《かねたた》く料金は生涯乃公《おれ》が出してやる」（野武士

「松廼家露八」）

といった。身分差があるとはいえ、ただ読むとひどく失礼なものいいだ。だが、「読売新聞」（一九〇一年十月十六日付）に、おなじ内容の記事があるから、榎本がこんなことをいったのは、おそらく明治三十四年十月以降、露八が榎本邸で倒れたあとのことだ。中気を病んだ露八が相変わらず座敷に出ているのをみて、隠居所や金のことは自分がどうにかしてやるから引退してはどうだろうとすすめた、ということだろう。榎本なりの優しさであったわけだ。

土手の道哲、または、土堤の道徹は、西方寺《さいほう》（元浅草聖天町《しょうでんちょう》。一九二六年、現在の豊島区西巣鴨に移転）の開祖である。幕末に出された『燕石十種《えんせき》』にはこうある。

堤のかたわらにいとかすかなる庵《いおり》あり。これをいかにと問《とう》に、去りし明暦の頃より道徹といひし道心者、世をむづかしとや思いけん所も多きに、爰《ここ》に庵をなん結びてすみしが、二六時中にかねの声絶へせず、ねぶつかすかに聞ゆと云々《うんぬん》。紫のひともとに、土手のきわに道徹が寺あり。ある本に、淋しきものは道徹がかねのこゑとあり。

（「墨水消夏録」岩本佐七編『燕石十種』第一、国書刊行会、一九〇七年）

かつて、西方寺のまえは浅草刑場であった。浅草刑場は、山谷堀今戸橋の南木戸の際《きわ》にあった。「此時《このとき》道哲という浄土宗の道心者、かの罪人仏果得達のため昼夜念仏してありしが、滅後この寺に葬れり。されば土手の道哲と唱へたりと」(「御府内備考　巻之十三　浅草之一」蘆田伊人編『大日本地誌大系』第十四、雄山閣、一九五八年)道哲の鉦《かね》は、この刑場で処刑された罪人たちをとむらうために打ち鳴らされていたという。

道哲は一説に、吉原の伝説的名妓《めいぎ》、三浦屋《みうらや》の二代目高尾太夫《たかおだゆう》の情夫《いろ》であったという。二代目高尾は仙台高尾ともいわれる。情夫に誠をつくし、身請けした仙台侯の意に添わなかったため、隅田川の中州で吊し斬りにされて死んだ。高尾が死んだのち、道哲はその菩提をとむらうため出家したという。ちなみに、落語「反魂香」、あるいは上方落語「高尾」で、高尾をとむらって毎夜鉦を鳴らすのは、出家して道哲と名をかえた情夫、元鳥取藩士の島田重三郎である。道哲が高尾の情夫であったというのも、高尾がその情夫に操《みさお》を立てて仙台侯に殺害されたというのも、ともに伝説らしい。矢田挿雲《やだそううん》の『江戸から東京へ』(二巻、浅草上)によると、道哲と島田重三郎は別人で、高尾は仙台侯に身請けされず、島田重三郎にも心を寄せず、僧侶である道哲に惚れていたという。急な病で命をおとしたが、いまわの際に、道哲の寺に葬ってほしいと遺言したのだという。おそらく高尾を輩出した妓楼、三浦屋が道哲を信奉していた関係だと思うが、とにかく西方寺には、二代目高尾の墓がある。

殺された恋人にしろ、死罪になった罪人にしろ、不幸に死んだ魂のために鳴らされるその鉦は、寂しい音色で、歓楽の町吉原にかようため土手を行く遊客の浮かれた心を冷まし、ものがなしい思いにさそったにちがいない。

榎本からの提案に対し、露八は、

「土肥庄次郎から一足飛にカン〳〵坊主になれば知らぬこと、松廼家露八が法衣《ころも》を着て叩いた鉦《かね》念仏《ねんぶつ》では浮べる亡者もありますまい」（野武士「松廼家露八」）

とこたえ、笑い合って別れたという。榎本は笑っていたかもしれないが、露八に浮かんだ笑みには苦さがあった。幇間露八を贔屓《ひいき》にしている榎本には、露八の複雑な心情は理解できなかっただろう。

榎本は露八のいちばんの得意先のひとつであった。だが、本心、榎本をどう思っていたのだろう。明治二十（一八八七）年、榎本が子爵を授爵したとき、露八は、大塚霍之丞《おおつかかくのじょう》とともに宴席で祝いの踊りをおどったという。旧彰義隊士にして、箱館降伏前夜、榎本の自害を阻止した大塚がおどったのは虚伝かもしれないが、露八は幇間の仕事としておどっただろう。芸は芸、心は心で別物である。榎本に対し、一切思うところはなかっただろうか。

上野戦争時、上野から二里ばかりの新銭座《しんせんざ》（現在の東京都港区浜松町・東新橋の一部）にあった慶應義塾で、砲撃とどろくなか、授業を休まずおこなうという気骨をしめした福沢諭吉だが（『福翁自伝』）、心情として、戦死した旧幕府軍兵士たちに同情を禁じ得ないではいられなかった。

その同情の気持ちは、義憤ともいえる感情となって、新政府内で栄達を果たし、貴族位まで得たふたりの旧幕臣、勝海舟《かつかいしゅう》と榎本武揚に向けられた。勝と榎本は明治二十年、ともにそれぞれ伯爵と子爵を受爵した。旧幕臣で新政府に仕え、爵位を得た者は、もちろん勝と榎本だけではない。

勝とともに江戸無血開城につくした山岡鉄舟は、死の前年の明治二十年には子爵になった。榎本とともに箱館で将として戦った大鳥圭介も明治三十三年、男爵になっている。しかし、福沢の怒りは彼らには寄り道せず、まっすぐに勝と榎本に向かった。

明治三十四（一九〇一）年一月一日付「時事新報」に掲載された「瘠我慢《やせがまん》の説」は、多分に心情的な評論だが、そのなかで福沢は、榎本に対し、

当時決死の士を糾合《きゅうごう》して北海の一隅に苦戦を戦い、北風競わずしてついに降参したるは是非なき次第なれども、脱走の諸士は最初より氏を首領としてこれを恃《たの》み、氏の為めに苦戦し氏の為めに戦死したるに、首領にして降参とあれば、たとい同意の者あるも、不同意の者は恰《あたか》も見捨てられたる姿にして、その落胆失望はいうまでもなく、ましてすでに戦死したる者においてをや。死者若《も》し霊あらば必ず地下に大不平を鳴らすことならん。

兵を率いて北海道へ行き、戦いに敗れたのは仕方がないことながら、首領の身で降伏したとあっては、彼を首領と認めて彼のために戦い、彼のために戦死した者たちはさぞかし落胆失望しているだろうという。

さらに福沢は皮肉を込めて、榎本がこうした戦死者やその遺族たちの存在を忘れたわけではないとして、叙爵ひと月まえの明治二十年四月に建立された、静岡県興津の清見寺《せいけんじ》に咸臨丸乗員の

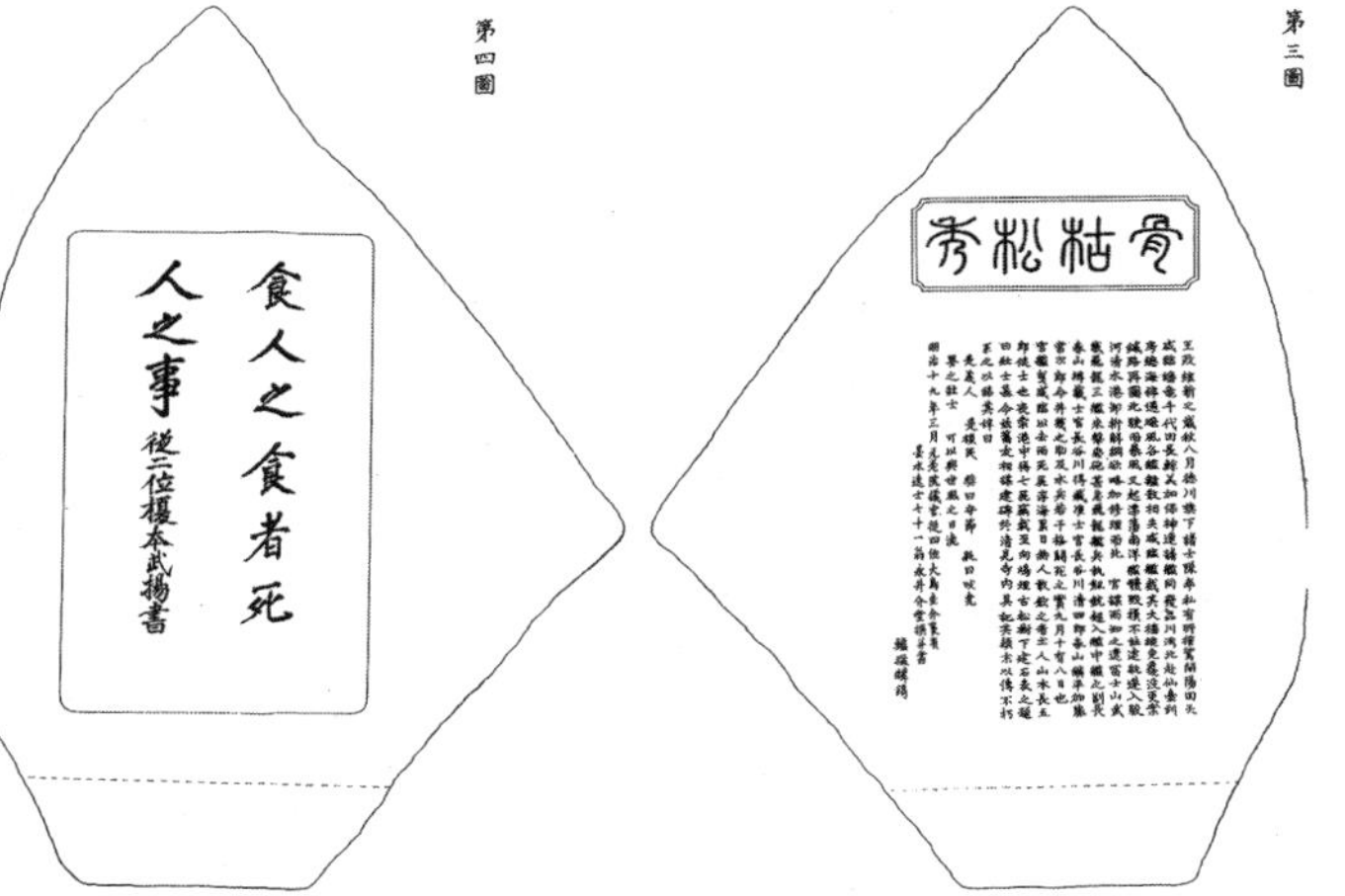

「咸臨艦殉難諸氏記念碑」の図面
「咸臨艦殉難諸氏記念碑報告書」付図。梅蔭禅寺所蔵、清水中央図書館複製蔵

殉難記念碑の裏面に刻まれた榎本による碑文を証拠としてあげる。

碑の背面に食人之食者死人之事の九字を大書して榎本武揚と記し、公衆の観に任して憚《はばか》るところなきを見れば、その心事の大概は窺《うかがい》知るに足るべし。すなわち氏はかつて徳川家の食を食《は》む者にして、不幸にして自分は徳川の事に死するの機会を失うたれども、他人のこれに死するものあるを見れば慷慨惆悵《こうがいちゅうちょう》自《おのず》から禁ずる能《あた》わず、欽慕《きんぼ》の余り遂に右の文字をも石に刻したることとならん。

「食人之食者死人之事」と大書して榎本武揚と記し、公衆の面前にさらしているのは、自分は徳川のために死ぬ機会を失ったけれども、死んだ人たちもいることを思えば、生き延びた自分は正義にはずれた者であると憤り、また亡くなった人たちを敬し、慕わしく思うあまりにそのような字を刻したのだろうというのである。

「食人之食者死人之事」書き下せば「人の食を食《は》む者は人の事に死す」であり、「主君の禄を食んだものはその主君のために死ぬ」の意味である。

みずからは死なずに、新政府で立身出世を果たした榎本に対し、福沢は、主君の禄を食んだからといって必ずしも主君のために死ぬ必要はないが、「人情の一点より他に対して常に遠慮するところなきを得ず」と忠告をしている。

古来の習慣に従えば、凡《およ》そこの種の人は遁世《とんせい》出家して死者の菩提を弔《とむら》うの例もあれども、今の世間の風潮にて出家落飾も不似合とならば、ただその身を社会の暗処に隠してその生活を質素にし、一切万事控目にして世間の耳目に触れざるの覚悟こそ本意なれ。

隠遁出家をして死者をとむらうのも時代遅れだが、せめて、身を慎んで目立たず、質素に暮らすのが本意ではないかというのである。要するに「たといその肉体の身は死せざるも最早政治上に再生すべからざるものと観念して唯一身を慎み、一は以て同行戦死者の霊を弔《ちょう》してまたその遺族の人々の不幸不平を慰め」ることに一生をもちいるべきだとする。

土手の道哲となって世を隠れ、死者をとむらって生きるべきという道義が向けられていたのは、露八でなく榎本のほうであった。

　榎本の本心は知れない。福沢の「瘠我慢の説」に対しては、「多忙ゆえ、のちに返事をする」とこたえただけで、翌月福沢が死去してしまったため、榎本の返事が書かれることはなかった。

　ちなみに、咸臨艦殉難諸氏記念碑の落成式には、殉難者の遺族、乗組員、旧幕臣、清水次郎長も出席している。記念碑の落成に合わせて、これまで世をはばかって墓標を建てることができなかった殉難者の埋葬地には、山岡鉄舟が揮毫して準備されていた壮士墓の墓標が建てられた。式典のあとに、壮士墓で法要がおこなわれ、その後、関係者が集まり、次郎長が経営していた船宿末広《すえひろ》で祓《はら》いの宴席がもたれた。

　その日の出席者および、碑の建設に寄付金を支払った人々の名が「咸臨艦殉難諸氏記念碑報告書」（梅蔭禅寺所蔵、清水中央図書館複製蔵）に残されているが、その寄付金出資者のなかにも当日の出席者のなかにも露八の名はない。咸臨丸乗船者の生き残りという経歴から不思議な気がするが、おなじく咸臨丸生き残りの前野も久保もかかわっていない。咸臨丸乗船者の旧彰義隊士のなかでは笹間洗耳《ささませんじ》が世話人をつとめている。

　どういう事情か推測の域を出ないが、碑が建てられた明治二十年前後、露八は病気の妻と幼い娘を抱え、職も定まらず、生きるのにせいいっぱいであった。くだんの「鬼の勧進」で喜捨《きしゃ》を募《つの》って歩いたころである。亡くなった戦友の記念碑を建てるといわれてもどうしようもない状況であったのだろう。

たぬきづか

明治三十五（一九〇二）年、露八の病状が篤《あつ》しくなると、幇間露八を愛していた人たちは、彰義隊に参加し、のちに幇間として松廼家の一派を起こした露八の希有《けう》な人生を碑に刻んで残そうと、円通寺に大理石かブロンズで狸《たぬき》の像を建て、その台座に、露八の履歴を記す計画を立てた。弟子たちも、これを実現しようとずいぶんと奔走《ほんそう》したようだが、けっきょく実現しなかった。というのも円通寺には狸の碑は存在しないからだ。

露八の名が刻まれた碑は円通寺ではなく、浅草寺《せんそうじ》の鎮護《ちんご》堂の境内にある。幇間碑または狸塚という。この碑が建立されたのは、露八が亡くなったずっとあと、すでに太平洋戦争も終わり、「巨人・大鵬・卵焼き」の高度成長期に入った昭和三十八（一九六三）年三月彼岸のことだ。

建碑に際しては、桜川善平《さくらがわぜんぺい》や悠玄亭玉介《ゆうげんていたますけ》らが中心となって、「幇間狸塚建立演芸会」を開いて資金を集め、「全国幇間睦《むつみ》会」が建てた。

碑の表面には、幇間の碑のわりに色気を去って、題字は浅草寺貫首《かんす》大僧正の清水谷《しみずだに》恭順《きょうじゅん》。撰ならびに書は、おなじく浅草寺の僧侶で、浅草寺の歴史、風俗、文化を研究した網野《あみの》宥俊《ゆうしゅん》というふたりの高僧による。

撰文では、幇間の祖とされる曾呂利《そろり》新左衛門《しんざえもん》の機知について述べ、また碑建立の理由を記している。文字がみづらいので石碑で読むのは厳しいが、幸い藤井宗哲編著の『たいこもち（幇間）の生活』に掲載されている。

幇間とは幇助の義で、黄允文雑纂《こういんぶんざっさん》に始めて見え、日本にあっては宴席に侍《じ》して客を取り持ち遊興を助ける者とされている。世俗にこの祖を豊臣秀吉の寵臣《ちょうしん》たる曾呂利新左衛門に宛てているのも、彼の弁舌頓才《とんさい》縦横に亘り諧謔《かいぎゃく》の妙を極め、怒りを和《やわら》げ愁《うれ》いを慰撫《いぶ》し滑稽《こっけい》の内に諷《ふう》刺《し》を挟むなど、文字通り幇間的存在であったがためであろう。幇間が酒間に諸芸をも演ずるようになり、太鼓持なる愛称も生まれたのである。爰《ここ》に幇間有志相集り、幇間塚の建碑を発《ほっ》願《がん》、碑背にその霊名を刻して、明治以来の物故者の供養を営む、時は春の彼岸、境域は浅草寺の守護神、浅草の古狸を祭礼する鎮護堂境内、その対象も妙を得て永く余風を止《とど》めることであろう

撰文の下には「またの名のたぬきづか春ふかきかな」という久保田万太郎《くぼたまんたろう》の句が刻まれている。久保田万太郎は劇作家であり俳人、古き東京、吉原の風情を愛した人だ。

そして碑の裏面には、明治以降昭和まで、東京の地で幇間として生きて死んだ先達《せんだつ》たちの名がびっしりと刻まれている。

吉原、浅草、下谷、柳橋、渋谷、洲崎、よし町、新橋、新富町、亀戸、牛込、日本橋、烏森《からすもり》、

九段、深川、根岸、大森、麻布、芝浦、白山《はくさん》、大塚、五反田、荒井、尾久《おぐ》、市川と所属した花柳界の場所ごとに分類され、露八の名は最上段・吉原の、桜川善孝の次にある。隣は弟子の松廼家平喜《へいき》である。洲崎のところには露八と狸への愛を分かち合った桜川梅孝《うめこう》の名もある（ただしここでは梅幸）。露八の弟子のひとりであった魚八《ぎょはち》の名は吉原ではなく、よし町にある。桜川忠七《ちゅうしち》は吉原のいちばん最後に名を連ねる。地面に近い下列に、「発起」とあって、碑の建立に尽力した建碑当時には存命だった幇間の名が記されている。

幇間碑、別名狸塚が建てられた鎮護堂は本物の狸を祀る、おたぬき様のお堂だ。ご利生《りしょう》にあずかった人からの奉納だろうか。境内にはところどころに大きな信楽焼《しがらき》の狸像が安置されている。撰文を書いた網野宥俊の『浅草寺史談抄』には、「鎮護堂物語」の一章があり、鎮護堂に狸が祀られるようになったいきさつが記されている。

明治四（一八七一）年ごろ、さまざまな生き物の生息地となっていた淡島堂《あわしま》一帯を切り開くことになった。そこには、彰義隊戦争に巻き込まれて逃げてきた狸や、浅草の開発ですみかを追われた狸たちも暮らしていた。翌明治五年の一月には、浅草奥山は開発を終えて、狸たちはいよいよすみかを失った。そこで、伝法院表門にあった大橋亘《おおはしわたる》の住まいの軒下にすみついた。大橋は、上野の公現親王（寛永《かんえい》寺山主の輪王寺宮《りんのうじのみや》、のちの北白川宮《きたしらかわのみや》能久《よしひさ》親王）に従って京からきた宮侍《みやざむらい》であったが、明治維新で職を失い伝法院の用人をして身を立てていたのである。

三月に入ると、狸たちは、参拝客の下駄や草鞋《ぞうり》を鍋に入れたり、伝法院の屋根から道を歩く人に石を投げたり、室内に木の葉や砂をまいたりしていたずらをしはじめた。

淡島寒月の『梵雲庵雑話』「趣味雑話」によるとその浅草の狸たちは黒い毛の狸であったという。当時、道楽極まって浅草の淡島堂に住んでいた寒月の父、淡島椿岳《ちんがく》が、大橋の家をたずねて、小石が降ったという話を聞いて、冗談に「どうせまくなら銭をまいてくれたらいいのに」といったら、その言葉を聞いた狸たちは翌日は本物の銭をまいた。あげくに、大橋の娘に取り憑《つ》いた。狸憑きの娘は、まいた銭は、浅草観音の賽銭箱の銭だから大事にしろという。

ある日、その狸憑きの娘が、自分には位がないので、位をもらっている袖摺稲荷《そですりいなり》に相談に行くといって出ていったから、ひとりにはさせられないと娘の兄と椿岳があとを追った。娘は袖摺稲荷のまえでかなり時間をかけて念入りに話をして、その帰り道、おなかがすいたといい、夜泣き蕎麦をねだった。食わせてやると、なんと娘は二十杯もの蕎麦を平らげてようやく満腹した。あきらかに異常だった。

大橋は、当時、浅草で評判だったスリエ曲馬団（フランス人スリエを団長とした馬術によるサーカス団）が、公演中空砲をぶっ放すので、一時、浅草寺の境内に鳩が一羽もいなくなったことを思い出し、頼んで空砲を軒下に撃ってもらい、狸を追い払おうとしたが、効き目はなく、いたずらは一向にやまなかった。

困り切った大橋は、浅草寺の韶舜《しょうしゅん》大僧正に相談した。住職は、「狸たちは安住の地を求めているのかもしれない」といった。そこで、ここを安住の地にするからと約束し、狸たちは大橋の家で、火伏せの神として祀られることになった。火伏せだけでなく、たぬきは「他抜き」の音に通じるところから商売繁盛の利益があるとして信仰されるようになった。その後、数度の引っ越しを経て、いまの鎮護堂に祀られた。ちなみにこの鎮護堂という名は淡島椿岳がつけたもので、狸が大橋家に祀られたころ、大切な金の証文をなくし、この狸に失《う》せ物の捜索を祈願したところ、翌日、椿岳が開いていた万国一覧という覗き眼鏡の見世物小屋に小僧があらわれ、それを届けてくれたという。狸のご利生とよろこんだ椿岳は、「横幅一間位に椿護《ちんご》大明神《だいみょうじん》の御利益を蒙《こうむ》りし事を書いて、その下に参拝帰依《きえ》してる図を納めた」（淡島寒月「趣味雑話」『梵雲庵雑話』）という。

幇間碑を建てようといい出したのは、桜川忠七であった。彼は明治二十二（一八八九）年に生をうけ、明治四十一（一九〇八）年に幇間の道に入った。そして、昭和の敗戦を経て、赤線として、かろうじて命脈を保っていた変わり果てた吉原をみながら、失われてしまった明治の吉原の風景を愛惜《あいせき》した。

さて、戦後の吉原は、とあらたまりますと、どうも口が重くなります。あまり触れたくはないのでございます。あまり、よいご時世ばかりを見てまいりましたから、どうも、こう歯がゆくて……、それに「売春禁止」以来の吉原は、ちょいとお足をお延ばしになれば、いつでもごらんになれるのでございますもの。

降る雪や明治は遠くなりにけり

目をつぶると、人力車の鉄輪《かなわ》の音まで聞こえてまいりますし、鏑木清方《かぶらききよかた》先生や伊東深水《いとうしんすい》先生、遠くは歌麿とか北斎とかいう浮世絵の大家の先生が描かれた風俗まで、極彩色で浮かんでまいります。

（『たいこもち』）

忠七は、吉原の衰退をみて、幇間も早晩この世から消えてしまうだろうと思っていた。

そこで最後にひとつ、たいこ持ちたちの現状でございますが、まことに、お淋しいものでございまして、一時は、二十年くらい前までは三十四人いたものが、今では、たった四人でございますものねえ。それでも、都内には四十人もいますか。芸者衆だって、三四百人いたのが、これも三十人ってんですから、ご時世ですかね。あと、十年も経ちゃあ、たいこ持ちもなくなってしまうでしょう。

（『たいこもち』）

だからこそ碑を建てたかった。幇間の未来を案じながら桜川忠七は、昭和三十六（一九六一）年、この世を去った。それにさきだつ三十一年に売春防止法。そして赤線廃止により、三十三年二月二十八日、遊廓吉原の灯がひっそりと永遠に消えた。

引手茶屋松葉屋《まつば》の女将《おかみ》福田利子は、その瞬間をこう記憶している。

吉原最後の夜は、まことにあっけないものでした。最後まで残った百六十軒の店が、いつもより少ないお客さまを送ったあと、十一時には赤線最後の灯を、ひっそりと消したのでございます。

赤線最後の日だといって、人が大勢押しかけるでもなく、花魁《おいらん》たちが最後を飾るでもなく、ただ戸を閉め、灯りを消して、それで終わりでした。

その夜、私は気分が昂《たかぶ》っていたせいか、とても寝つけそうにありませんでした。それで外に出てみたのですが、街灯もいらないほど夜通し明るかった吉原の街ですのに、どこもかしこもまっ暗。一体ここはどこだろう、と一瞬思ったほどの変わりようでございました。


（福田利子『吉原はこんな所でございました』ちくま文庫、二〇一〇年）


これによって吉原が培《つちか》ってきた数百年の文化が、最後の灯とともに消えた。吉原だけでない。この売春防止法により日本から遊廓が消えた。遊廓の存在の是非はこの際問わない。もちろん過去日本にあった売春の事実を諸手をあげて賛成できる人など存在しない。ただ、幇間の文化は遊廓や色里とともにあり、それなくしては、これまでのようには存続できないのだ。

桜川忠七が消滅を覚悟してから六十年以上過ぎたが、幸い幇間は健在である。だが、二〇二三年現在、幇間がいる東京の花柳界は浅草をのぞいてはなくなってしまった。

あたたかな墓

廃業してのち、露八は、阿吽堂仁翁《あうんどうにおう》という現役時代の十八番芸にちなんだ号を名乗った。だが、せっかくの号をもちいて句会やら趣味の会をもよおしたという記録はない。引退後、体調が優れず、悠々自適とはいかなかったのだ。外来病院長の水町伊三郎という医師の治療をうけたが、すでに七十の坂を越え、当時としてはじゅうぶんな老齢であった露八は、もはや快復は見込めず、静かに衰えていった。

「日出国《やまと》新聞」（一九〇三年十一月二十日付）によると、年来の友で、ともに円通寺の「中田正広之碑」建立の世話人となった鉄舟の偽筆の名人、鈴木寛長が亡くなったという報を聞いて、同年輩の友の死にすっかり力を落とし、急に病状が悪くなった。

最後は苦痛もなくおだやかで、その様子を「毎日とんだ道化をいったり、時には何にか唄をうたったりしていた」（『蝦夷物語』）と末弟の鑑吉《かんきち》（頼継）は子母沢寛に語った。

そして、廃業披露からちょうど一年を過ぎた明治三十六（一九〇三）年十一月二十三日、露八は数え七十一歳でこの世を去った。

露八が未練を残したことがあるとしたら、それは、お気に入りの狸の面をこの世においていかねばならないことだろう。死の床で最後に狸の面をみたいといった。わたされると深く名残を惜しみ、狸の面と幽明別《ゆうめいわか》つことをかなしみつつ、息をひきとったという。結跏趺坐《けっかふざ》して最期を迎えた山岡鉄舟や中根香亭《なかねこうてい》にくらべ、じつに人間らしい死にざまがいかにも露八らしい。

用意されていた辞世は、

七十一歳《なそひとせ》見あきぬ月に名残哉《かな》
夜や寒き打納めたる腹つゞみ

の狸になぞらえた二句だった。

生前お直に、埋葬地に加えて自分の葬儀についても細かな指示を与えていた。露八がこだわったのは、式そのものというより葬列の様式である。

葬列。かつては、自宅から寺まで、参列者は棺を担ぎ、葬列を組んで歩いていたのである。家族や親戚だけではなく、道中の有象無象の見物の目にさらされる。まるでそれは、財力、あるいは主義主張、個性をみせつける最後の花道だ。少なくとも露八はそううけとっていたにちがいない。露八が希望した葬列は、宗旨を離れた独特の趣向だった。

当時の新聞でも「葬式の棺は蜻蛉《とんぼ》（引用者注・棒の前端に横木を添え、その両端と後棒とを三人で担ぐこと）にして担ぐやう遺言せしとは道中めきてをかしかるべし」（「朝日新聞」一九〇三年十一月二十六日付）といっている。普通の棺の担ぎ方ではなかったということだ。

葬列は、死の二日後の十一月二十五日午後一時に住み慣れた吉原の家を出発した。

本人が希望したとおり、生花や放鳥は一切謝絶し、葬列の先頭に秘愛の槍を立て、次に清水の次郎長から贈られた「助定《すけさだ》」の仕込み杖を捧げ、そのうしろに位牌をもった喪主のお直がつづいた。棺は長持形の寝棺とし、四谷丸太の上に乗せ周囲を菊花と紅葉にて飾り、揃いの法被《はっぴ》を着た男たちが蜻蛉持ちで担いだ。棺の脇に、弟子の平喜と魚八がつきそい、それに、同業の芸人、吉原の人々、旧友たちが従った。

この葬列の趣向を知った毎日新聞の記者は、「遺言により棺を菊に飾り鎗持奴《やりもちやっこ》を先に立て頗《すこぶ》る滑稽の趣向」（「毎日新聞」一九〇三年十一月二十五日付）と笑った。

だが、実際に葬儀を取材した朝日新聞の記者は「質素の内に雅味ある葬式にて死んだ当人若《も》し生きて居たら大得意なるべし」（「朝日新聞」一九〇三年十一月二十六日付）と印象を記した。露八が考えた葬列の趣向は大成功だったわけだ。

こうして露八は当人の望みどおり円通寺に埋葬された。露八は、巷の泥土で生きつくすことを選び、その生命を天に帰すとき、戊辰戦争後生きた三十余年の人生の実りのすべてをもって先に逝《い》った戦友のもとに加わったのである。戒名は『関八州名墓誌』（時山弥八編、明治堂書店、一九二六年）には、一字ちがって松壽居士となっているが、ただしくは、正心院頼富松露居士である。頼富は庄次郎の実名、松露は指摘するまでもなく松廼家と露八の頭文字だ。

円通寺の入口を入って、駐車場からすぐ、国道のほうを向いて上野の黒門がある。かつて黒門

円通寺の土肥庄次郎之碑（左）と土肥氏墓（右）
2023年2月撮影

は現在の位置でなく、国道と直角、山門から本堂に向から小道沿い、まさに彰義隊の墓域の入口にあった（三二七頁の図参照）。黒門は上野戦争後、一時上野東照宮のまえに置かれていたが、通行のじゃまになるということで円通寺に下げわたされ、彰義隊士の墓のまえに安置された。明治四十（一九〇七）年のことである。だから、露八がこの墓域に葬られたとき、黒門はまだ円通寺にはなかったことになる。

野尻かおる「「上野の黒門」縁者による保存と地域による保存」（『彰義隊とあらかわの幕末』荒川区教育委員会、二〇〇七年）によると、移築のために積極的に運動したのは、旧彰義隊士やその遺族、関係者からなる旧友会の人々であったという。移築にあたり、寛永寺と円通寺の敷地の規模のちがいから、門の中央の幅を狭くする改造が施さねばならなかった。しかし、少々手を加えることになっても、彼らはその門を存続させることを望んだ。彼らにとって黒門は文化財ではなく、肉親や戦友の死の思い出が残る記念物であったのだ。しかし、関係者が死に絶えると寺も管理し切れず、黒門は朽ちていった。それに追い打ちをかけるように太平洋戦争があった。黒門はもはや朽ち果てようとしていた。そのとき、荒川区の貴重な歴史的文化財が朽ちるがままになっていると注目されることになった。そして昭和五十八（一九八三）年、黒門は荒川区指定文化財の第一号として保存されることになった。

土肥庄次郎之碑と土肥氏墓は黒門が守る墓域のまんなかあたりに並んでいる。百年の歳月のあいだに育ったトウカエデの巨木の根のために、近辺の相馬翁輔《そうまおうすけ》の碑や、土肥氏墓のうしろにある小芝長之助《こしばちょうのすけ》の墓もずいぶんかしいでしまっている。やがては倒壊してしまうかもしれない。

土肥庄次郎之碑は、背の高い一枚岩に、榎本武揚の揮毫で、ただ「土肥庄次郎之碑」とだけある。本人の事跡も建碑のいわれも、建碑の尽力者の名も一切刻まれていない。他界の翌年、五月十五日の戊辰戦死者の三十七回忌とともに除幕、法要がおこなわれた。

近年、この碑は、経年による劣化か、立ち入った人に打ち壊されたのか、まっぷたつに折れてしまった。上半分が後ろ向きに地面に置かれている。悪意ある人の手にかかったものかどうかはわからないが、実際にこの領域を故意に荒らす人がいたのだろう。旧幕府軍らの墓域は、夜半の立ち入りができないよう柵に囲まれた。森まゆみの『彰義隊遺文』によると、柵内に犬を放して警戒していたこともあったらしい。

折れた碑のかたわらには、いまなお土肥氏墓がある。だが、その下にお徳と露八のお骨はない。遠藤幸威の「露八供養」（『中央公論』第八十二巻第十号）の最後にはこうある。

露八の墓だけは今でも円通寺にあるが、昭和十七年《ママ》に頼継が歿したのを潮に、庄次郎こと露八、菊、とくの骨もどこかに、おなをに抱かれていってしまった。

お直がなぜこのような行動をとったのかは詮索《せんさく》のしようがない。ただ、行き先はわかる。彼女が父母のお骨を連れていったのは、土肥家の菩提寺、牛込の浄輪寺である。昭和十七（一九四二）年三月二十五日に円通寺の籍を抜け、浄輪寺に移した（谷口典子氏「円通寺過去帳」及び浄輪寺聞き取り調査）。

お直によって土肥家の先祖代々のものとはべつに建てられた「土肥家墓」の墓石の側面にはこう刻まれている。

正心院頼富松露居士
明治三十六年十一月二十三日没
俗名　彰義隊士
土肥庄次郎頼富

俗名の肩書きに「彰義隊士」と入れているところに、お直の父への愛情と敬意を感じる。

ともに眠っているお徳の名は墓石にはない。最初の女房のお菊とそのこどものお骨は一緒には入っていないのだそうだ（谷口典子氏浄輪寺聞き取り調査）。

いまの墓石は、太平洋戦争後に再建されたということで歳月を感じさせない。孫が敬老の日におじいさんに贈るような、長寿と書かれた湯飲みが置かれていて、考えてみれば墓場に長寿とはおかしみがあるが、よく日があたり、ぬくぬくとくつろいでいるような、ふるさと、という言葉を思い出させる、気の張らない、のどかな印象をうける墓だ。

おわりに

本書を執筆したきっかけは、吉川英治の『松のや露八』が、期待したものとちがったからだ。もちろん、作家が小説の主人公をどのような人格に仕立てようと、自己の何を込めようと、とやかくいわれる筋合いはない。だが、その主人公は、戸川残花が『文学界』に書いた「露八」や、その他もろもろの物語に断片的に登場する姿から、想像し期待していたイメージの人物ではなかった。だから、小説家の想像力を除外した真実の彼がどのような人であったのか知りたくなった。

露八の七十一年の人生を通覧してみたが、調査が行き届かなかったところもたくさんある。語り切れなかったこともある。何か重要な情報をとりこぼしてはいないか最後まで不安に駆られる。

実際に彼の「真実」を描き出せたかもわからない。本当は、古い、断片的な資料をつむいでも人の心の真実は何もわからないのかもしれない。なにしろ人間には、毎日顔を合わせ、言葉を交わすことができる人の気持ちすらわかりはしないのだ。

それでも土肥庄次郎、松廼家露八の忘れ去られるには惜しい男ぶり、心意気の片鱗は伝え得たと信じている。

本書の執筆にあたっては、谷口典子さん、大蔵八郎さんにさまざまなご助言、資料の提供をいただいた。

谷口さんは、牛込区にまつわる寄席や芸術、人物など多彩な研究をされている方だが、これまで円朝の同時代人や研究者から不当な扱いをされてきたお徳、朝次郎の名誉を回復するべく、きちんとした証拠を発掘し、現在、著作をご準備中である。ご自分の研究成果から惜しみなく資料と助言をくださった。いちじつ、露八とお徳のあとをおって浅草から山谷堀、吉原、そして円通寺まで一緒に散策させていただいた。おなじ風景を求めて人とともに歩いたのは久しぶりだ。本当に楽しかった。

大藏さんは彰義隊子孫の会の事務局をされており、『新彰義隊戦史』（勉誠出版、二〇二〇年）を上梓された。今秋刊行の『彰義隊士の手紙』（勉誠出版）に掲載の旧彰義隊士らの書簡を、刊行前に拝見させていただいた。彰義隊に関する資料を懇切にご紹介くださり、さらに彰義隊子孫の会の末席にお加えいただいた。

本書が出版に呈していただける水準に達したのはおふたりのおかげである。本書の刊行が少しでも恩返しとなれば幸いだ。

本文の校正に加え、さまざまな情報のご提供をいただいた皆川秀さん、カバーの装画を描いてくださった平岡伸三さんにも感謝申しあげたい。平岡さんは細かなお願いにこたえて味わい深い「地獄極楽露八人生双六」を仕上げてくださった。

そして、本書を刊行してくださった文学通信の岡田圭介さん、西内友美さん、編集を担当してくださった渡辺哲史さんに心から御礼を申しあげる。

二〇二三年八月　　目時美穂

松廼家露八略年譜

年齢は本文ともにすべて数え年とする

天保四（一八三三）年　一歳

十二月、一橋家御近習番頭取土肥半蔵の長男として生まれる。

嘉永四（一八五一）年　十九歳

母死去。

家出の末、講談師になっていたことが父に知られ、廃嫡される。土肥家は次男の八十三郎が継承することになる。

安政二（一八五五）年　二十三歳

剣の武者修行と称して上州をまわる。

十月二日、帰宅。安政の大地震。被災した吉原見物したのを機に仮宅営業の吉原に居すわる。

五月、荻江正二（安政五年春版の『新吉原細見』では荻江正次）を名乗って吉原遊廓の幇間となる。

安政五（一八五八）年　二十六歳

六月十九日、幕府、日米修好通商条約に調印。

六月二十四日、大老井伊直弼による安政の大獄がはじまる。

秋から冬、山脇周達とともに江戸を出奔。

安政五年から六（一八五九）年　二十六～二十七歳

京、大坂で幇間をする。

泉州堺で山脇周達、石島八五郎、清元才三の四人で、協同生活をはじめる。

安政七（一八六〇）年　二十八歳

三月三日、桜田門外の変。

山脇、石島と別れ、清元と明石から四国、下関、尾道、博多、長崎へ旅をする。長崎で清元と別れ、博多へ。江戸に帰ることを決意する。

文久三（一八六三）年　三十一歳

八月十八日の政変。

大坂に滞在、自発的に長州藩の動向を探る。

京にのぼり、「新徴《マ》組《マ》」に長州の陰謀を伝え、隊に加わる。

元治元（一八六四）年　三十二歳

六月五日、新選組による池田屋事件。

七月十九日、禁門（蛤御門）の変。幕府側総指揮官は、禁裏御守衛総督の徳川慶喜。庄次郎、一橋家に帰参、参戦する。

慶応元（一八六五）年から二年　**三十三歳**
土肥半蔵死去。

慶応二（一八六六）年　**三十四歳**
七月二十日、十四代将軍徳川家茂、第二次長州征討の陣中、大阪城で薨去。
八月、徳川慶喜、徳川宗家を相続。
同月、土肥八十三郎、金蔵、鉾五郎は幕府の陸軍に組み入れられる。
十二月五日、徳川慶喜、十五代将軍職就任。

慶応三（一八六七）年　**三十五歳**
十月十四日、大政奉還。
十二月九日、王政復古の大号令。

慶応四（一八六八）年　**三十六歳**
一月三日、鳥羽伏見の戦い。幕府軍は敗北し、慶喜は江戸に帰還。

二月十二日、徳川慶喜、上野に蟄居。

同日、本多敏三郎、伴門五郎、須永於菟之輔の発起により「橋府随従之有志」に、徳川慶喜の生命保護と名誉回復をよびかけ、雑司が谷の茗荷屋で集会がもたれる。

二月十七日、四谷鮫ケ谷の円応寺で二回目の会合。天野八郎が参加。

二月二十一日、円応寺で三度目の会合。渋沢成一郎が参加。八十名が集まり、血盟がむすばれる。

庄次郎は二回目か三回目の会合からの参加か。

二月二十三日、浅草本願寺で四回目の会合。隊名を彰義隊とさだめる。

天野派と渋沢派の争いにより彰義隊は分裂、渋沢派は彰義隊を離脱。以後彰義隊は上野に詰める。

庄次郎は八十三郎が組頭の第一赤隊の指揮下に入り、隊外応援掛をつとめる。

四月四日、江戸城開城。

四月十一日、徳川慶喜、水戸へ退去。

五月十五日、上野戦争開戦。第一赤隊は山王台か

ら砲撃、黒門口防衛にあたる。同日夕方にはほぼ戦闘終了。

五月二十三日、飯能戦争に参戦する。

敗戦後、伊香保に潜伏、江戸にもどり、榎本艦隊に合流、咸臨丸に乗船する。

八月十九日から二十日、榎本艦隊、品川湾を出港。

八月二十一日、銚子沖で暴風雨に遭い難破。

八月二十九日、下田港に投錨。

九月二日、清水港に到着。

七月十七日、江戸を東京と改名。

明治元（一八六八）年　三十六歳

九月八日、明治改元。

九月十八日、新政府軍の艦船、富士山、飛龍、武蔵の三艦が咸臨丸を襲撃、副艦長の春山弁蔵以下乗組員のほとんどが惨殺。庄次郎らは静岡藩に投降、城内に拘束される。

十月十三日、明治天皇東京行幸、東京奠都《てんと》。

十二月、釈放。

明治二（一八六九）年　三十七歳

五月十八日、箱館政府陥落。戊辰戦争終結する。

東京に帰郷。

山谷堀の船宿近江屋の娘お菊と結婚。

明治二年から四（一八七〇）年

お菊、産褥で死去。

明治四（一八七一）年前後　三十九歳

荻江露八の名でふたたび吉原で幇間になる。

明治五（一八七二）年　四十歳

マリア・ルス号事件。娼妓解放令実施。

明治六（一八七三）年　四十一歳

四月十五日、榊原鍵吉が浅草左衛門河岸で開催した撃剣会の呼出しをつとめる。

明治九（一八七六）年春以後　四十四歳

梶田楼の座敷持ちの遊女愛人、本名水沢徳と結婚。

静岡に移住する。

明治十（一八七七）年　四十五歳

二月二十日、長女お直誕生。

以後、芸者置屋や貸席など起業するが失敗、幇間を兼業する。

明治十六（一八八三）年　五十一歳

旧友山岡景高の次男、鈴木音高が代言人試験に合格して静岡に帰郷。静岡の自由民権運動の領袖のひとりとなる。露八を贔屓する。

明治十八（一八八五）年　五十三歳

帰京し、浅草公園第六区に居をかまえる。

十一月、上京した音高と会う。

明治十八年から十九（一八八六）年初頭

仮名垣熊太郎の旧宅、根岸御隠殿前の家を借り、音高に斡旋、管理人として働く。

明治十九（一八八六）年　五十四歳

三月、関三十郎の山谷堀の旧居を借りて、音高と、お徳とお直、書生ひとりを連れてひきうつる。

六月十二日、音高、露八逮捕される。

六月十七日までに静岡事件関係者全員が逮捕される。

十月二十一日、仮名垣熊太郎、滞在先の小笠原の宿屋で病死。享年二十九。

十二月二十四日、仮名垣魯文の発案で生活費調達のため著名な知人のもとを喜捨を願ってまわる勧進をおこなう（推定）。

明治二十（一八八七）年　五十五歳

七月十三日、鈴木音高、強盗殺人罪で懲役十四年の有期刑に処され、北海道の空知監獄に収監される。

明治二十一（一八八八）年　五十六歳

夏、吉原の幇間として復帰。松廼家露八を名乗る。

明治二十三（一八九〇）年　五十八歳

四月一日から七月三十一日、上野公園を会場として、第三回内国勧業博覧会開催。

五月、新富座の五月興行で彰義隊を描いた芝居『皐月晴上野朝風』が上演される。

十一月、円通寺「天野君八郎碑」建碑の発起人のひとりとなる。

明治二十七（一八九四）年　六十二歳

お直（十八歳）、吉原の仲之町の御茶屋いづ虎から名ひろめして、芸者、松廼家小菊として一本立ちする。

明治二十九（一八九六）年　六十四歳

三月一日、妻お徳病死。享年五十二。円通寺に埋葬する。

明治三十（一八九七）年　六十五歳

六月六日、戊辰東軍戦死者大法会で、桜川善孝、下谷の顔役とともに接客につとめる。

九月、桜川梅孝から牝の狸を「妻」としてもらう。

明治三十一（一八九八）年　六十六歳

十月、向島の榎本邸で開催された碧血会に参加中、中風の発作でたおれる。

十二月十一日、第七回彰義隊親睦会の幹事をつとめる。

明治三十二（一八九九）年　六十七歳

五月十四日、三十一回忌、戊辰東軍戦死者大法会で、余興の出し物として茶番をする。

明治三十三（一九〇〇）年　六十八歳

二月十七日、春季彰義隊会に鈴木杢右衛門の娘、鈴木香梅子や小川椙太の娘、志賀が参加する。

八月十一日、三遊亭円朝死去。廃嫡されたお徳と円朝の息子、朝太郎を焼き場に連れていき、最後の別れをさせる。

明治三十五（一九〇二）年　七十歳

十月二十九日、日本橋常盤倶楽部で廃業披露の宴をはる。

明治三十六（一九〇三）年　七十一歳

十一月二十三日、死去。円通寺に埋葬される。

明治三十七（一九〇四）年

五月十五日、円通寺に「土肥庄次郎之碑」建碑。

昭和十七（一九四二）年

三月二十五日、お直、父母の遺骨を円通寺から、土肥家の菩提寺、浄輪寺に改葬する。

主要参考文献

（雑誌、新聞記事はのぞく）

第一章

樋口雄彦『幕臣たちは明治維新をどう生きたのか』洋泉社、二〇一六年
山口昌男『「敗者」の精神史』岩波書店、一九九五年
堀越正雄『増補改訂　日本の上水』新人物往来社、一九九五年
茨城県立歴史館編『令和三年度　一橋徳川家記念室展示　一橋徳川家の家臣たち』茨城県立歴史館、二〇二一年
田中優子『遊廓と日本人』講談社現代新書、二〇二一年
若水俊『安政吉原繁盛記 ― 大地震と遊郭』角川学芸出版、二〇一〇年
目時美穂『油うる日々 ― 明治の文人戸川残花の生き方』芸術新聞社、二〇一五年

第二章

菊地明・伊東成郎編『戊辰戦争全史』新人物往来社、一九九八年
渋沢栄一述『雨夜譚』岩波文庫、一九八四年

第三章

山崎有信『彰義隊戦史』隆文館、一九一〇年
大藏八郎編『新彰義隊戦史』勉誠出版、二〇二〇年
荒川区教育委員会・荒川区立荒川ふるさと文化館編『彰義隊とあらかわの幕末』荒川区教育委員会、二〇〇七年
東京日日新聞社会部編『戊辰物語』岩波文庫、一九八三年

同好史談会編『漫談明治初年』春陽堂、一九二七年
東京都台東区役所編『台東区史　社会文化編』東京都台東区役所、一九六六年
入本英太郎編『三河島町郷土史』三河島町郷土史刊行会、一九三二年
飯能市郷土館編『飯能炎上 ― 明治維新・激動の6日間　特別展飯能戦争』飯能市郷土館、二〇一一年
飯能市史編集委員会編『飯能市史　通史編』飯能市、一九八八年

第四章

江崎惇『ドキュメント　明治の清水次郎長』毎日新聞社、一九八六年
大石貞男『明治維新と茶業　牧之原開拓史考』復刻版、文生書院、二〇〇三年
永井啓夫『新版　三遊亭円朝』青蛙房、一九九八年
柳田泉『人物叢書　福地桜痴』吉川弘文館、一九八九年
松井豊吉編『日本メソヂスト静岡教会六拾年史』日本メソヂスト静岡教会、一九三四年
今井幸彦『坂本龍馬を斬った男』新人物文庫、二〇〇九年
黒田惟信編『奥野昌綱先生略伝並歌集』一粒社、一九三六年
柘植清『静岡市史余録』歴史図書社、一九七八年
伊東圭一郎『東海三州の人物』静岡民友新聞社、一九一四年
同書編纂委員会編『静岡市産業百年物語』静岡商工会議所、一九六八年
村本喜代作『静岡事件の全貌』政教社、一九六八年
手塚豊編著『近代日本史の新研究　Ⅱ』北樹出版、一九八三年
原口清『自由民権・静岡事件』三一書房、一九八四年

蛯原八郎『明治文学雑記』学而書院、一九三五年

第五章

桜川忠七『たいこもち』朱雀社、一九五九年
藤井宗哲『生活史叢書31　たいこもち（幇間）の生活』雄山閣出版、一九八二年
悠玄亭玉介・聞き書き小田豊二『幇間の遺言』集英社文庫、一九九九年
根岸良衛『女藝者の時代』青蛙選書、一九七四年
中村芝鶴『遊廓の世界――新吉原の想い出』評論社、一九七六年
小林栄『吉原下町談語』綜合編集社、一九六八年
舘野善二『思い出の邦楽人』明治書院、一九七四年
宮武外骨『宮武外骨著作集』河出書房新社、一九八六年
長谷川時雨『旧聞日本橋』岩波文庫、一九八三年

第六章

鏑木清方『褪春記』双雅房、一九三七年
小川潔『上野彰義隊墓守の伝承』地湧社、二〇二二年
久保田金僊編『下谷上野』松坂屋、一九二九年
倉田喜弘『幕末明治見世物事典』吉川弘文館、二〇一二年
網野有俊『浅草寺史談抄』金竜山浅草寺、一九六二年
淡島寒月『梵雲庵雑話』岩波文庫、一九九九年

主要人物索引

か

き

く

こ

な

に

の

は

ひ

ふ

ほ

ま

み

も

や

ゆ

よ

り

わ

著　者　目時美穂（めとき・みほ）

1978年静岡県生まれ。2003年明治大学文学部フランス文学専攻修士取得、2009年同博士後期課程単位取得満期退学。専攻研究のかたわら明治時代の文化風習、文学等に興味を持つ。在学中、古書情報誌『彷書月刊』へ。2010年の休刊号まで編集に携わる。著書に『油うる日々——明治の文人戸川残花の生き方』（芸術新聞社、2015年）、『たたかう講談師——二代目松林伯円の幕末・明治』（文学通信、2021年）。

彰義隊、敗れて末のたいこもち
——明治の名物幇間、松廼家露八の生涯

2023（令和5）年11月10日　第1版第1刷発行
2024（令和6）年　2月29日　第1版第2刷発行

ISBN978-4-86766-020-1 C0095

発行所　株式会社 **文学通信**
〒114-0001 東京都北区東十条1-18-1 東十条ビル1-101
電話 03-5939-9027　Fax 03-5939-9094
メール info@bungaku-report.com　ウェブ https://bungaku-report.com

発行人　岡田圭介
印刷・製本　モリモト印刷
装幀　屋良事務所　http://www.yara-office.jp/
装幀画　平岡伸三

ご意見・ご感想はこちらからも送れます。上記のQRコードを読み取ってください。